過熱するマスコミを検証する

一極集中報道

松本逸也
元朝日新聞編集委員

現代人文社

まえがき

私が朝日新聞社に入社した一九六九（昭和四四）年という時代は、東京・有楽町界隈にはまだ戦後の焼け跡闇市的な怪しい雰囲気が残っていた。JR（当時は国鉄）山手線・有楽町駅のガード下には、小さな飲み屋や焼鳥屋、焼きトンを食わせる安酒の店が軒を連ね、赤提灯がその風情を一層、醸し出していた。新聞社はその一画にあった。数寄屋橋の角にまるで軍艦のように凛として立っていた本社ビルは、一九二七（昭和二）年建立の鉄筋の七階建て。二・二六事件（一九三六〈昭和一一〉年）では反乱軍に襲撃されるなど大戦争、敗戦、焦土の中の混乱、そして民主化と経済復興という幾多の歴史をも見つめてきた、まさに昭和の生き証人だった。

そのころ、新聞は多くの読者から尊敬にも似た信頼感によって支えられていた。「新聞は嘘をつかない」。その信頼感がグラグラと音を立てて崩れ始めたのは、今思えばバブル経済の時期と密接に関わっていたように思う。新聞社は、東京の他に、名古屋、大阪、西部（福岡）に本社を、そして、北海道に支社を構え、それぞれが新聞を印刷、発行している。入社した当時は、本支社が今よりもっと強い独自性をもった新聞を制作していた。それぞれの地域で、地域に密着したニュースを毎日、読者に届けていた。ところが、一九八〇（昭和五五）年、その半世紀の歴史を刻んだ東京本社が銀座から築地に移転した。この本社移転が大きな意味で紙面に後々、陰を落とすことになったと私は感じている。

八一年、私は東京本社から名古屋本社に異動した。この頃から、東京発のニュースの比重が他本社でも大きくなっていた。名古屋にいても、東京のニュースばかりが目につくようになった。それは全国に散らばる大型スーパーや洋服屋のチェーン店とよく似ていた。東京は、年々人口が増え高層ビルが林立し、朝夕のラッシュは日を追ってひどくなっていった。道路には車が数珠つなぎだし、仕事を終えての一杯飲み屋でもサラリーマン同士が袖すりあわせ、身を縮ませなければならなくなった。カラオケはサラリーマンの最高の発散法になり、アッという間に世の中に浸透した。東京は忙しくなり、毎年のように、いや毎月のように記者が採用され、地方のベテラン記者もどんどん東京に吸い上げられていった。地方は若い新人記者だけとなり、それだけ地方の力が弱まるのは当然のことだった。こうして情報や人流の異常なまでの東京一極集中化が、本来あるべき新聞社の姿を大きく変えていった。

そんなある年のこと、同僚が自作自演のニュースのねつ造というショッキングな事件を起こした。「サンゴ損傷事件」として知られた事件だが、この事件は、さまざまな意味で考えさせられることが多かった。なぜ彼はあんなことをしてしまったのか。多くの仲間の中で自分だけが特別の存在でありたいという功名心からくるものだったのか。もし、そうなら、その功名心、競争意識を煽ったのは一体だれなのか。この事件の底流には社会病理的な、構造的な問題が潜んでいるのではないか。折しも、日本経済はバブルが崩壊し今までの元気印が嘘のように意気消沈。しかし、バブル時代に植え付けられたマスコミ内部における功名心（特ダネ意識）は、このときすでに社会常識を逸脱するほどまでに膨張していたのである。

さて、本書は、私が新聞社を早期退職し目白大学でメディア関係の教鞭をとりはじめた二〇〇〇年春から同大の紀要に書き綴ったものに少々手を加えたものである。新聞社に勤務していたときには気づかなかったことも、新聞社から少し離れたところから見ると、同じ事柄でも随分と違って見えるものだ。それに新聞社を辞する頃から、マスコミと世間との間に意識の乖離が潮目のように生まれてきていることに薄々気づいていた。

メディアを講義するからには、当然、自身が歩んできたことも含め、これから進むべきマスコミのあり方に目を光らせるという役割が求められているように私は思った。それも単に批判するのではなく、世の中におけるマスコミの必要性を説きながら、しかし、おかしいものはおかしいという姿勢がもっとあってしかるべきといつも考えている。そんな理由から、毎年、その年に問題になったテーマをひとつ選んで紀要に「過熱するマスコミ報道」として連載してきた。二〇〇一年に関してだけ、学内誌『国語国文学』に米大統領選の誤報問題を掲載させて頂いたので、六年間、七テーマ、それに本書のために「スタッフカメラマンに求められるジャーナリズム精神」の章を追加し、第一部として構成した。

今回、書き下ろした「スタッフカメラマン……」は、長く新聞カメラマンとしていろいろな経験をし、さまざまな局面に出合いながら感じていたことを綴ったものである。内容をかいつまんで言えば、情報量によって人間は変わってしまうものなのか。現場と東京とのニュースに対する意識・感覚の大いなる差はどうして生まれるのか。戦争と宇宙開発の関係から知った生命の重みの差とは何なのか。アジアの大ニュースに情報大国アメリカの担保がなぜ必要なのか。さらには、ベトナム戦争から湾岸戦争まで、戦争という究極の事件取材において当時、思ったことを書き記した。これらは、現役時代とは違って客観的にマスコミの世界が見られるようになった今、自然に思い浮かんだ問題と疑問の数々である。言うなれば、新聞社を辞して六年という時間の「濾過《ろか》装置」を経た、私にとって忘れられない諸々なのである。

新聞社の花形は記者（ライター）である。私の場合、入社当時から「撮って書くカメラマン」として養成され、ライターと同じように地方の支局を経験し、察回り（警察を拠点に取材活動をすること）から遊軍まで記者活動の貴重な経験をした。国内から海外まで、私一人で、単独で取材に出かけるケースが多かった。記者とカメラマンはペアで行動するというのがそれまでのパターンであったが、今ではほとんどが単独行動だ。つまり記者兼カメラマンは時代の要請であったのだ。だからこそ、私はここで新たに章をたてることで、カメラマンにジャーナリズム精神の必要性を求めるのである。私は、デスク、部長時代、後輩にいつも「カメラマンこそ記事を書け。ライターこそ写真を撮れ」と言ってきた。それは、お互いを知ることで、記者は写真本来の力を、カメラマンは記事を書くときにどんなデータが、そして、ねらいはどうなのかという必要性が求められ、自ずと勉強になるからだ。私の経験から言うと、単独で取材活動をしていると、あるニュースに接したとき、これは写真で大きく伝えたほうが良いなと思うケースと、いやこれこそ記事で事細かに報道したほうがベターだといったケースを自分の中で使い分けられるようになる。それが証拠に、「優れた記者はやはり優れたカメラマン」であったという先輩に、私は何人も出会ってきた。

第二部で野中章弘氏との対論を掲載したのは、野中氏がマスコミに対して前向きでありながら、鋭い批判の持ち主であることを私は知っていたからであり、対論で私とは違った観点から一極集中報道に対して意見をずばり言ってくれるであろうと確信したからである。野中氏は、アジアプレスというフリージャーナリストの集団を主宰し、数年前には朝日新聞の紙面審議会委員というお目付役ともいえる大きな仕事も経験している。

また、本書を完成させるうえで、現代人文社編集部の木村暢恵さんには本当にお世話になりました。野中さん、木村さんのお力添えなくしては本書は生まれませんでした。あらためて感謝致します。

二〇〇六年六月吉日

一極集中報道
過熱するマスコミを検証する

――目次――

第1部

マスコミの過熱報道と特ダネ意識

日本初の脳死移植をめぐる報道の過熱ぶり

米大統領選、歴史的大誤報――出口調査の落とし穴

「お受験殺人」にみる、思い込み報道の危険性

集団的過熱取材とメディア規制の動き

北朝鮮拉致被害者への報道合戦

イラク戦争報道にみる遺体映像の扱い

誤報がもたらした騒動二例

スタッフカメラマンに求められるジャーナリズム精神

第2部　対談＊「分断」は克服できるか

過熱するマスコミへの警鐘として

松本逸也×野中章弘

第1部

マスコミの過熱報道と特ダネ意識

日本初の脳死移植をめぐる報道の過熱ぶり

はじめに

「脳死は人の死か、否か」。激しい論争の末、多くの疑問を抱えて成立した臓器移植法の施行から一年四カ月を経て、日本初の脳死による臓器移植がなされたのは一九九九年二月二八日（日曜日）のことだった。「人の死をもって人の命を救う」という皮肉さを抱えた医療方法なだけに、国民の多くが深い関心を持った出来事だった。

その初の脳死臓器移植から、二〇〇〇年一一月で一年八カ月が経過した。高知から大阪へ「命のリレー」とテレビレポーターたちが声高に叫んだ移植手術をめぐっては、報道のあり方が大きな問題になった。とりわけNHKをはじめとするテレビ各社の報道姿勢が国民の反感を買った。批判の矢面に立ったのは、病院からの生中継を行ったテレビメディアであったが、新聞各社を含め他メディアにおいてもその報道姿勢、取材態度は似たり寄ったりだった。以来、国内での脳死臓器移植は九例に及んでいる（二〇〇〇年一一月一〇日現在）。そして、時間の経過とともに、脳死臓器移植へのマスコミのフィーバーぶりも沈静化した。今、取材現場ではあのときのような混乱もなく、マスコミ批判の声も静まった。それはマスコミの自浄努力によるものというより、「脳死臓器移植もこれだけ回数を重ねればもはやニュースではない」といった、マスコミ内部の「熱しやすく冷めやすい」ニュース感覚に起因するところが大きい。

では、マスコミはあのときの国民からの批判の大合唱をしっかりと受け止めたのか。私は、つい最近までマスコミ界に身を置いていた者として、一連の脳死移植において、なぜマスコミはこれほどまでにフィーバーしたかを具体的に綴ることにした。

報道の経過

◎ドナー発生、侵されるプライバシー

そのとき、私はＮＨＫテレビを見ていた。一九九九年二月二五日（木曜日）午後七時。ニュースを伝えていた女性アナウンサーの声の調子が少し変わって、おやっと思った途端、「高知赤十字病院にクモ膜下出血で入院していた四四歳の女性が脳死状態になり、臓器提供を意思表示するドナーカードを持っていて、臓器の提供に対しては家族も同意の意向」と伝えたのである。

臓器移植法が施行して一年四カ月。日本初の脳死臓器移植第一号をめぐる、これが過熱報道の始まりだった。そして、マスコミはまたも過去の苦い経験[*1]を生かすことなく、人間の生命の尊厳を無視した、ドナー家族への無遠慮な報道へと突っ走ってしまうのである。一年四カ月という長きにわたって実現しなかった脳死

臓器移植が目の前で突然、実現性を帯びてきたのだから、確かに大きな出来事には違いない。しかし、それにせよドナー（臓器提供者）発生という初期報道が少し、異常なまでの興奮を帯びていやしないかと首を傾げざるをえなかった。そして、しばらくして、同じＮＨＫが移植コーディネーターを通じ「ドナーの家族からプライバシーが侵されていると苦情が出ている」というコメントを流したのである。ＮＨＫも大きなニュースを前に興奮を隠しえず、勇み足を犯し、その報道姿勢が大きく揺れていた。

そもそも、マスコミが「脳死↓臓器移植」プロセスで異常なまでの情報公開に固執したのには、それなりの理由があった。三一年前、札幌医大の和田心臓移植[*2]が密室で行われたことへの強い疑念からである。

とはいえ、本来、保護されるべきドナーのプライバシー[*3]を侵したこのときのマスコミの一連の行為は、不謹慎のそしりを免れることはできない。家族にしても、肉親（ドナー）の意思を継いで良かれと思って進めようとしていた臓器提供という無償の行為が、こういう思いもよらない形となって跳ね返ってこようとは考えてもみなかったことだろう。家族にとっては、必死になってプライバシー保護を訴え、身構えるしか術はなかった。脳死臓器移植第一号は、マスコミ各社（とくにテレビ）による報道合戦の濁流の中で、無惨にもドナーのプライバシーが侵されてしまったという事実は記録に留めておかねばならない。

当時、私は朝日新聞東京本社の写真部デスクだった。このＮＨＫの一報より少し前、午後六時二五分。東京本社五階の編集局長室では、いつものように各部から出された翌日の朝刊の出稿メニューを前に定例のデスク会が開かれていた。その席上、各部からのデスク陣は社会、科学部の両デスクからはじめて「ドナー発生」を知らされた。しかし、この段階ではまだ朝日新聞だけの特ダネで、高知では深く潜行取材が進んでいた。最終版には「初の脳死判定へ」といった見出しで一面に記事が出せるだろうというものだった。同僚の写真部デスクは部に帰るなり、大阪本社の写真部デスクに確認のつもりでその旨を伝えたが、当の大阪写真部は何も知らされていなかった。写真部だけではなく、編集局の各部にもまだ周知されていなかったようである。部外に情報をリークすることで、社外に情報が漏れ、特ダネを逸することを懸念したのであろう。大阪社会部と科学部だけが密かに取材を進めていた。よくある話である。

ところが、ＮＨＫの速報で朝日新聞だけの特ダネではなくなってしまった。それどころかＮＨＫに先を越された各社は、われ先にとばかりドナーの自宅にまで押しかけた。そして家族が最も恐れていた、近所の人や関係者からの聞き込み取材を開始したのである。新聞社、通信社、それにテレビのほとんどの社がである。みるみるうちにテレビ各局は高知赤十字病院前から実況中継を始めた。興奮して高まった各局のレポーターたちの声が相乗してさらにフィーバーしていくには、さしたる時間はかからなかった。しかし、「生」か「死」かの境を彷徨《さまよ》う患者とその家族にしてみれば、静かにその局面を迎えようとしていたにもかかわらず、あたかもドナー発生を喜ぶようなマスコミの報道に、激しく拒絶反応を起こしたことは至極当然のことである。

さて、長かった脳死をめぐる論争に決着をつけたのは、この時をさかのぼること一年四カ月前。「臨時脳死及び臓器移植調査会」が多数意見として脳死・臓器移植を承認する答申を宮沢首相（当時）に提出したのは九二年一月のことである。それに対し、日本弁護士連合会が反論の意見書を発表するなど、長い議論の末に九七年六月、修正案が衆参両院で可決された。これによって、法的には「脳死を人の死とみる」ことで一応、決着したかにみえた。しかし、家族にとっては目の前に横たわる患者は、心臓はドキン、ドキンと音を立てて動き、肌には赤みすらあって、体は温かい。脳が不全になったとはいえ、家族にとって、この状態で死を受け入れるにはあまりにも残酷と言わざるをえない。それを法的に死としたのが「脳死」である。

では、その脳死判定はどのようにして行われるのか。脳死の条件は①深い昏睡、②呼吸停止、③瞳孔拡大、④脳幹反射なし、⑤脳波が平坦、といった症状が六時間継続することが必要である。こうした臨床的脳死判定が疑われた場合、法的脳死判定が別の医師により六時間おいて二回行われる。

マスコミが厳しく非難されたのは、家族が臓器移植を前提とする「脳死判定」を受け入れ、肉親の死を厳粛に受け止めようとしている一番つらいこの段階で、家族の感情を無視してプライバシーを侵したことにある。怒りに震える家族を代弁して、高知赤十字病院の主治医・西山謹吾医師はこのとき、報道陣にこう抗議している。「本来、プライバシーの保護の上に成り立っているのに、それが一切守られなかった。患者は現在生きている状態なのに、脳死になることを期待しているかのような報道をされたことには非常に憤慨していた。患者の家族は『このような報道をされるのでは、今後、臓器提供を望む人は出てこなくなるのではないか』と言っている」。また西山医師は、自分の声として「こんな報道をされるのはこりごりと家族に言われたら、それはしょうがないと思う」とも語っている（二月二六日付朝日新聞夕刊社会面）。

テレビメディア界のリーダー的存在であるＮＨＫが抑制を利かすことなく、ただ単に特ダネを意識して興奮して走り出したことが、ドナーとその家族のプライバシーを大きく侵す報道の引き金となったことは否めず、この後に噴出するマスコミ批判の根っこはここにあったのである。

二五日夜一一時過ぎになって事態は新たな局面を迎えた。移植推進論者とマスコミが願った（？）「脳死判定→臓器移植」プロセスにストップがかかったのである。一回目の脳死判定で、脳波にわずかながら動きが認められたためだ。ここまで来れば、当然、二六日未明にも臓器移植が行われるものと確信していたマスコミ、関係者にとっては寝耳に水だった。臨床的には死んだと思われていた患者は法的な判定では、まだ死んではいないということになったのである。

その瞬間、マスコミに大きな動揺が走った。比較的、冷静な対応をしてきた朝日新聞東京本社の編集局内でも、このときは整理部デスクの周辺に黒山の人だかりができた。統合版（朝刊のみ）の一二版▲（▲印は、追っかけ記事を掲載した版）、セット版（朝夕刊）の一二版は、ややＮＨＫに引きずられた感じで、一面トップ「臓器移植へ脳死判定」と横一段半の大きな白抜き見出しで扱っていた。「脳死→臓器移植」と患者の死を前提した、やや見切り発車気味だった紙面だけに、死んでもいない患者をこのまま移植の対象として報じるわけにはゆかない。前提条件が崩れた今、大幅な手直しが求められていた。

朝日新聞東京本社社会部長（当時）は、後日、このときまでの一連の流れについて「脳死判定作業のどの段階で記事にしていくべきか大いに反省すべきことだった。臓器移植は一人の死を前提にした医療行為であり、脳死と判定されるまでは相当に慎重に対応していく必要があった」と会議で語っている。

結局、朝日新聞は一三版では一面の左肩に移し「判定で脳死とはいえず」との五段見出しで掲載、記事量もトーンも急激にダウン。さらに移植に関する関連記事はすべて没にした。そして、「臨床的には脳死だったはずがなぜ判定でずれたのか」を検証する解説を載せた。毎日、読売の各社は移植へとはつながらないまでも興奮冷めやらぬ調子で、一面トップに「初の脳死判定実施」と、まるで合わせたように同じ見出しで、でかでかと報じた。毎日新聞は最終版一面トップの前文を、「この患者から直ちに臓器移植を行うことは困難な状況になった」と未練がましく締めくくっている。読売新聞は「このような結果になったことは臓器移植での最大のポイントである脳死判定の難しさを浮き彫りにした」と、客観的にまとめている。世の中の動きとして、一時期、臓器移植を前提に脳死判定がなされたという事実そのものは大きなニュースであるから、一面トップを外した朝日の扱いは少々尻つぼみの感がしないでもなかった。

◎再度の脳死判定へ

二月二六日（金曜日）午後、東京本社編集局には前夜の余韻がまだ残っていた。そして、過熱報道を非難する世間の風当たりがわれわれの周辺にも届き始めていた。写真部長（当時）は、「NHKを悪者にしているが、うちだって同じようなもの。早版は見られたものではなかった」とつぶやいた。同部長は、その日の夕方、部会の席上、患者のプライバシー保護とマスコミの倫理、マナーを強く語り、過熱報道へ水をさした。「抜かれても良いから、良識ある行動を」と説いている。同日夕になって、病院側は再び患者が「臨床的にみて脳死状態」であると発表。移植コーディネーターを通じ、改めて脳死判定や臓器提供に家族の意思を確認するというものだった。結局、振り出しに戻ったことになる。

二月二七日（土曜日）。私は夕刊デスクだった。この日も、脳死判定の結果次第では、一面に大きく張り出さねばならない。二五日夜の判定でノーとなっていたから再度のやり直しである。夕刊段階でその一回目の判定結果が出るなら、当然、それに対応できる紙面展開を考慮しておかねばならない。結局、夕刊最終版の四版段階では、やり直しの脳死判定まではいかなかったが、マスコミにプライバシーを侵されたとはいえ、患者の意思を尊重して家族が臓器提供に同意したという記事が一面トップになった。そして、同日夕方になって「一回目の判定は脳死」との病院側発表となった。

◎法的脳死と判定

二月二八日（日曜日）未明、二回目の判定は、「法的に脳死」であるという結果が出された。午前九時一五分に厚生省（当時）と日本臓器移植ネットワーク（移植ネット）が記者会見し、「高知赤十字病院の入院患者が臓器移植法に基づき脳死と判定された。移植ネットは、移植に使う臓器と移植実施施設を確定した」と発表する。あわせて宮下厚相（当時）が次のような談話を発表した。

「提供された臓器の移植手術が無事に成功し、臓器提供のご意向が生かされるよう祈念している。しかし、今回の経緯は我々に多くを学ばせるものであり、本人やご家族の希望と情報提供の調和の問題を研究していく必要性を痛感した」。いよいよ、移植である。

◎臓器摘出・搬送・移植手術

二月二八日は朝刊デスクだった。午後、出社したときには、すでに号外が出され「初の脳死による臓器移植へ」との大見出しが踊っていた。午後三時頃から、高知赤十字病院前からのテレビ中継がにわかに騒がしくなってきた。三時七分には、ドナーからの臓器摘出手術が始まった。病院前にいるレポーターの「命のリレー」という臭い言葉がしきりに流される。あわせて、上空に待機しているマスコミ各社のヘリコプターのエンジン音が響き渡る。それがテレビ画面を通して「その瞬間」を演出し、緊張感を醸し出す役目を果たしている。移植先は、心臓は阪大、肝臓は信州大、腎臓は東北大と国立長崎中央病院に決まった。

午後五時一九分、摘出された心臓を運ぶ阪大チームを乗せた車がパトカー先導で、高知赤十字病院を出発する。上空のヘリが追尾する。午後六時三〇分、阪大チームのヘリが大阪空港に着陸。そのまま車で阪大へ。到着したのは午後六時五四分、ただちに手術が開始された。

阪大では、情報公開という面から徹底して手術の模様を報道陣に公開した。その模様を伝える写真には、あぐらをかく者、足を投げ出す者、解説付きのテレビを見る者など、報道陣の姿はあまり行儀のいいものではなかった。整理部の総合面デスクは、「うーん、もうちょっとお行儀の良いのない。クレームがつきそうだよ」と言う。大阪の朝刊デスクにその旨を伝える。「神聖な臓器移植手術を前に行儀が悪い」という後日の読者からのお叱りを察知しての、事前の予防策である。マスコミ全体が今、世間の厳しい目にさらされているという認識は、この日の編集局内からぴりぴりと伝わってきていた。手術はすべて順調に進んだ。

朝刊一面には阪大提供の手術中の発表写真が添えられ、「初の『心・肝』脳死移植」と白抜き横二段の大見出しで全段ぶち抜きの扱いである。二面は後に「無神経すぎる」とインターネット上や読者から批判されることになる、心臓を入れたクーラーボックスを手にした医師の写真である。社会面はこれもまた「そこまでやるの」と批判された、手術室に入る信州大のレシピエント（臓器移植された患者。写真に写ってはいない）を乗せた担架の写真。第二社会面の写真も、肝臓を入れたクーラーボックスが松本空港に降り立ったときのものである。そのほかは医師団の会見写真などだ。

第二社会面にはプライバシーを侵されてきた臓器提供者の家族から、厚生省と報道関係に寄せられた所感が小さいながらも掲載されている。報道陣に対しては「非人道的な取材方法のあり方を反省し、謝罪することを求めている」と同時に、厚生省に対しても「本来ならば公表すべきでない情報を一部自ら公表したことを深く反省すべきだ」としている。厚生省の伊藤雅治・保険医療局長は「公表すべきではない情報と指摘されたのは、厚生省からも病院名を挙げたことを指しているのではないか」との考えを示し、「公表すべきではなかったと考えるのか、と問われると非常に難しいところ。一律に判断するのは難しいと思っている」と答えている。

さて、全体としてみると記事・写真とも朝日、読売、毎日もさして変わることもない。記事のトーンも各社ともに「待ちに待った臓器移植」といった具合で、ドナー側の記事はレシピエント側に比して少ないのが目立つ。朝日は三一年の空白を埋める日本の医療活動にとっての新領域といった歓迎ぶり。読売も『命の贈り物』定着に期待」と題して期待感を露わにしている。毎日もほぼ同様のトーンである。

しかし、阪大、信州大の一連の移植手術が進む中、われわれの胸中には複雑な思いが漂っていた。二五日から二六日に延長された脳死判定によって、術後のレシピエントへ、とくに肝臓移植された信州大の患者へ大きな影響を及ぼしたのではないかとの思いがあったからだ。

この思いは現実のものとなった。なぜならば三月二日になって、肝臓を移植された信州大の患者の容態が一時、悪化、急変したのである。幸いなことにその後、レシピエントは容態を持ち直したが、マスコミがドナー家族のプライバシーを侵害したために、家族や判定医師、その周辺に微妙な心理的プレッシャーを与えてしまったために起こったものでなければいいのだが、と心配したのは私だけではあるまい。こんなことは口が裂けても言ってはいけないのだが、二五日夜のうちに脳死と判定されていれば、肺も移植の対象となっていたかもしれないのである。[*4] これに関して、後日、朝日新聞の科学部長（当時）は、「脳死の判断が遅すぎたという議論にはならない」としながらも、手術に立ち会った関係者の話として「提供された肝臓の状態が最初からあまり良くなかった」と語っている。

マスコミへの批判事例と検証

◎事例1　侵されたプライバシー

①ドナーの自宅にマスコミが殺到

二月二六日付毎日新聞朝刊社会面に次のような一文が掲載されている。「関係者などによると、主婦は今月22日午後9時頃、自宅で家族と食事をした後、『気分が悪い』と頭痛を訴え、おう吐した。家族が約1時間後の午後10時10分頃119番通報したが、救急隊員の話では、主婦は呼吸していたが、呼びかけには反応しなかった。さらに、徐々に瞳孔が開き、光への反応も鈍くなったという」「主婦と親しかった女性は昨年、主婦から『骨髄バンクと臓器移植の登録をしている』とドナーカードを見せられた。この女性は『万一の時には自分が少しでも役に立てれば、という思いからでしょう』と話した」。これは毎日新聞の記者がドナーと親しかった女性からあれこれ話を聞いた証拠である。その毎日新聞は二七日付の朝刊からドナーの年齢、性別の表記をやめた。

また、二月二六日付読売新聞夕刊社会面には次のような一文が掲載されている。「家族の自宅の様子などを配信した通信社もあった」。この通信社とは共同通信のことである。これに対し、共同通信社側は「結果として当方の意図したこととは異なり、疑念や批判を生じたことは重く受け止めている」としたうえで、「ドナーと家族のプライバシーの保護を考慮しつつ、必要な情報を得るためには、ドナーの家族に直接取材をしなければならないことがたくさんあるのも事実」とコメントしている（朝日新聞三月三日付朝刊第三社会面）。あるテレビ局では、患者の夫の職業や患者の人となりまでも流している。

②ドナーの個人データが漏洩

朝日、ＮＨＫがどこからドナーの存在情報を入手したかははっきりしないが、多分、高知赤十字病院の関係者であろうと思う。ＮＨＫは以前からドナー発生を警戒して地方の記者にも各病院回りを徹底させていたという。

各紙ともに「高知県の四四歳の女性で、二二日夜、クモ膜下出血で入院」と報じた。さらに、読売新聞は二月二六日の朝刊社会面で、高知赤十字病院の開発病院長の話として、次のようなことまで報じた。「患者や家族のプライバシーについて、『（患者の夫は）子供がどう感じ（周囲から）どう見られるかということを気にしている。患者が特定されかねないことへ不満を持っている』と報道に配慮を求めた」。これでは、患者には子どもがいるというデータがさらに加算されたことになってしまう。本来、初のドナーの発生と臓器移植に関しては、直ちに情報は内閣官房長官に上げられ、情報を一本化してからマスコミに対応を促すはずだった。しかし、情報公開との狭間の中で、しっかりとしたルールが確立していなかった。確定していたのは、移植の行われる各病院との協定であって、ドナー発生どころか脳死判定以前の約束事などは未確定であった。だから、生命という倫理上、きわめて慎重に扱われなければいけないはずのケースであったにもかかわらず、一般ニュース並の特ダネ合戦に巻き込んでしまったのである。読売新聞では同日付夕刊から性別と年齢の表記をやめている。

また、二月二五日夜七時のニュースについてＮＨＫは「提供意思表示カードが完全なもので、家族も提供に同意していること、まもなく法律に基づく脳死判定が確実に行われることを確認したうえで、患者と家族のプライバシーにも配慮しつつ報道した」と、プライバシーには十分配慮したことを強調する（朝日新聞三月三日付朝刊第三社会面)。果たして、そうだろうか。脳死判定は覆ってしまったし、現に患者とその家族は「プライバシーが侵された」と訴えているのである。NHKは、二七日の夕方のニュースから「四〇代の患者」と切り替えている。

◎事例2　マスコミのマナーの悪さ

①臓器の移動を阻む

高知、阪大で起きた事例だが、マイクを突きつけ、臓器の移動を阻害したこともあった。関西における取材で、テレビの過激さは並のものではないといわれる。高知における県警幹事社は毎日、写真関係は関西写真記者協会の幹事である朝日が混乱を自主的に規制させるべく対応したが、昂揚した取材陣を押さえきることができなかった。

②臓器摘出場面の写真を撮らせろ!

高知に取材に赴いた東京のベテランカメラマンの社内報を読むと、高知新聞の取材態度が一番まともであった気がする。たとえば手術室内の写真撮影を病院側に要求する各社のカメラマンたちを相手に、「必要性はどこにあるのか」と孤軍奮闘している。このときの模様を「週刊文春」(九九年三月一一日号)はこう記す。「この場にいたある社のカメラマンは『反対する社だけ切り離せば? ウチは要るけどね!』と発言し、笑いを買っている」。こうした言動が大きくマスコミ不信につながってゆくことになるという認識が現場では薄かったようだ。

③ヘリ乱舞

二八日午後三時過ぎ、臓器を搬出する高知赤十字病院上空にはマスコミ各社のヘリが乱舞した。また、同日夕の阪大への臓器搬入時においても、サンケイとテレビ局（不明）の二社が、夕闇迫る阪大上空で臓器搬入の場面を取材すべく、ヘリを飛ばした。静かに対応すべきことであるのに配慮が足りない。朝日新聞は控えたが、まるでお祭り騒ぎだった。

④抑制力を失った現場

時間的な束縛の中でも冷静さが要求されるニュース対象であるという認識が不足していた。高知赤十字病院には、NHKを見た報道関係者が二月二五日午後一一時頃には一〇〇人を超した。そして、厚生省臓器移植対策室の職員が到着した二六日午前一一時には、正面玄関前に報道陣五〇人以上が陣取り、二人の職員を取り囲み、大混乱に陥った。テレビ画面上で繰り広げられる取材の異常さに、事態を重く見た朝日新聞大阪本社写真部長（当時）は、東京本社写真部長（当時）と調整し、読売、毎日など在阪各社の写真部長に電話を入れ、「お互い紳士的に取材しよう」と申し入れた。そして、高知の現場に「もっと（対象から）引いて撮れ」そして、良識ある行動を」と伝えている。あわせて大阪写真部長は編集局長室に行き、朝刊編集長（局次長）にその旨を伝え、「かりにそのために他社に負けたとしても、それでよいではないか」という意見で合意した。しかし、最高時、報道陣は二〇〇人にも膨れ上がり、病院駐車場の出入口は、外来患者の車と報道陣の車で大混雑。病院前の道路から五〇〇メートルにわたり渋滞まで引き起こしている。

⑤病院で携帯電話を使用

電磁波などで医療機器に影響が出るから携帯電話の使用をやめてくれという要望が、病院側から再三、出されていたにもかかわらず守られなかった。テレビの画面にもそういった状況が映し出され、視聴者の批判をより一層煽った。

◎事例3　低質な表現

①「吉報」

信州大の取材をしていた朝日新聞のある記者から東京に送られてきた記事の中に、驚くべきことに「信州大にも肝臓提供という吉報が知らされ」とあった。「唖然とした。冗談じゃないよ。当然、言い回しを変えましたが……」と、記事を手直しした社会部記者は怒る。

②「患者にとっては『待ちに待った』報」

朝日新聞二月二六日付朝刊一二版▲第二社会面に掲載。移植を受ける患者側からすればそうであっても、新聞社側が書く記事中でカギ括弧をつけてまでも強く表現すべきではない。もっと淡々と書くべきである。

③「心臓が出た」

テレビレポーターの無神経さ、ボキャブラリーの貧困さを示した。

④「一転「『脳死じゃない』『実現へ光か』かたずのむ」

ともに二月二六日付読売新聞朝刊一四版第一、第二社会面の見出しである。記事中ならまだしも大きな見出しである。脳死ではなくなったことへの落胆ぶり、移植実現への固執といった移植推進の先鋒的なイメージを強く抱く。この新聞を患者の家族が見たら、悲しくて、自分たちだけが世間から取り残された気持ちになるだろう。

⑤「待ちわびた『希望の一歩』」

三月一日付読売新聞朝刊社会面の見出し。いくら何でも「待ちわびた」はないだろう。

⑥「時間がたっているが、提供を希望されている臓器には何も影響はないのですか？」

二月二六日の高知赤十字病院での記者会見で飛び出した質問である。

◎事例4　その他の現象

①腎臓移送の東北新幹線車内は大混乱に

腎臓移植は東北大付属病院で行われたが、三月一日夜、東京駅から東北大のある仙台駅へ向かう新幹線車内は大混乱になった。テレビのローカル局や支局の記者が箱乗りしたことで混乱に輪をかけた。

②無神経な画像

高知赤十字病院や阪大などでは、臓器を入れたクーラーボックスをアップで執拗に追いかける新聞、テレビのカメラマンたちが目立った。さらにヘリコプターを使って執拗にクーラーボックスを追うテレビ画面からは、感動ではなく、荒涼とした感情が沸いてくる。

③無頓着な識者の声

「ただ、一年に一人や二人の提供者が出るだけではイベントであって医療ではない」（前移植学会理事長発言）

朝日新聞二月二六日付夕刊第二社会面。

④消えた朝日新聞大阪本社発行二六日付朝刊一〇版

高知で配られる二六日付朝刊一〇版（統合版）には、初の臓器移植への期待が高まった大はしゃぎの見出しが一面を飾っていた。後日、その一〇版を取り寄せようとしたが、本来あるべき棚に一部もなかった。写真部のあるデスクは「整理部が処分したかもしれない。一〇版発行の直後、いよいよ脳死判定という段階になって、覆ってしまったために一種の飛ばし記事になってしまった。一〇版は恥ですからね」という。写真部の周辺からもすべて一〇版が消えていた。

⑤情報公開という御旗

和田移植の陰を引きずったマスコミによる医療現場への対応と思い上がり。情報公開という御旗こそが「正義」。ドナーのプライバシーなど、後は末節なこととして紙面作りがスタートした。「徹底した情報公開責務」(朝日新聞二月二六日付朝刊一二版▲三面)、「情報公開が不可欠」(読売新聞二月二六日付朝刊一四版一面)、「移植医療定着への試金石　情報公開、かぎ」(毎日新聞三月一日付朝刊一四版三面)。

⑥養老孟司氏(解剖学者)の怒り

「週刊文春」(九九年三月一八日号)誌上で、脳死報道を批判。「要するに騒ぎすぎだ。戦争でも始まったかと思ったというのが、古い世代の意見であろう。私がいちばん呆れるのはあれがニュースだと信じて疑わない、メディア関係者の常識である。日本で初めて、と馬鹿な答えをする人が多い。冗談ではない。心臓移植を受けた患者さんだけで、すでに四〇例を超えているのではないか。今回のニュースは、日本村のニュースだった。現代の象徴であるように見える諸メディアは、今回の脳死報道で片田舎のメディアであることを世界に示したのである」(抜粋)。つまり、実態は世界的にはどんどん進んでいるのに、「国内最初」の脳死心臓移植というマスコミのニュース感覚そのものがおかしいと指摘する。

⑦柳田邦男氏(ノンフィクション作家)の苦言

「週刊文春」(九九年三月一一日号)誌上で、肉親の脳死体験を踏まえ、混乱をこう分析する。「私たち家族は息子が骨髄バンクにドナー登録をするなど他者への犠牲的奉仕の死生観を持っていたことを生かすべく、心停止後の腎臓提供に同意した。その決断をできたのは、①救急センターのスタッフが脳死状態でも普通の重篤な患者と同じようにあたたかいケアをしてくれたこと、②家族がいつでも静かにベッドサイドにいられる静かな環境が与えられたこと、③十分なインフォームド・コンセントがなされたこと、④腎臓提供についてコーディネーターの説明を受けてから決断するまで、一晩以上のゆったりした時間が与えられ、せかされることがなかったこと、などの条件に支えられたからだった」。そして、今回の混乱の原因は臓器提供を前提にした病院側の医療姿勢にあると指摘。それが証拠に、行政もメディアも死にゆく人と家族の問題について深く考えていなかったことが露呈してしまったのである、と。

インターネット上のマスコミ批判

インターネットの検索ソフト「Ｙａｈｏｏ！（ヤフー）」の臓器移植関連の掲示板に、マスコミ批判が飛び交い始めるのは二月二六日午前〇時二分からである。もちろん、この段階では新聞（二六日付朝刊）はまだ家庭には配られていないから、テレビを見ての反応である。当初は「臓器移植がニュースなのか」という素朴な驚きを表しているが、時間とともにその色合いは大きく変わっていく。同日午前六時三五分では「ドナーやその家族がさらし者にされている。これでよいのだろうか」と、第一号の厳しい指摘が飛び出している。それに対し、ある若手の記者が内部告発として、苦しい胸の内を語っている。掲示板上では、真剣な議論が繰り広げられていた。記録を見るとそのピークは三月一日である。二月二五日のＮＨＫ報道を皮切りに四日間にわたって繰り広げられる「臓器移植」過熱報道に視聴者・読者はうんざりして、いい加減にしろといった怒りが掲示板にはみなぎっていた。ちなみに二六日（金曜日）は二七件。二七日（土曜日）は一八件。二八日（日曜日）は四七件。三月一日（月曜日）は六七件。二日（火曜日）は四八件である。すさまじいかぎりのマスコミ非難の一部をここに紹介したい。

●高知で日本初の臓器移植ですかぁ。結構、マスコミ騒ぐんですねえ。意外に思いました。

●高知でドナーやその家族がさらし者になっている。これでよいのだろうか。何のための脳死判定と臓器移植ということなのか。医師による医師のための臓器移植ということになるのか。

●あまりにも患者のプライバシーを報道しすぎだ。プライバシーは臓器移植に関して最も守られなければならないものではなかったのか。国内初になるかも知れないということである程度騒がれるのは仕方ないかも知れないが、報道していいのは、そのような家族が出た、ということだけだ。患者の年齢、性別、家族構成まで報道されているが言語道断だ。本当にプライバシーを守るのなら、これらのことは当然秘密にされてしかるべきだし、どこの県であるとか、どこの病院かなども報道されてはならないはずである。患者の人権を守る、家族の気持ちを考える、報道機関にはこれらのことをもう一度肝に銘じてほしい。（二四歳／男性）

●報道機関は何のために報道するのか？　患者がどんな人であろうと今回の問題には関係ないはず。そのうち生い立ちはどうであろうとか、近所の評判はどうであったとか言い出しかねない。こんなことでは、臓器提供の意思のある人がいても躊躇《ちゅうちょ》してしまうことにもなりかねない。

●私は高知県にはいませんが、今朝の朝刊には少し関与したので、経過について内部告発します。あれはＮＨＫのスクープからはじまりました。移植ネットでは本来、このような混乱を避けるための報道対応マニュアルが存在し、現地病院に極力迷惑をかけないようなシステムになっています。ところが、あのＮＨＫの報道で「袋から狐が飛び出した」状況になってしまいました。高知の病院側も怒っていますが、ＮＨＫを見て上司の命令で現地に飛んだ取材記者たちは、夜間の院内で携帯電話を声高に掛けまくり、数に物を言わせて病院の会見を強要するなど、無茶な取材を行ったようです。あげくに、大阪本社から続々と応援部隊が現地に入り、まさに大混乱となってしまいました。私がいる他の本社では、科学部などの解説記事担当者が原稿をまとめるだけで、当初は静観します。ところが、編集幹部もだんだんと興奮してきて「移植手術を待っている人々のコメントを取れ」と騒ぎ出しました。要するに、締め切り時間に迫るのに状況が一向に進展せず紙面が埋まらないためです。まだ判定会議が終わらない午後10時頃の段階です。重度の心臓病などで苦しむ患者や家族たちにしてみれば、ようやく移植かというコメントを出すに決まっています。現にそのような方が多かったし、移植法が厳しすぎることを批判する人もいました。そのようなコメントを何件か取って記事にしました。ところが、今度は「脳死とは言えない」という会見です。さきほどのコメントは脳死判定されるという前提での取材ですので、整合性に欠けます（「ようやく実現して良かった。ドナーの方に敬意を表したい」なんていう内容ですから）。すると、「脳死判定を行ったのに、脳死ではなかったことに対するこのドタバタ劇の感想を聞き直せ」との命令です。ドタバタしたのは自分たちだけで病院は粛々と手続きに則って診断、判定をしていることを理解していないのです。すでに日付は変わっています。一般市民の家庭に、そんな時間に取材したくありません。おまけに下手をすると「なにを愚図愚図している。早く死んでくれ」みたいなコメントになりかねません。私は断固拒否しました。他の記者も同調し、そのような取材は行われず、先のコメントはボツにしました。ほっとしました。以下は総括ですが、結局、脳死にいかなるスタンスで臨むのかが我々にはまったく欠けているのです。プライバシーを暴くなんてまさに一番、やってはいけないことなんです。ところが、それが分かっていない編集幹部が多い。「レシピエントが決まって、手術がうまくいったら、退院まで密着だな」とか阿呆なことを言っているのがおりました。ドナーとレシピエントの完全分離の意味がまったく分かっていない。さらにあれだけガンガン報道することで、ドナーの家族に心理的圧力がかかっていることを理解していない。さんざん「以前から死んでも体を役に立てたいと話すなど、社会貢献に熱心な女性だった」などと報道されて、もし、仮に再度の判定で脳死と診断されたとき、家族は「やっぱり嫌だ」と言えなくなってしまう。どうしてそういう事を配慮しないのか。

●今回は報道の勇み足だと思います。（病院側もリークした可能性はあるでしょうが…）移植に際しては本当に脳死であるのかどうかを判定するのが脳死判定ですが、今回はその判定結果が出る前に脳死移植報道をしています。患者さんの家族にとって「脳死状態に陥りました」というのは死亡宣告になるのですから、きっと静かに看取りたいと願っていたことと思います。しかるに今回の報道では脳死判定までの経過を逐一とりあげて詳細に報道されていますが、これは患者さんの家族にとっては亡くなられるまでの実況中継をされているようなものです。（ドクター）

●マスコミの畜生はむかつく。何考えているんだ、こいつら。会見で病院の医師がマスコミに怒りをぶつけていたけど、それを映し続けるマスコミ、そしてそれに対するコメントもつけずに病院を映し続ける彼らが滑稽《こっけい》であり、腹立たしくもあった。人の心がないのか、この畜生ドモは。

●患者さんの死を皆で待っているかのようで、かわいそうです。いくら脳死でも臓器は動いていて、それを取り出すのですから、ご本人はもとより、ご家族にはとても辛いことだと思います。自分がその家族の立場だったら絶対に揺らぎます。だって、ただ眠っているようにしか見えないのに。マスコミ陣は取材競争に乗り出すのではなく、もっと、人間味ある報道をしてほしい。視聴者は冷静に見極めている。冷静じゃないのはマスコミ陣だけよ。（二八歳／女性）

●報道関係者は取材中は好き放題、どうせ後から過熱報道を反省する検証番組でも作るつもりだろう。写真週刊誌などはおそらくモザイク入りで家族写真まで載せるだろう。狂っている。

●これだけ報道されれば、その地域の人々にとっては個人を推測することは簡単であり、実名報道に等しい。これらの情報で心ない人々による遺族や移植者に対する誹謗・中傷が行われるかと思うと、移植を決意した本人や遺族の勇気に対して仇で返しているとしか思えない。興味本位の報道は報道不信を生み、かえって情報公開の足を引っ張ることになるのではないだろうか。

●えげつない映像。臓器が入っていると思われるケースのアップ。運ぶところを一斉にフラッシュ。ヘリコプターの生中継。もう、なんでもイベントにすれば？（男性）

●朝から（随時）移植状況を臨時ニュースでやってるTV局があるけど、そこまでやる必要があるのか？今も心臓が大阪伊丹空港に到着する様子を生中継してたね。この放送を見て、病院や臓器を乗せた車に野次馬が殺到する可能性だってある。厚生省の役人だか被摘出者の御家族だかが言ってたけど「人が死んでいく様を生中継する必要があるのか！」という言葉の意味を各報道機関は理解しているのだろうか。

●ＮＨＫが臓器の搬出の模様を中継したり、心臓はここ、肝臓はここなんてやるのはいただけないな。どうもＮＨＫは臓器移植はあたりまえのことで、ドナー登録しないやつはわるいやつという世論操作を行っているように思える。（二〇歳）

●手術室に入る瞬間のレシピエントの映像なんて流す必要あるんか？　モザイクかけてるから、プライバシー保護しているというのか？　「初物だから」は理由にならない。（三三歳）

●人様が脳死に至るのを「まだか、まだか」と待ってるみたいで、いやになった。

●「密室の医療」を牽制するための報道のつもりなのだろうか？　でも、ここまで過激な報道合戦をするべきではないと思う。病院内や周辺でライトはつける、携帯電話は使う、パソコンを使うなど、医療施設で禁止されているはずの電磁波・高周波を平然と発生させているマスコミの姿勢に憤りと疑問を感じる。情報操作はあってはいけないが、報道規制は必要と思う。それよりも、マスコミのモラルを問いたい。

●情報公開と生中継、テレビでの映像の垂れ流しとは違うと思います。最初の脳死に至るまでの中継、臓器摘出してからの追っかけ、移植手術の中継、本当に生中継で知りたいと思った人が日本にいるんでしょうか？

●こういうマスコミ全体への批判は彼ら自身握りつぶす傾向にあるのでは？　だからこそ我々もこのインターネットというメディアを活用して牽制して行きたいものです。

●マスコミは「知る権利」とか「情報公開」とかを口に出しますけど。実際考えてる事は「売る権利」ってふうにしか見えないですね。

●全国の人が脳死を待っているかのような、またそうさせるかのような、家族の気持ちを考えないマスコミのあり方っていったいなんだろう？

●ほとんに家族の写真だけはフォーカスされませんように。

●土日と緊張してテレビを見ていたのですが、今大学に来てみると思ったより静かです。野次馬らしき人も見あたりません。病院に用があるので行って来てもう一度リポートします。（阪大生）

●人の命をなんだと思っているのか。松田聖子の結婚式なんかをトップニュースとして扱うマスコミにとって今回の件は視聴率さえ上がればいいという程度のことなんです。（二九歳）

●このごろのマスコミは野次馬以下だと思います。（一五歳／男性）

●私はまだ経験が浅いものの救急に携わる看護婦です。今回の医療を受ける側の方々を無視した報道により、一般の方々の移植に対する受け止め方がどう変化したか気になります。それに病院の前でスタンバイしているなんて、移植を受けた患者さんの急変を待っているような印象を受けてとても不愉快ですね。（二八歳）

●マスコミの方たち、何か勘違いしていませんか。命の一部が運ばれているんですよ。工作物や野菜を運んでいるわけではありません。「今、心臓が出ました」とかその他書くこともはばかれます。ご遺族や近親者の方々の気持ちを少しは察してもいいじゃないですか？（四〇歳／男性）

●マスコミが脳死移植は絶対善と言わんばかりの戦前の大本営発表のような放送ですが、これって一言で言ってしまえば弱肉強食そのものですね。（二二歳／男性）

二例目以降も繰り返されたプライバシーの侵害

二例目は二カ月余後の同年五月一二日、東京で行われた。

そして、翌六月、宮城県古川市（筆者注＝現、大崎市）での三例目に再び、マスコミによるドナーとその家族のプライバシーを侵害する行為が起こった。地元テレビ局の東日本放送（仙台）の記者が、何と、脳死判定前にドナーの自宅を訪れ、家族と接触するという事態が発生したのだ。「非常識だ」と家族は憤慨、一時は臓器提供が危ぶまれるのではないかと移植ネット側を困惑させた。また、脳死判定後にも週刊誌の記者が自宅を訪問している事実も判明した。こうした行為がなぜ批判されるのか。それは、マスコミの存在そのものが家族に無言の圧力をかけ、自由な意思決定に支障を来してはいけないという一例目の反省からきていることは、今さら言うまでもない。

四例目は同じ六月、大阪だった。このときも読売新聞は先走った。六月二四日付朝刊一面で「脳死4人目判定実施　けさ2回目」と大見出しを打ち、「平たん脳波、自発呼吸の停止など臓器移植法施行規則に定められた5つの検査項目をすべて満たした。2回目の判定で変化がないことを確認し、脳死が確定すれば、同ネットワークは移植を受ける患者の選定に入る」と、二四日中にも移植が行われることが確定したような「飛ばし」情報を流している。ところが、実際には一回目の脳死判定の際、指針で定められた脳波測定の感度の設定を誤り、判定のやり直しをしていた。このため、読売新聞が書いた二四日中の移植は行われず、結局、まる一日遅れとなった。これもまた一例目のときと同じ過ちだ。ドナーの家族にしてみれば「早く死んでくれって言うのか」と、憤懣《ふんまん》やるかたない気持ちを引き起こす結果を生んでしまった。

そして、同年九月、愛知でのドナー発生にいたってもマスコミは同様の暴走を食い止めることができなった。このときは朝日新聞である。六日付朝刊一四版一面トップで「10代女性に脳死判定　5例目の臓器移植へ　未成年は初」（名古屋本社発行の紙面のみ）と見出しを掲げ、「2回の脳死判定が行われ、法的に脳死と判定された。6日中に臓器が摘出され移植手術が始まる見通しだ」と大々的に報じた。これも事実は女性の鼓膜が破れていて脳幹の反射検査が十分にできないために判定を中断していた。結局、五例目となるはずだったこの女性の脳死判定は中止、移植も行われなかった。朝日新聞ではこの問題を重視、「おわび」を夕・朝刊一面に二度にわたって掲載している。

求められる報道姿勢とは

家族への配慮を欠いた、脳死による初の臓器移植報道への国民的な批判は、マスコミ全体として厳粛に受け止めねばならない。とくにテレビメディアはそうである。

高知の段階でも、臓器移植先の病院とメディアとの間で、取材上の取り決めはすでに交わされていた。そのため、たとえば心臓移植がなされた阪大の場合、表面的にはそれほどの混乱はなかった。映像撮影のポイントはかなり詳細に詰められ、文書化されていたからである。一方、ドナー発生に伴う病院については、その対象は全国に散るほど多く、病院との間の取材取り決めも詰められていなかったのが現状だ。移植法施行後も一向にドナーが発生せず、その対象病院を拡大したことも混乱の一因となっているという声も聞かれた。つまり、ドナー対象の病院の枠を広げるということは、マスコミにとって本社のみならず支局段階を含めた取材となることを意味する。ベテランの集まる本社でも、脳死による臓器移植とは何なのかを徹底させるのは容易なことではない。いわんや入社一、二年生の多い支局ではなおさらのこと。現に、高知でドナー第一号が発生し、今思えば信じられないようなプライバシーを侵してしまった事実をみれば合点がゆく。

医師であり作家の加賀乙彦氏が、一回目の脳死移植直後、三月一〇日付の毎日新聞夕刊文化欄に寄せた「脳死移植への視点　過剰報道と遺族のプライバシー」は、説得力がある。

「今回の脳死者からの臓器移植をめぐる報道で、私がもっとも衝撃を受け怒りを覚えたのは、摘出した臓器を運ぶアイスボックスを映像として映し出したことである。……一時の熱に浮かされた過熱報道は情報公開とは似て非なるものであること。……また同法（臓器移植法）の施行規則においては、摘出した臓器の取り扱いにあたり、『礼を失わないように』注意することとなっているが、アイスボックスを映像として示すような行為は、明らかに礼を失している。これに代表されるような行き過ぎた報道が多々あったことをマス・メディアは反省し、これからの報道の基準を定めるべきである」。

当時、紙面作りを担当した一人として、大変耳の痛い言葉である。自分の内部で、あのときこうした指摘はあったはずである。しかし、「国内初の脳死移植」という大波を前に、その指摘を自分の中で葬り去ってしまっていた。強いものに巻かれていった自分のふがいなさを今、改めて痛感する。朝日新聞では、移植の行われた直後の三月二、三日の両日にわたって「臓器移植報道　問われたもの」と題して検証し、マスコミ批判に率直に謝罪し、応えている。多くがこれまで指摘してきたものと符合するが、自省を込めた検証記事はこう記している。「プライバシーへの配慮と報道とは、ふだんの取材でもせめぎ合う。しかし、今回は、取材や報道が、臓器移植までの進行を左右する『当事者』になりかねない状況があった」。

ところが、その後も九九年六月の宮城の三例目、同年九月の大阪の四例目、そして五例目となるはずだった同年九月の愛知と、マスコミの勇み足によるプライバシーの侵害と礼を失した報道が繰り返されてきた。

その後、新聞、テレビ各社は内部で「いつ報道するのが適切か」といった脳死報道の基準作りをめぐって議論を重ねてきた。「一次判定後か、二次判定後か」。どのタイミングならドナー家族の意思決定に影響を及ぼさないですむかをめぐる議論である。二次判定後だからといってドナー家族の心情を担保できるわけではないが、基準作りというのはそういうものだ。毎日新聞は早々と「二回目の判定で脳死が確認された段階」で報道に踏み切るという指針を紙面上で公表したが、朝日新聞でも激しい議論が展開された。その朝日も六例目となった秋田の報道を見るかぎり、二次判定後に軸足をおいたように思える。各社も同様の傾向だ。

ともあれ、脳死移植の行われた九例すべてがドナー家族らの深い理解によって遂行されているが、「人の死」という大きな問題について、メディア内での競争原理と情報公開の御旗だけで、傍若無人な取材方法や思い上がった報道姿勢を取ることは、もはや許されぬ状況下にあると肝に銘じなければならない。

それにもう一つ。熱しやすく冷めやすいマスコミのこととはいえ、脳死移植が頻繁に行われニュース価値がダウンしつつあっても、脳死医療における情報公開・透明性追求への努力をおろそかにしてはいけない。

＊　＊　＊

日本初の脳死による臓器移植が行われて七年余が過ぎた。脳死を人の死として認めるということは、日本と日本人の死生観を根底からひっくり返す出来事だった。脳死を人の死として受け止めるか否かをめぐる長い議論を経た脳死臨調の提言を受けて、臓器移植法が制定されたわけだが、この臓器移植法が衆参両院で可決されたとき、朝日新聞は、私の記憶によれば、この法案に誰が賛成をし、誰が反対、棄権したかを掲載した。

それは、この法案がそれほどまでに大きな問題を内包している証左であり、将来の日本人の死生観のみならず生活、文化、等々に大きな影響を及ぼすと考えたからであろう。

そして、施行後一年四カ月を経ての高知の第一例目以来、四五例が実施されてきた（二〇〇六年三月二七日現在）。私は、この脳死移植がいよいよ実施という時期に、自分が新聞社のデスク、部長という管理職にあったことが、それまで一線で働いていたときとは、考え方に微妙な違いがあったことに気付いている。

高知の一例目から、臓器移植が行われるたびに、私は一連の報道に疑問を抱き続けていた。祈るような気持ちで静かに臨終を迎えるその肉親の心情はいかばかりであったか。ただでさえ、目の前に横たわる肉親の死を、じっと受け止めようとしているのに、その内臓を他者に渡そうというのである。いくらドナーの遺言であったとしても、そうなかなか納得ゆくものではない。そうしているときに、新聞が、テレビが、気持ちを踏みにじるようにデカデカと「移植へ」と報道してきたのだ。それもドナーが誰であるかわかってしまうような無神経さであった。

当時、名古屋本社で行われた臓器移植がらみの会議で、ある社会部記者がこんな意味の発言をした。「臓器移植に関しても新聞はそれが法の下に正しく行われたかをチェックする責任がある。当然だが、それに他紙との競争も捨てるわけにはゆかない」。

私は、そのとおりだと思った。しかし、言葉ではそのとおりだが、なぜか納得がいかなかった。しかし、反論するほどの論拠もなかった。私は、胸中では、「チェックっていうけど、いつまでチェックし続けられるっていうの。それに、そのうち、臓器移植手術そのものがベタ記事（一段記事）程度にしか扱われなくなるよ。かつての交通事故報道のように」と、探偵ごっこが好きな記者を目の前に作り笑いをした記憶がある。

先日も、富山県での四五例目の臓器移植手術を報じる朝日新聞のベタ記事（二〇〇六年三月二七日付夕刊第二社会面）を見ながら、熱しやすく冷めやすいマスコミの体質に再び思いをめぐらせ、暗澹《あんたん》たる気持ちになった。

＊注

1　一九六〇（昭和三五）年、東京で発生した雅樹ちゃん誘拐事件では、当時は誘拐報道に関する何らの基準もなかったため、第一報から各紙は激しい競争を展開、犯人の要求、捜査状況などが逐一報道された。不幸にして雅樹ちゃんは殺害され、その後、逮捕された犯人は「新聞の報道で非常に追いつめられた」と語ったことから報道各社は深刻な反省を求められた（丸山昇『報道協定』第三書館、一九九二年）。

2　一九六八（昭和四三）年八月、札幌医大の和田寿郎教授（当時）が、日本ではじめて脳死による心臓移植を行った。ところが、後になって和田教授らの移植にさまざまな点から疑惑が生じた。脳死判定チームと移植チームが一緒であり、密室による医療活動がその後の教訓として残った。提供者が脳死だったのか、移植された青年が本当にそれが必要だったのか、今もって議論がある。患者が亡くなった後、手術をした和田教授は殺人罪で刑事告発されたが、証拠不十分で不起訴になっている。今回のマスコミの移植報道には、三一年前の和田教授の密室医療活動への不信が根底にある。

3　プライバシーの権利。憲法一三条に基づく私生活をみだりに公開されないという法的保障ないし権利。

4　結局、長い間、人工呼吸器で生命維持をしていたため、肺は不全状態で移植には適さなかった。

米大統領選、歴史的大誤報
出口調査の落とし穴

はじめに

超大国アメリカの二一世紀の初代大統領を決める選挙は、ゴア候補（民主党）とブッシュ候補（共和党）による歴史的な大接戦の末、一カ月余を経て二〇〇〇年一二月一三日（現地時間）、やっとブッシュ候補の勝利で決着がつくという異例のドラマを演じて幕を閉じた。行方を決めるフロリダ州の両候補の得票差があまりにも僅差であったため、混乱は三六日間にもわたり続いた。その間、再集計による手作業をめぐって両陣営が法廷闘争を繰り返すなど、泥仕合の様相を呈した。全米はもとより世界中がフロリダの動きに耳目を集めた。それは、とりもなおさず、アメリカの大統領とは、世界の権力者を意味するからにほかならない。

その米大統領選の開票当日、一一月七日夜のことだ。両候補の当落をめぐってアメリカのメディアは歴史に残る大誤報、ドタバタ劇を演じた。米テレビ局は、フロリダ州の勝利者をいったんはゴア候補と判定。その後にこの判定を取り消し、ブッシュ候補に当確をつけたものの、これまた撤回。まさに猫の目のようにくるくると判定が変わったのである。早版で「ブッシュ勝利！」と大見出しを張った新聞社もあった。

その背景には、フロリダ州内の不在者投票分の開票が大幅に遅れるというハプニングもあったのだが、調査のコストを切りつめるために各メディアが資金を出し合って設立した調査機関一社の出口調査の数字にみんなが頼り切ってしまったという、マスコミのいわゆる「護送船団」取材こそが、大きな落とし穴だった。加えて、最大の見せ場である大統領選を前にして、メディア間における競争過熱が重なったことが迷走に拍車をかけたようだった。近年、日本や韓国のメディアでも注目を集めてきているこの出口調査について検証する。

出口調査機関一社に頼り切ったマスコミ各社

大統領選の開票状況を報じる一一月八日から数日間の朝日新聞、読売新聞など日本のマスコミ報道を参考にしながら、なぜ、全米のマスコミは信じられないような大誤報をしてしまったのかを探った。

はじめに、米大統領選の仕組みを簡単に触れてみたい。まず、全米の有権者は州ごとに大統領を選ぶ「選挙人」を選ぶ。この選挙人は全米で五三八人。よって過半数の二七〇人を獲得した候補が大統領に当選することになる。ほとんどの州は、割り当てられた選挙人を一人でも多く得票した党派にすべての選挙人を与える「勝者総取り」方式のため、選挙人の多い州を効率よく取っていけば得票数で負けても当選することができる。大誤報の原因となったフロリダは、カリフォルニア、ニューヨーク、テキサスに次いで選挙人の数の多い州である。メディアが大誤報をしでかしてしまったのは、このフロリダがまれにみる接戦だったことによるものだ。

一一月八日付の朝日新聞夕刊最終版（四版）三面に、締切り時間ぎりぎりに突っ込んだであろうベタ記事が、米メディアの誤報を報じている。もちろん、この新聞が各家庭に配られた夕方には、日本のテレビが、アメリカのメディアの混乱ぶりを大々的に報じ、日本国内でもその混乱と大接戦ぶりが話題になった。翌九日付の朝日、読売の朝刊一面には「米大統領選、当選決まらず」、「決着持ち越し」の大見出しとともに、「出口調査はずれ」、「TV判定大揺れ」、「ブッシュ当確撤回　報道も混乱」といった見出しで、メディアの大誤報をニュースとして報道している。

大誤報の原因の一つは「出口調査」にあったようだが、最近まで新聞社にいた身としては、かねてから指摘されてはいたものの、この出口調査の弱点がこれほどまでにはっきりと出たことに戸惑いを感ぜざるをえない。実はこの当時、日本のメディアでも、膨大な費用のかかる出口調査を各社でそれぞれまかなうのではなく、アメリカのように共同で一つの調査会社を設立しようという「護送船団」方式による調査が、本格的に動き出そうとしているのである。

すでに、系列メディアの新聞社とテレビ局では共同の出口調査が行われ、データの共有化が進んでいる。二〇〇〇年六月の衆院選では、朝日新聞とテレビ朝日が共同で出口調査をし、成果を上げている。さらに二〇〇一年夏の参院選では、朝日新聞と読売新聞、日本経済新聞三社で外部委託方式による調査も予定されている。[*1] 安上がりで、より多くの調査データを盛り込めるという算段である。日本のメディアの出口調査の運営方法は、アメリカときわめて似通っている。いずれ出口調査はすべて外部委託会社一局に集中すると予想されるが、調査データも各社ともに一本化され、プールとなるから、間違えたらアメリカ同様、これも各社横並び一線となる。こうしたことに対し、新聞社、テレビ局側は、ともに当落の判定は出口調査だけで決定されるわけではなく、判定用のコンピュータには、選挙期間中に行われる数度にわたる独自の世論調査のデータなどを取り込むから、問題ないとしている。

では、米大統領選の出口調査のどこに問題があったのか。「『改めて検証してみると、間違いがあった』。世論調査の専門会社『ボーター・ニューズ・サービス』(VNS)の幹部キャシー・フランコビッチさんは、投票日から一夜明けた八日、そう明かした」と報じている(二〇〇一年一一月一〇日付朝日新聞朝刊三面)。

迷走する米メディア

VNSは、米国三大ネット(ABC、CBS、NBC)やCNN、FOXの各テレビ局とAP通信など、米国の主要メディアが共同で出資して作った会社だ。米国では一九八八年まで各社が独自に出口調査をしていたが、選挙のたびに全米で調査をすれば膨大なカネがかかるため、こうした各社の共通の悩みであるコストを削減するために作られたのがVNSだった。さらに朝日新聞は、「『世論調査先進国』米国では、選挙中、様々なマスコミが連日、支持率調査を発表してきた。だが、選挙当日に限っていえば、各社が頼りにしたのはVNSの出口調査だけだった」と報じている(二〇〇〇年一一月一〇日付朝刊三面)。つまり、米メディアがそろって大誤報をしでかしたのは、このVNS一社のデータに頼りすぎた結果だったということである。

さらに同紙によれば、「混乱の引き金を引いたのが、VNSがフロリダ州内の四五選挙区で、投票を終えた一八五八人を対象に行った出口調査などのデータだ」という。

フロリダ州の一部の郡で行われた投票用紙には欠陥もあったようだ。投票用紙の候補者の配分がわかりにくく、ゴア氏に投票するつもりで第三のブキャナン候補に投票してしまったケースがかなりの数あったらしい。しかし聞き取りによる出口調査では、その有権者は、「ゴア、ゴア」と口々に叫んだに違いない。そこに大きな誤差を生む一つの要因があった。裏付けるように、以下、さらに朝日新聞の詳細が続く。「ゴア候補への支持は一部地域でブッシュ候補を3—6ポイント上回っていた。これが、『フロリダ州でのゴア勝利』速報につながる。ところが、実際に票が開き始めるとほとんど接戦だった。VNSはあわてて訂正の警報を流した。誤報はこれだけにとどまらなかった。今度は過去の傾向などを加味した未開票地域の得票予測を『ブッシュ優勢』とはじいた。ところが、実際の票の出方は僅差で進んだ。不在者投票をどう読むかという点をめぐっても混乱があった。ブッシュ氏のリードはみるみる縮まり、各局は2度目の訂正に追い込まれる。人的なミスかもしれない。処理方法に問題があったかもしれない。いずれにせよ、データは間違っていた」。

読売新聞も特派員名で同様の見解を掲載している。「出口調査で、ゴア氏が3ポイントリードとの数字が別に出回っていたこともあり、各社が先入観を持ち、ゴア勝利を打電するタイミングを見極めようとする心理に陥っていた模様で、これが逆にブッシュ当確へぶれる伏線となった可能性もある」(一一月九日付朝刊一面)。

ともかく、VNSの出口調査をもとに、開票開始後の午後八時ごろ、主要テレビ各局はほぼ一斉に同州での「ゴア勝利」を打った。ところが、その直後になって一〇万票以上といわれる不在者投票分が未開票だったことが発覚、票の流れが逆行したため、午後九時半過ぎになってVNSは一部の郡の調査結果を取り消した。調査結果と票の出方が合わなかったからだ。それを受けて、各局は「ゴア勝利」を取り消した。このときの模様は、朝日によれば、「一転、慎重になった各局アナウンサーは『トゥ・クロース・トゥ・コール（まだ結果判断はできません)』を連呼。CBSのアンカー、ダン・ラザー氏は『視聴者の方々があきれても正直、反論できません』と釈明した」とある(二〇〇〇年一一月九日付朝刊一面)。ブッシュ候補勝利という二度目の訂正を余儀なくされるその後の状況も、同紙によればこうだ。「8日未明に入って、一時は10万票以上開いていたブッシュ氏のリードが徐々に数万票に縮む。開票率が90%を超えた午前2時半ごろ、各テレビ局は一斉に『新大統領にブッシュ氏』との最終判定を下した。しかし、それも約1時間後には取り消された」。

メディアの判定を受け、その一時間の間にゴア氏は、ブッシュ氏に電話で敗北宣言と祝福を伝えている。そのときの模様を朝日は、「CNNテレビがブッシュ当選を伝えると、テネシー州ナッシュビルのゴア副大統領陣営の集会場にはため息が漏れ、涙ながらに帰る支持者もいた」と伝えている(二〇〇〇年一一月九日付朝刊総合面)。反対に、ブッシュ支持者が待機するテキサス州オースティンの州議事堂前では、ブッシュ勝利を報じるCNNテレビに、議事堂前は大騒ぎになった。いったんは家に帰っていた支持者が再び集まりだし、議事堂は赤、青、白の国旗を彩ったイルミネーションがちかちか点滅し、誰もが満面の笑みを浮かべていたという。

しかし、その直後にゴア氏からブッシュ氏に「敗北宣言」撤回の電話が入る。得票差が約六〇〇票となったために、フロリダの州法の規定により再集計となったことで、決着が先送りされたことを告げたのである。このとき、不機嫌をあからさまにしたブッシュ氏の応対に、ゴア氏の闘争本能がめらめらと燃え上がったといわれる。

誤報の新聞はオークションに

この時期になると、二転三転する予測情報にメディアはもうメロメロ状態。自信を大きく失ってしまう。前出のCBSのラザー氏は開票特別番組の冒頭でこう強調した。「誤った情報を伝えるくらいなら、一番最後になったほうがましだ。そのかわり、われわれがいったん報じたら一〇〇%信頼してもらいたい」。ところが、そのCBSも現実はライバル局との速報合戦の渦に巻き込まれていくことになる。新聞も大騒ぎだった。「ブッシュ勝利!」と赤字の大見出しで一面をつぶしたニューヨーク・ポスト紙の早版は、インターネット上のオークション市場「eBay(イーベイ)」で瞬く間に競売にかけられる始末だった。そして、わずか二五セント(約二七円)の新聞が一〇〇ドル(約一万一〇〇〇円)に跳ね上がったといわれる。

こうした混乱の背景には、「過熱する速報競争の圧力」があったと、ニューヨーク大学のテレンス・モラン教授は朝日新聞紙上(一一月一〇日朝刊)で指摘している。まさにそのとおり。一分でも一秒でも他社・他局より早く情報を流し、売り上げや視聴率を上げようとする商業主義がマイナスに働いた結果である。

メディア大混乱の影響は、アメリカのみならず、世界を駆けめぐった。日本では、「新大統領誕生」を受けて外務大臣会見が予定されていたが、いつまでたっても当落が決まらず結局、会見そのものがお流れになっている。また、「ブッシュ氏当選」を受けて会見した防衛庁長官のコメントは宙に浮いたままになったという。フランスはブッシュ氏に「当選おめでとう」のメッセージを送ってしまった。ドイツは祝福談話をいったん発表したが、あわてて撤回。ロシアは勝者を特定せず、「新政権との積極的な対話の継続を期待する」旨のコメントを発表した。韓国はブッシュ氏宛の祝電をぎりぎりで送信ストップ。中国は新華社通信がブッシュ氏当選を速報で流したが、二時間後に取り消している。ＰＬＯ（パレスチナ解放機構）のアラファト議長は、ブッシュ氏に直接、電話で祝意を伝えた。いずれにしても、次期米大統領への祝意ともなるとどこもかしこも驚くほどの敏速さだが、メディアの混乱に乗せられ勇み足をおかすなど、揺さぶられた国が結構多かった。それだけ、米メディアへの信頼が高かったということでもある。ところがその信頼性が、今回は出口調査の落とし穴によって大きく揺らいでしまった。

脚光浴びる出口調査

さて、米大統領選でメディアに大恥をかかせ、日本でも近年、新聞やテレビなどでしきりに登場する出口調査とはいったいどんなものなのか、ここらで触れてみたい。

出口調査というのは文字どおり、投票を終えた有権者に、誰に一票を投じたかを聞き、そのサンプルから当落を推計するやり方である。たいがいの場合、質問は「選挙区で投票した候補者は？」といった五項目ほどの簡単なアンケートだ。しかし、有権者にとっては、「答えにくいこと」を聞かれるため、回答拒否が結構多い。応じてくれるのは多くてだいたい四、五人に一人ぐらいの割合。それを補うためにサンプル数を多くするから必然的に調査費用も膨れ上がるという按配だ。

一九八〇年の米大統領選、カーター（民主党）対レーガン（共和党）では、テレビ三大ネットワークのうちＮＢＣが圧勝した。接戦が予想されていたが、開票率四％でＮＢＣは「レーガン当確」を打ってみせたのだった。その根拠こそがサンプル数を増やして行った出口調査だった。それまで出口調査は、世論調査の脇役にすぎなかったのである。

そもそも世論調査の歴史はいつからか。一九三六年のアメリカ大統領選でギャラップ（George Gallup 一九〇一〜八四年）がはじめて行い、大成功をおさめたのがメディアにおける世論調査流行の口火だといわれる。ギャラップは、電話帳や自動車保有者名簿記載者にハガキを送る方式を採用した「リタラリー・ダイジェスト」誌とは違う、無作為抽出法を採用したのが功を奏した。以来、政治問題や社会問題について、人々はどういう考え方を持っているのか、それを明らかにする目的で、新聞社や調査機関は世論調査をしきりに行うようになったのである。こうしてアメリカを中心に世論調査の方式は、どんどん進化してきた。

出口調査もその一つで、投票直後の意識調査というきわめて精度の高いデータが得られるとあって、最近ではテレビ局を中心に注目を集めてきている。出口調査は候補者に「当選確実」を打つための資料として、かなり前から行われてはいた。だが、専門家による統一的調査ではないのがほとんどだった。独立した統計的データとして扱われる流れができてきたのは日米ともこの一〇年ほどである。それはともにメディアによる開票の速報合戦が激しくなった産物であるといえるだろう。

日本では、一九九二年七月の参院選開票速報で、日本テレビとフジテレビが本格的に出口調査を導入した。このとき、両テレビ局は、全国の五〇〇余の市町村の開票所でそれぞれ一五〜一六万人に対して出口調査を行っている。翌九三年の衆院選では、テレビ東京を除き、すべてのキー局が出口調査を番組の中で活用した。だが何と言っても、出口調査をそれまでの脇役から主役の場に踊り出させた最大の要因は、公職選挙法改正によって九八年から選挙の投票時間が二時間延長されたことである。改正公選法は、投票率アップを図って、従来の夕方六時で締め切られた投票時間を八時まで延長することを定めたが、これにより自治体の開票作業は日付を越えることになり、新聞社が翌朝の紙面で、すべてを伝えることは難しくなってしまった。このため、開票がそれほど進んでいない段階で最終結果を予測する手段として、出口調査が報道各社の間で競うように行われることになったわけである。

だから最近、開票状況を伝えるテレビ中継の中で、開票率一％にも満たない段階で当確を報じることがよくある。これは選挙戦中に積み重ねたデータと出口調査をもとにした結果なのだ。間違っていたらどうするんだと思うことがあるが、その出口調査が「間違わないから問題なのだ」と、あまりにも早い当確報道が開票速報への興味減退と選挙離れを加速する結果を生んでいると、東北大文学部の海野道郎教授は朝日新聞宮城版「宮城論壇」上（一九九七年一二月一日付）で指摘する。しかし、その神懸かり的な信頼を見事に裏切ったのが今回の米大統領選である。「たとえばサッカーの試合に置き換えれば、一点差ゲームでロスタイムも見ずに判定を下してしまうようなものだから、乱暴である」（朝日新聞二〇〇〇年一一月一一日付夕刊経済特集）とコラムニスト・泉麻人氏が揶揄するのももっともなことである。

出口調査の弱点

出口調査の弱点として、今回のフロリダ州のように極端に票差が小さすぎる場合には統計学的にその力を失ってしまう可能性があることを関係者は、以前から指摘していた。

また、二〇〇〇年六月の衆院選では、すべてのテレビメディアが過去最大規模の出口調査を行ったが、締切り時間ぎりぎりの投票が多かったことによって出口調査のデータに狂いが生じるという、新たな課題も生まれている。誤差が最も目立ったのが民主党の獲得議席数。実際は一二七だったが、出口調査では、NHKが一三五～一五四と予測したのをはじめ、日本テレビが一四二、フジテレビ一三六と、TBS以外の全局が過大に見込んでしまった。自民党の議席数（実際は二三三）も、日本テレビは二三五とほぼ的中させたが、TBSが二五〇、フジが二四〇など、総じて多めだった。出口調査の外れを招いた原因として局側が挙げるのは、ほとんどが出口調査の締切り時間だ。各局とも、開票速報番組が始まる午後八時ごろまでに集計を終わらせるため、同六時半前後に調査を打ち切っていた。ところが、結果的には午後六時から八時の間に「風が吹いた」。つまりこの駆け込み投票が、大きく影響を及ぼしたというのである。一つのテレビ局あたり数万から二〇万人と対象人数を選挙のたびに増やしても、肝心な時間帯を考慮に入れなかったこのときの出口調査には、この世論調査方式が、まだ未開発のものであることがほの見えるのである。ちなみにこのときの朝日新聞の対象人数は実に四七万七〇〇〇人余だった。さらに、フロリダと同様に、衆院選でも問題になったのは約五五〇万という膨大な不在者投票分をどう読むかということだった。

朝日新聞で出口調査を研究している知人は、国内の選挙のたびにさまざまなケースを研究してきた。たとえば、投票を終えたばかりの有権者に「朝日新聞の者ですが」と言って声をかけるとどのような反応をするか。共同で出口調査を研究してきた大学の名前を出してアンケートを依頼したときはどうか。その反応が微妙に違うというのである。いずれの場合でも、回答率はきわめて低く、快く回答してくれるのは一〇人のうち一人か二人という場合もある。そして、回答の内容にしても、二〇〇〇年の衆院選のときを例に出せば、「朝日新聞の者」に対しては「民主党寄り」の声が圧倒的に多かったというデータもある。また、別のある新聞社では、その新聞の論調に合わせたように「自民党寄り」の声が多かったそうだ。やっと重い口を開いて回答してくれた有権者は、どうやら質問者の所属メディアへ強くシンパシーを感じてくれていたからであるようだ。こうしたバイアスはまた、候補者のイメージによっても生じるそうだ。知人が書いた編集局報「えんぴつ」によれば、たとえばダーティーな候補者、高齢の候補者、多選の候補者は実際の得票よりも出口調査の数字のほうがいつも低く出る（マイナスバイアス）し、逆に、フレッシュな候補、民主党や共産党が担ぐ候補は高く出る傾向（プラスバイアス）にあるという。マイナスバイアスの原因は、回答拒否と不在者投票。プラスバイアスの原因は、政治に不満を持つ層が、おおむね出口調査に協力的だったことによるものとみられている。そして同レポートは、衆院選におけるテレビメディアの「見込み違い」は、このバイアスを判断材料に入れていなかったことによるとみている。

また、その知人はレポートの中で、出口調査の怖さをこんなふうに表現している。「出口調査は、素材をそのまま食べたら食中毒を起こす。しかし、しっかり調理をすれば、これは最高のごちそうになる」。

権力に隙を突かれない慎重さを

ところで、選挙のたびに実施されるこの出口調査を含めた世論調査に対し、法規制しようという動きが近年、活発である。自民党の「選挙報道に係わる公職選挙法のあり方に関する検討委員会」は、九九年八月、中間報告をまとめた。内容をかいつまんでいえば、「選挙情勢についての世論調査報道を公示・告示日の二週間前から、投票日までぐらいの期間は自粛し、出口調査の結果は投票終了まで厳しく管理するよう報道機関に要請する」ことなどを盛り込んでいる。公職選挙法改正にまで踏み込むかどうかには触れていない。中間報告では、世論調査など選挙報道について「選挙情勢の実態を必ずしも正確に反映したものではなく、有権者に不要な予断を与える面もある」と指摘する。法改正でないのは、あくまで報道機関の自粛を期待しているからだというのである。

選挙報道に対する自民党の法規制検討発言は、今に始まったことではない。しかし、その検討対象に出口調査が加わったのは、一九九九年五月の自民党の同検討委員会である。それは、毎日新聞が同年三月、東京都知事選の情勢記事で世論調査結果を具体的な数字を挙げて報じたことや、自民候補が結果として破れたことに、森喜朗幹事長（当時）がマスコミの出口調査のあり方を批判、「調査結果が（投票終了時間前に）外に流れるなどきわめて問題が多い。小規模な自治体（の選挙）は、かなり影響を受ける。開票が進んでいないのに『当選確実』が出て、候補者に万歳をやれという」と、問題点を指摘している（本書八八頁以下参照）。

確かに、時折、一部のマスコミから出口調査の中間集計が、投票締切り時間前に一部政党の選挙対策本部に漏れるという出来事が起きている。公正な選挙を害する行為であり、これはその報道機関が間違いなく悪い。当然、中間集計を漏らしたその記者は社内規則に基づき処分されている。だからといって、世論調査を法で規制してしまうというのはやりすぎだ。九八年夏の参院選で敗北を喫した自民党は、以来、その矛先をメディアに向けてきている。「報道の影響力を見過ごすことはできない」との党内意見をまとめ、メディアを監視する「報道モニター制度」を九八年一〇月に導入した。

では海外の情勢はどうか。朝日新聞によれば、主流はアメリカを先頭に「規制なし」だった。最も厳しいのは韓国だが、これは長かった軍事独裁政権の名残である。「公職選挙及び選挙不正防止法」により、告示日から投票終了まで、結果の公表や報道はできないことになっている。メディアはおおむね順守しているが、九七年の大統領選で、ある週刊誌が投票の約一週間前に当落予測を報道した。記者は告発され、罰金一〇〇万ウォン（約一〇万円）の一審判決を受け、目下、控訴中である（朝日新聞二〇〇〇年四月六日付朝刊「オピニオン」）。

この韓国も日本やアメリカ同様、メディアの激しい選挙速報合戦に揺れている国だ。九六年四月の総選挙では、投票日当日に実施された電話世論調査による三大テレビの当落判定が大きく狂い、「当選確実」でインタビューされた候補者が相次いで落選するという誤報事件を起こしている。韓国では、このときはじめて世論調査報道が部分的に認められたが、投票所から半径五〇〇メートル以内での調査は認められなかったため、電話による世論調査となったのであった。しかし、断定的な表現を避けるという世論調査報道上の原則が激しいメディアの競争の中で忘れ去られ、誤報を決定的なものにしてしまった。選挙後、韓国放送委員会は、開票前に当選予想者を放送し性急な予測報道で視聴者を混乱させただけではなく、放送の生命である信頼と品位を損なったとして、大誤報を流した放送四社に対し、放送法に基づいて「視聴者への謝罪」と「製作責任者への懲戒」を命令した。

この放送委員会の命令は、激しい速報合戦で慎重さを置き去りにしたメディアへのきついお灸、警鐘であった。だが、これは決してお隣・韓国だけの問題ではない。米大統領選で大誤報をしでかした米メディアといい、日本のマスコミといい、ここから何を学ぶかが問われている。いち早く多くの人たちにニュースを届けることはマスコミの当然の責務だ。しかし、それが誤った情報であっては何もならない。とくに、選挙という社会の心理を推し量るとき、候補者とその周辺の一部には、世論調査を科学であると認めたくない人もいる。誤報という決定的なマイナス面で、権力に隙を突かれることのない慎重さが必要である。

マスコミにとって、情報の正確さと速報性は生命だ。この原則はいつになっても風化することはない。テレビのデジタル化、インターネットの普及による情報の双方向性が叫ばれ、メディアの発達は目を見張るものがある。そしてそれはそのまま、さらなる「過熱報道」へと突っ走る。だからこそ今、そのマスコミに、より慎重さが求められている。ただ単に、他社より早くという速報性だけが優先されるのではなく、誤報という決定的な損失（信頼）を被る前に、ぎりぎりまで確認につぐ確認を繰り返すという、より一層の慎重さが必要だ。今マスコミは、とくにテレビの世界についてだが、多局との速報競争にばかり気を取られ、誤り（誤報）に対する意識が薄すぎやしないか。それは、根底に新聞とテレビの記録性の違いがあるように思えてならない。

＊注

1　その後マスコミ各社は、コストの問題で外部委託方式を導入している。

＊参考文献

- 朝日新聞、読売新聞
- 波多野完治編『心理学入門講座第8　世論・宣伝——現代社会の心理——』（大日本図書、一九六一年）
- 佐藤卓己『現代メディア史』（岩波書店、一九九八年）
- 海野道郎「宮城論壇」（一九九七年一二月一日付朝日新聞宮城版朝刊）
- 木村太郎「メディア時評」（二〇〇〇年一二月二四日付読売新聞朝刊）

「お受験殺人」にみる、思い込み報道の危険性

はじめに

マスコミが事件を報道するとき、懸命に事件の核心である「動機」を詮索しようとするのは当然のことである。なぜなら、その動機こそがニュースだからだ。単なる個人的な感情が生んだ犯行なのか、あるいは事件の背景には社会病理的な側面が潜んでいるのか。もし現代社会が生んだ病理であったとしたら、事件は「氷山の一角」ではないか。動機を理解することは、そのまま事件を理解することにつながる。つまり動機によってニュースバリュー（価値）が大きく左右されるといえる。だから、動機次第で、その日のビッグニュースとして、新聞の一面トップになり、テレビのニュース番組の冒頭で放映されることにもなるのである。だが、もしその動機が当初、報道されてきたものと違っていたらどうなるか。いくら速報性を金科玉条のように大切にするマスコミといえども、焦るあまり記者の「思い込み」によって事件の核心部分である動機を事実とかけ離し、読者を間違った方向に認識させてしまうことはあってはならない。それはマスコミそのものの命

取りにもなりかねないのだ。

それにしても、「あの事件」は当初から変だった。当時、マスコミに身を置いていた自分としても、東京で起きたあの衝撃的な事件報道は、第一報から「不自然さ」がつきまとっていた。動機があまりにもステレオタイプすぎて、すっきりしない思いが脳裏から離れなかった。何か、陳腐な推理小説のテレビドラマを見ているような気分だった。同僚の記者が「お受験が動機だとしたらまさにドラマを地でいくような話だ。テレビや週刊誌にとってはもってこいのネタだね」と他人事のように語ったことを覚えている。この勘は当たった。結局は、犯行の動機においてマスコミの当初からの「思い込み」が、ボタンの掛け違いを起こし、しばらくの間、ニュースの核心をぼかしてしまったのである。この間に、事件はマスコミが命名した「お受験殺人」として国民の脳裏に深く刻まれていった。これも、とどのつまりマスコミの過熱競争が生み出した大いなる罪である。都会に生きる母として主婦としての複合的なストレスなどの理由が重なり合って起きたといわれる幼児殺害事件が、どうして「お受験殺人」と単純化され、一人歩きしてしまったのか。この謎を紐解いてみたいと思う。

それは、この事件がマスコミによってより世間を騒然とさせたにもかかわらず、いまだに事件が発生するとステレオタイプにしかものを考えなくなっているマスコミに釈然としないものを感じているからだ。表面的にしかものの本質をえぐれなくなっているマスコミの力量不足に、何がしかの警鐘を鳴らしたいと思うからである。

事件のあらまし

いわゆる「お受験殺人」事件はこうして起こった。当時の新聞や雑誌、のちに出版された『検証！事件報道』などによると、事件のあらましはこうだ。

一九九九年一一月二二日午前一一時一五分ごろ、東京都文京区の会社員の長女（当時二歳）は、自宅から約三〇〇メートル離れた私立幼稚園に通う兄を迎えに、母親と一緒に出かけた。幼稚園の庭で母親が顔見知りの母親と立ち話をしていた五分の間に行方不明になった。母親らが付近を探したが見つからず、約二時間後に一一〇番通報した。幼稚園は有名な寺の境内。総門を入って十数メートルのところにあり、周囲はフェンスや生け垣で囲まれ、園庭は外からは見えにくくなってる。行方不明になったとき、幼稚園の庭には四、五〇人がいた。二二、二三日の両日、警察が付近で大がかりな捜索を展開したが見つからなかった。警察は何者かによって連れ去られた可能性もあると判断し、二三日になって公開捜査に踏み切った。

そして、三日後の一一月二五日午後四時前、長男を女児の兄と同じ幼稚園に通わせている主婦が、僧侶の夫に付き添われ警察に自首した。主婦は女児の遺体を実家の裏庭に埋めたことを供述、特捜本部員が主婦を同行して遺体を確認、午後九時二五分に殺人・死体遺棄容疑で逮捕した。

供述によると、二二日午前一一時四〇分ごろ、園庭で遊んでいた女児を抱き上げ、そのまま幼稚園の裏側にある公衆トイレに連れ込んだ。女児が巻いていたマフラーで首を絞めて殺害、その後、持っていた黒色のバッグに死体を入れ、バッグを抱えて長男と一緒に自宅に帰宅。浴室の前にバッグを置いて、長男・長女を連れて夫が勤めている寺に行き、「買い物をしたいので、子どもたちを見てて」と言い残し、自宅に取って返した。

女児の遺体はできるだけ遠くに運ぼうと思い、バッグを持って家を出た。そのとき実家しか頭に浮かばず、主婦は地下鉄、ＪＲ山手線、東海道新幹線、ＪＲ東海道線を乗り継いで目的の駅で下車、タクシーで実家に戻った。実母が不在でスコップのありかがわからず、土の軟らかい裏庭に素手で穴を掘って埋めた。この際、女児の衣服を脱がせたのは「早く土に帰って」という思いからだったと、主婦は捜査員に語っている。この後、タクシーで駅に出て、来たときと同じように新幹線などを乗り継ぎ午後七時三〇分ごろに帰宅した。

そのとき、幼稚園では園児の妹がいなくなったことで騒然としており、夫から「何をしていたんだ。早く幼稚園に行ってこい」と叱られている。主婦は自分の犯した罪の大きさや家族の行く末を案じて、この日の夜は一睡もできなかった。翌日の朝、夫を送り出した後、実母に電話で犯行を打ち明けた。義母から妻の犯行を聞かされた夫は自首を進めたが、この日は自首に至らなかった。そして、二五日夕方になって自首を決意、出頭した。逮捕直後、犯行の経緯についてはスラスラと供述したが、いざ動機となると急に口が重くなった。このことが、マスコミが「お受験殺人」へと突っ走る推測記事の元となったのである。主婦が逮捕された夜に特捜本部が発表した動機に関わるコメントはわずかなもので、「(女児の母親と)心のぶつかり合いがあったので殺そうと思った」というきわめて短いフレーズのみだった。

パターン化した発想が「お受験」に

翌一一月二六日の朝刊各紙は、いずれも一面トップでこの事件を大きく扱った。受験戦争フィーバーの悲劇を、まるで絵に描いたような事件だったからだ。当時、私は名古屋本社に勤務していたので名古屋本社発行の各紙を中心に論を展開することになるが、全国紙においては東京本社発行の紙面とそれほど大きな違いはなかった。以下は第一報を伝える二六日朝刊の見出しである（○○、△△、××は記事では実名）。

朝日新聞（名古屋本社発行）	一面	不明女児遺体で発見　同じ幼稚園に子ども通う主婦を逮捕　「親同士の心ぶつかる」
	社会面（見開き）	親の摩擦、幼い命奪う　「お受験」巡るうわさも　文教地区、高い進学熱 バッグに遺体、新幹線で　殺害は寺のトイレ
読売新聞（中部本社発行）	一面	○○ちゃん遺体で発見　顔見知り主婦逮捕　子ども同士同じ幼稚園　殺害、実家に埋める
	社会面	長男受験でいさかい？　○○ちゃんの母親と「心のぶつかり合いあった」
毎日新聞（中部本社発行）	一面	○○ちゃん、遺体で発見　顔見知り主婦逮捕　実家裏庭に埋める 受験で仲たがいか　都内で不明4日目に
	社会面（見開き）	遺体バッグで運ぶ　○○ちゃん殺害△△容疑者　新幹線で実家へ　夫に説得され、自首 物静かだった高校時代　過熱する「お受験」　競争激化、母親にも重圧
中日新聞（名古屋本社発行）	一面	東京の不明女児　○○ちゃん遺体で発見　知人の主婦逮捕 有名幼稚園入園ねたむ？　「殺害」と自首
	社会面	〝お受験〟母を追い詰め　○○ちゃん競争の犠牲？　名門幼稚園切望　最悪の結末に衝撃 △△容疑者捜索にも参加　僧侶の夫に説得され自首　閑静な住宅地次々と報道陣
産経新聞（東京本社発行）	一面	不明女児遺体で発見　顔見知り女性が殺害　「親同士、心のトラブル」動機
	社会面（見開き）	「前から殺そうと思った」「お受験で確執か」　遺体遺棄後帰京　捜索にも加わる 「ゆがんだ母性」最悪の結果

東京新聞（東京本社発行） 注＊東京と中日は提携紙	
一面	○○ちゃん、遺体で発見　不明3日××県で　殺害容疑、主婦逮捕 顔見知り、入園ねたみ？　すぐ凶行、バッグで運ぶ
社会面 （見開き）	罪なきこどもなぜ　教育に熱心な地元　△△容疑者　長男は同じ幼稚園 やりきれぬ怒り渦巻く　大胆で計画的な犯行　凶器はマフラー　公衆トイレに連れ込む 母親ショックで入院　夫が何度も説得し自首　名門志向親の心寒く「静かな人なのに」 容疑者、看護の経験も

見出しに疑問符（？）をつけている新聞もあるが、まさに「お受験」一色の第一報である。白抜きの大見出しが、この事件の衝撃の強さを伝えている。毎日と中日、東京の三紙はそろって一面から「受験で仲たがいか」「有名幼稚園入園ねたむ?・」「顔見知り、入園ねたみ？」と、「お受験」が犯行の中心的な動機であるかのような印象を強める紙面展開をし、社会面ではその印象をさらに加速し、これぞまさに教育熱心な土地柄が生んだ「お受験殺人」の悲劇といったものだった。

いずれにせよ、一一月二六日朝刊各紙の報道から受けたこの事件のイメージは、大なり小なり、過熱した受験戦争の果てに起きた、まさに「お受験殺人」であるというものだった。見出しには、「……？」や「……か」といった疑問符が付され、記事からも容疑者の犯行の動機に対して迷いながら事実だけを押さえようと抑制を利かせた感じは理解できるが、記事の中身以上に見出しが一人歩きしすぎていたように思う。

「事件のあらまし」でも触れたが、この紙面掲載の段階では、捜査本部が明らかにした容疑者の動機らしきものは「女児の母親との心のぶつかり合いがあったので殺そうと思った」というフレーズだけである。紙面を読んでみてもそれ以上のことは書かれてはいない。

では、なぜ、それが「お受験殺人」に飛躍するのだろうか。そこには新聞記者たちによる周辺取材の結果の情報が絡んでいる。「心のぶつかり合い」という動機だけでは納得がいかない記者たちは、容疑者の言葉の奥底には一体何が潜んでいるのか、この真相を探るために事件現場周辺での聞き込み取材を行い、その結果が「お受験」となって紙面化されたわけである。文教地区という殺人事件の起きた地域の特殊性、聞き込みによって得た「有名幼稚園の入試をめぐって摩擦があったとのうわさが近所で飛び交っていた」「お受験をめぐる親同士の心のあつれきが、事件の背景にあるのではないか（幼稚園関係者、地域住民の話）」（いずれも朝日・社会面）、「いさかいがあったと聞いている（二家族を知る主婦の話）」（読売・社会面）、「近所の男性の話では、△△容疑者は自分の長女が今秋あった有名な国立大付属幼稚園の受験に落ち、○○ちゃんだけが受かったのをきっかけに仲が悪くなったという。警視庁は受験をめぐるいさかいが動機につながった可能性もあるとみて調べている」（毎日・一面）、「この地区には国立や私立の学校が多く、受験率が高い。受験のために引っ越してくる人も多く、子どもの合否が母親にとってかなりのプレッシャーになっている」（毎日・社会面）といった断片的な情報が、記者たちの事件へのイメージ構築に一役買っていったのである。

記者たちには、無情にも刻々と締切りが迫る。読者に事件の原因を明確に伝えなければならないというプレッシャーもある。そして、事件の動機が読み切れない記者たちの脳裏に、心の奥底に潜むパターン化された発想がもたげてくる。「状況的にはどう考えてもお受験殺人だ」。そして、記者の頭の中では、「お受験殺人」を前提とした記事ができ上がるのである。

そして、現場から送られた情報を元にでき上がった記事を本社側が肉付けし、評論家や専門家の声を掲載して後押しする。この手の事件になると、心理学者などのコメントを載せることが習わしのようになっている。新聞社から突然、電話でコメントを求められた識者は、状況が飲み込めないままに訳知りのコメントを発する。「お受験が原因ともいわれるようだが、自分と子どもを分離せず、子どもの世俗的出世を親の自己実現と感じる傾向は70年代後半からずっと続いている」（毎日）、「受験となると視野狭窄《きょうさく》になりがちだ」（中日）等々。

社会的に大きな問題を抱え込んだ事件となると、こうした紙面作りが定石にようになっているが、いかがなものか。早々と、一見、こうした専門家によって権威づけされたような意見が出ることで、読者を意図的な方向に誘導してしまうことになるだろう。週刊誌「アエラ」誌上で、河谷史夫・朝日新聞編集委員が、このことに関してなかなか良いことを書いている。「乏しい材料を元に喋らされている気味合に同情を禁じ得ないが、もう少し輪郭が明確になってから発言したらどうなのか。それが専門家の義務というものだろう」（九九年一二月一三日号「ニュースの晩餐」）。つまり、メディアから「センセイ、一言」と言われても、便利屋のようにすぐ飛びつくのではなく、材料不足では応えられないというぐらいの見識を専門家が持つべきではないかと、河谷論文を私は解釈した。

「お受験殺人」のイメージを決定的にした続報

私は、この事件のイメージを「お受験殺人」と決定づけたのは、朝刊の第一報を受けた一一月二六日夕刊と翌二七日朝刊だったのではないかとみている。まず、この両日の見出しを検証してみたい（○○、△△、××は記事では実名。以下同じ）。

〈二六日夕刊〉

朝日新聞 **（名古屋本社発行）**	社会面	「言葉で言い表せない」　○○ちゃん事件・△△容疑者　心理的な確執長く 遺体は裸で埋める　幼稚園受験で明暗

〈二七日朝刊〉

朝日新聞 **（名古屋本社発行）**	社会面	抽選　かたずのむ親　○○ちゃん事件「お受験」過熱背景に？ 2次試験へ運命握る白玉　11月が特別な季節　早朝、出願の列に父親　××地区
読売新聞 **（中部本社発行）**	社会面	「お受験」ゆがむ親心　○○ちゃん事件、東京・××　入園のために転入組も 「合否で母親同士険悪に」「仲いい……実は違う」△△容疑者
毎日新聞 **（中部本社発行）**	一面	○○ちゃん殺害「裕福でうらやましかった」△△容疑者1週間前から計画
	社会面	小さな命変わり果て　○○ちゃん我が家へ　「受験」調査直前の惨劇 文部省年明けに実施予定
中日新聞 **（名古屋本社発行）**	社会面	○○ちゃん殺害　受験後「教育足りぬ」　△△容疑者　指摘され犯行か

私が勤めていた朝日新聞の編集局では、毎週月、火、木、金曜日に四本社（東京・名古屋・大阪・西部）ごとで部長会が開かれ、その日の朝夕刊の内容をめぐって紙面論議が侃々諤々《かんかんがくがく》と展開される。そして、そこで決まった事柄は、すぐ紙面に反映される。「重箱の隅をつつく」だの「死体解剖」だの、その議論には悪評もあるが、それなりに機能している。当時、私もその末席を汚していた。

実は、朝日新聞一一月二七日付朝刊社会面の異常ともいえる「お受験」色濃厚な記事は、二六日の東京の部長会でのやり取りを知ってこうなるだろうなということは、はっきりしていた。この日、東京本社の部長会で東京・社会部長代理は、最大の関心事である殺害動機はまだはっきりしないが、現場の聞き込みを進める中で浮かび上がってきた背景が「お受験」問題であることを説明し、引き続き事件の真相解明に全力をあげていると語っている。

このときの現場取材に関して、前出の『検証！事件報道』（二六頁）で興味深い事実が記されている。テレビや新聞の報じている「お受験」説をしきりに流している張本人は、近所の商店主で、当人から話を聞いた読売新聞の記者は「幼稚園の受験とあの事件を関連付けるコメントはあの人だけしか話していません。しかも、『……と聞いたよ』という伝聞形なんです」「そのうえ、『どこで、だれから聞きました？』という質問には答えていません。だからお受験殺人説は空中分解してしまったんです」と同書の中で答えている。その商店主はテレビ各局にも登場していたという。つまり、新聞、テレビ各社が「お受験」と報じる情報の源はたった一人で、しかもかなり曖昧な情報であったようだ。

さて、話を部長会に戻そう。現場からの情報を信じて、このとき、社会部長代理は、翌日の朝刊では「とりあえず『お受験』を切り口にして、思い切って一気に検証する大型記事を社会面で展開することにした」と出稿予定を説明した。それに対して、同会議の主宰者である編集局次長は「ワイドショー的な関心も軽視せず応えていかなければならない。工夫のしどころだ」と援護射撃をしている。話題の事件だけに続報を掲載し続けていかねばならない社会部の苦しさはわかるが、局次長の言葉といい、社会部の取り上げ方といい、事件報道に対する現代のマスコミの「固定化されたイメージ」（＝読者への〝説明責任〟）追求の精神を垣間見る思いがしてならない。こうしたことは朝日新聞だけではなく、他の新聞社にも共通している。読売新聞にしても前出の『検証！事件報道』の中で、確たる情報もなく、ガセ情報に振り回されながら、「お受験」とは違う方向を見出そうとした努力がうかがえる。が、結局、各社すべてパターン化された新聞作りの発想が共通していたためか、この日、社会面のつなぎ記事で「お受験」過熱を状況的にあぶり出した。容疑者が動機について黙して語らぬために、憶測記事で事件報道をつないでいく新聞社特有の報道の仕方である。しかし、こうした報道の姿勢こそが、今後、問われるべきではないか。

落とし穴にはまった毎日新聞の勇み足

新聞各社の中で、事件の第一報段階から「お受験殺人」に大きく軸足を置いていたのが毎日新聞である。そして、さらに一一月二八日付の同紙朝刊社会面では、海外の反響も報じている。いずれも日本のメディアが発した「お受験殺人」事件を受けたもので、「日本の教育は致命的に深刻　米紙報道」、「シンガポールでも1面トップで報道」といったものである。自分たちが報道した事件を海外のメディアがこう反響していると打ち返すことにより、ますます「お受験」イメージが増幅され、その特異性が地球上をめぐることになるのだ。

容疑者は、二七日に身柄を警察から東京地方検察庁に移された。しかし、この段階でも「心のぶつかり合い」とは何かという捜査員の取り調べに対して「お話ししたくありません」（一一月二八日付朝日、読売朝刊）、「（○○ちゃんの家族とは）仲がよいように思われているが、じつはそうではなかった」（一一月二九日付朝日朝刊）などと動機についてはっきりとした供述はしていない。

マスコミは、いつまでたっても犯行の動機が明確にならないことに焦りを感じていた。テレビも新聞も週刊誌までも、連日のように「お受験！」「お受験！」とこの事件をまくし立てている。そういった事件のイメージが固定化されていく中で、新聞は何とかつなぎ記事を仕立て上げていかねばならない。そんな報道環境の中、毎日新聞が他社を引き離し、「お受験」色を一気に濃厚に打ち出し、決定的な「誤報」をしでかした。一一月二九日付の朝刊の社会面にはこんな大見出しが躍った。

「○○ちゃん殺害当日　園庭で『合格報告会』△△容疑者　抑圧感情が爆発？『ストレスがたまってた』△容疑者供述」

記事は次のようなものだった。事件当日、保護者たちが幼稚園の園庭で、国立大付属幼稚園の合格を報告し合い、女児の母親が祝福を受けている傍らで、長女が不合格になった容疑者が沈み込んでいた。容疑者は普段から周囲の母親たちから無視されるなど疎外されていたといい、抑圧された気持ちが子どもの受験失敗で爆発した可能性があるという内容で、最後は、幼稚園関係者の談話で締めくくられていた。「常にいじめられる対象が必要で、だれがそうなるのか皆がおびえていた。彼女もその対象に度々なっていた。幼稚園の中でつらい立場にあったようで、そのストレスがわが子の不合格で一気に吹き出したのではないか」。

この証言をした幼稚園関係者というのは、前出の『検証！事件報道』によれば、近くのマンションに住む中年の女性とある。同書によれば、毎日新聞の誤報はこうして起きた。

「前夜（一一月二八日＝筆者付記）、現場近くの××寺の総門前にいた新聞・放送・通信各社の記者たちに中年の女性が近づいてきた。問わず語りに、事件の裏情報を知っているような素振りを見せた。各社の記者が取り囲む中で、女性が語った中味は確かに、その新聞（毎日新聞＝筆者付記）が報じた内容だった。女性はフリーのライターを名乗り、いずれ本にまとめようと思っているとも言った」。各社の記者たちはさらなる確認をしようと彼女のマンションを尋ねる。「1社平均20分も取材したろうか。どの社の記者も取材の後、一様に浮かぬ表情でマンションを出てきた。細かいことを詰めて聞き出そうとすると、話があやふやになるばかりだった。『これは記事にすると危ない』、それが現場の記者の一致した見方だった」（三六〜三八頁）。

読売をはじめとする各社はいずれもこれを記事にしてはいない。ところが、毎日新聞だけが記事にした。それは、毎日だけが、各社がやったようにさらなる確認のために女性のマンションを訪れていなかったからだ。総門の前で立ち話で聞いた、そのときだけの情報を鵜呑みにした毎日記者のずさんな取材が生んだ落とし穴だったのである。さらに同書によれば、この証言をした女性は弁護士の妻で、夫によれば、最近奇行が目立っていて、物事を誇張して話したり虚言を言ったりすることが多かったという。

また、そのとき、読売のキャップとして現場の指揮していた鈴木伸彦記者は、「新聞研究」（二〇〇〇年二月号八六〜八七頁「前線記者」）で、「この主婦の自宅近くで話を聞いていた記者が『何度聞いても本当の話とは思えません』と報告してきた。『すべてが伝聞で、詳しく当時の様子を聞こうとすると、きのう知人から電話で聞いた話と繰り返すばかり。自分は教育評論家で、まだいろいろ知っているが、それは私が本に書くつもりとも話している』という。警視庁からも情報の裏付けが取れず、記事化を見送った」と綴っている。この記事見送りは、毎日を除いて各社同様だった。

「お受験殺人」をめぐるインターネットのウェブサイトでも、この毎日新聞の記事への読者の鋭い反応がみえる。五十嵐麻子氏は「『お受験殺人』などなかった〜マスメディアの奢りと怠慢〜」（九九年一二月三〇日）として、自身で取材したことを次のように記していた。

「事件当初、××幼稚園では例年、合格発表の次の月曜日に『合格報告会』が行われており、その最中に△△容疑者が○○ちゃんを連れだしたと報道された。しかし、園の関係者は、そういった『報告会』があったという事実はありません、ときっぱり否定する。……どうして、幼稚園全体が受験一色というイメージで報道されるのでしょう」。

また、「さらに××の地域性を象徴することとして、園児の送り迎えの際には、ベンツをはじめ高級車がずらりとならぶといった記事や緑色の自転車の前後に幼児用のイスをつけ、2児を乗せて走る△△容疑者のママチャリは、××の同世代の母親らには有名だったとし、この街に似合わないと嘲笑された」との記事に対しては、「ママチャリで送り迎えする人なんて珍しくありませんよ」と苦笑まじりに話してくれた園児の母親の声を掲載している。毎日新聞は、まんまとこの女性に振り回されたのである。まさに現代社会とメディアのありようを象徴する「珍事」である。「珍事」と思わず筆が先走ったが、この珍事に対応を間違えることこそがマスコミの命取りになりかねないのである。大誤報をしでかした毎日新聞からは、その後もこの記事に対する訂正も謝罪もない。

この毎日新聞の大誤報以来、「お受験殺人」は次第にトーンダウンしてゆく。

軌道修正を余儀なくされたメディア

新聞社が、それまでの「お受験」報道を軌道修正し、大きく舵を切ることになったのは一一月三〇日付の朝刊、夕刊からである。読売の朝刊解説面では、まだ「○○ちゃん事件『お受験』の病理」と見出しにおいては従来のイメージを引きずっているようにも思えるが、記事の内容においては、「詳しい動機は、今後の取り調べを待つしかないが、興味本位に取りざたされる苛烈な『お受験』事情だけでなく、他人の子どもとの比較の中でしか子育ての実感を持てず、自ら育ち切れないでいる世の母親の幼児性も浮き彫りにしている」と、この事件の奥行きの深さをはじめて報じている。

朝日新聞は一一月三〇日夕刊一面トップの扱いで、容疑者が自首前に都内の知人に「許せないことがあった」と話していたという新しい情報を掲載。さらに容疑者が「事件と子どもの受験は、一切関係ありません。私は、子どもを伸び伸び育てたいと思っている。受験にそれほど熱心ではない。〇〇ちゃんが合格したことは知らなかった」と供述していると、見出しを立てて報じている。

さて、前日の朝刊で大誤報した毎日新聞だが、一転して、一一月三〇日の朝刊で「合格、知らなかった」と地味な見出しを掲げ、動機が「お受験」という単純なものだけではなかったことを報じている。一面とはいえ、その扱いは小さく四段である。記事もたったの三六行（約四〇〇字）。各社を押しのけ、「お受験」報道をリードしてきた毎日新聞の今までの扱いに比べれば、誰もが首を傾げざるをえない扱いだった。

この日を境に、メディアの本格的な軌道修正が始まる。

朝日新聞は、翌日の一二月一日付から、朝刊家庭面に「母たちの叫び」を三回連載のほか特設面でも特集を、読売新聞は二日付から朝刊社会面で「心の闇」と題して、やはり三回にわたって大型連載を展開した。朝日新聞の連載を読むと、いかに世の母親たちが育児の重圧や主婦として孤立感を深めてきたか浮き彫りになってくる。幼児殺害という行為はどんな状況であろうと許されることではないが、容疑者と自分を重ね合わせた読者からの反響が多く、「△△容疑者は私です」とか、「『あっ、6年前の私だ』と思わず叫んでしまいました」「ひとつ歯車が違えば、私も加害者になっていたでしょう」といった内容のファックス、Eメールが際立ったと記事にある。

朝日新聞東京本社の編集局報「えんぴつ」（二〇〇〇年一月号）には、連載を担当した記者たちの取材裏話が掲載されている。それによると、事件発生直後に学芸部内で議論が起き、「母親の犯罪」といった視点で直ちに対応をしてきたことがわかる。連載企画が生まれた状況は、「えんぴつ」によれば、こんなふうだった。

「容疑者逮捕の翌朝、デスク席の周りの記者の『雑談の輪』も自然と大きくなった。『子どもの学歴を競う母親のエゴの問題で片づけられちゃっていいの？』『良い母親像を求める社会の風潮に焦点を当てて専門家の意見を聞こう』と母親である女性記者。男性記者からは『お受験』は外せないだろう、公園にでも行って普通の母親の声を取ろう、と意見が出た。激論の末、母親の声を募ることにした。そこから事件の意味が見えてくるのではないか――。その日組みの家庭面に意見募集の記事を入れ、締め切りは2日後の正午にした」とある。

社会部が「お受験」に振り回されていたころ、同じ新聞社内でも性格の違う、「日頃から子育て中の母親の声が多く寄せられる」家庭面を持つ職場である学芸部では、こんな健全な議論がなされていたのだ。何と言っても女性記者が多く、中には母親である記者も混じっている同部の環境こそが一般社会と乖離のない、密接に結びついた意識を育んできたであろうと思う。

読売新聞連載の「心の闇」は、朝日と違って幼女を殺害した容疑者一人に焦点を絞ったもので、彼女を追い込んだ「都会の病理」を浮き彫りにしようというものだ。なかなかの力作である。前出の『検証！事件報道』では、読売新聞の取材チームが「お受験」という魔力の中で必死にもがきながら、真相を究明しようとする記者たちの苦労話を紹介している。同書の中で筆者は、読売新聞の「お受験報道」からの軌道修正について、次のように綴っている。

「……日に日に『お受験』とのかかわりの線は薄くなってきた。その代わり、△△の個人的な性格、上京という生活環境の変化がもたらした違和感、××という土地柄がそれを助長し、それがもたらしたストレス……。事件の背後に横たわる、『都会の病理』とも呼べるいくつもの要素が浮上した」。

朝日といい、読売といい、やっとここに来て事件の本質がただならぬものであることに気付くのである。連載「母たちの叫び」にしろ「心の闇」にせよ、その反響はすごかった。朝日新聞学芸部では、Eメール、ファックスは一〇七一通、二日半も途切れることがなかった。読売新聞にしても手紙やファックスが一〇〇〇通を越えたという。「文教地区」「受験をめぐる親たちの摩擦」＝「お受験殺人」という、短絡的でステレオタイプの思考しかできなくなっているマスコミにとって、母親たちの苦悩を掲載した紙面へのこの反響ぶりこそが、それまでの報道に対して「目覚めよ」とでも叫ばれているような「冷や水」だったのではないかと思う。

では、あれだけ「お受験」説で突っ走った毎日はどうだろうか。朝日、読売に遅れて一二月五日付朝刊で三回の連載を始めている。「35歳　母　〇〇ちゃん事件の深層」と題したもので、連載全体のトーンは朝日、読売のように、都会に生きる母親たちの心を支配する社会病理的な側面をえぐろうとするものであった。だが一回目では、容疑者が「受験とは関係ありません」「子は伸び伸び育てたかった」と供述したことを踏まえながらも「供述とは裏腹に、〇〇ちゃんと同い年の長女に同じ国立大付属幼稚園を受けさせている」と少々、しつこいばかりの言い訳ともとられてしまうような箇所もあった。急に舵を切ろうとしても、今までの報道の路線を全否定するわけにもいかない。どこかにわずかながらもこだわりを残しておきたい。そんな気持ちがにじみ出た記事だった。しかし、「お受験」を否定した容疑者の供述への勘ぐりは何も毎日だけ限られたものではない。朝日をはじめ他社の社会部では、容疑者は否定しているが、殺害に至る動機にはさまざまな要素が絡んでいて、その一つに「お受験」もあるはずという情報をまだ捨てきれずにいた。

要は、それを「お受験殺人」として大々的に見出しを取ってまで言い切れるものかということである。「子育て」や「都会の人間関係」などさまざまな要因が重なって、容疑者は犯行に及んでいるであろうと、この時点では推測されていた。真相は、確かにその中に「お受験」も含まれるかもしれない。しかし、だったとしら、どうして「お受験」だけがその中から突出して、一人歩きしたのか。マスコミの「受験戦争」を悪とみるステレオタイプの潜在的意識は今さら言うに及ばないが、これまで述べてきたようなメディア側の取材能力、姿勢にさまざまな問題点が潜んでいるといえよう。

マスコミへの批判相次ぐ

この事件が「お受験殺人」と報じられた数日後には、明確な情報もないのにすぐ「お受験」と関連づけてしまうマスコミの体質に対し、専門家からも多くの批判が寄せられていた。ここでそのほんの一部を紹介しておきたい。

「言葉に対する鈍感さを、警察にもマスコミ報道の中にも感じた。『お受験殺人』にもいえることだが、ステレオタイプのイメージに振り回されている」（ノンフィクション作家の野村進氏「ニッポン現場紀行」朝日新聞一九九九年一二月一〇日付朝刊)。

「教育問題というと従来は、偏差値偏重主義や受験戦争という固定的な見方が支配的であった。また、一方では、理念が優先された理想論の議論も盛んであった。この2つに共通しているのは、現実を十分に観察するという態度の欠落である。ことにマスメディアでは、この固定観念に根ざした教育の見方は、単に教育問題の枠を越えて、報道のゆがみにさえつながっていた。昨年(筆者注＝一九九九年)、東京都文京区で起きた幼女殺害事件などは、当初、『お受験殺人』と報道され、マスメディア側が世論の批判にさらされた」(作家の中沢けい氏「私のメディア批評」二〇〇〇年一二月一日付朝日新聞朝刊「オピニオン」)。

苅谷剛彦・東京大学助教授は、読売新聞解説欄「メディア時評」(一九九九年一二月二四日付朝刊)で、少子化の影響を受け、大学受験がどんどんやさしくなっている現状で、受験競争の過熱といった一面的な報道は最近目立たない、ところがその反動からか、低年齢化した「お受験」過熱を幼児殺害事件と結びつけることで批判する論調に各メディアが一斉に乗った観があると前置きして、「どっこい受験教育批判は生きている。『お受験』のゆがみや過剰さが生んだ『事件』との見方は、根強い受験＝悪者論をバックに読者に受け入れられやすい『動機理解』の物語と記者の目には映ったのか」と分析する。

読者の批判については、朝日新聞広報室へ寄せられた抗議の電話、ファックス、Eメールから抜き出してみよう。

- 「お受験」という変な言葉を使ってもらいたくない。(愛知県・男性五八歳)
- 殺害の動機が受験の過熱というが、まるで受験が悪みたいな論調だ。この親たちが育ってきた時代背

景に問題があるのではないか。（神奈川県・男性四五歳）

●受験の明暗はきっかけかも知れないが、それだけではないのでは。幼稚園のお母さん同士のつきあいは、日常的に陰湿で大変なものがある。ねたみ、そねみ、わがままから来る仲間はずれなど。全然成長していないお母さんもいる。容疑者が「動機は口では言えない」と言ってるのはそのあたりの積み重ねではないか。また、私立校を望むのをブランド志向というのも単純すぎる見方。いじめ、先生の不祥事、学力低下など公立校への不信からやむを得ず私立を目指す親も多い。（東京都・女性三四歳）

さらに、読売新聞連載「心の闇」に寄せられたアメリカ・ロサンゼルス在住者からの声も紹介する。

●今回の事件でも「お受験」という言葉をほうぼうのメディアで見かけましたが、こういう言語の表現も、日本マスコミの体質というか、言語表現下手というか…一社ぐらいこういう言葉を使わなくてもいいのではないかと思います。結局、言葉が乱立いたしますと、読者としてはその表層的言語に左右されてしまい、本質まで思考を掘り下げようとしなくなるのです。表層的な言語で表してしまうという、メディア側の表層的な体質に問題があると思うのです。（『検証！事件報道』六六頁）

過去の教訓を今再び

上前淳一郎氏の『支店長はなぜ死んだか』（文藝春秋、一九七七年）は、メディアの「聞き取りジャーナリズム」を厳しく批判した作品である。一九七五年五月、東京・世田谷区内で起きた重度の障害をもった二歳一〇カ月のわが娘を餓死させたとして、大手銀行支店長の父親が殺人罪に問われた事件だ。父親は逮捕から九カ月後、「懲役三年、執行猶予五年」の一審判決を受ける。ところが、判決を聞いた後、彼は自宅に戻ってこなかった。その日の夕方、小田原の無人踏切で電車に飛び込み、自殺をとげていたのである。

この事件の衝撃を私は忘れない。理由はその後、私たちの先輩である朝日新聞の疋田桂一郎編集委員（当時）が、社内向けにこの事件をめぐる記事の甘さを指摘した「ある事件記事の間違い」を読んだからである。手元にその「疋田レポート」がある。上前氏の作品はこの「疋田レポート」の紹介が柱になっている。

同レポートを要約すれば、同事件を報じた夕刊の第一報が警察寄りで、あまりにも一方的すぎるというものだ。当時の紙面を読むと前文に「将来、親が万一のことがあったとき、この子の面倒をだれが見てくれる。心をオニにしてほうっておいた」とあるが、「オニにして」などという言葉は、公判の過程で警察の作文であったことが判明する。殺意はなかったとする父親と、「食事を与えず放置しておいたことは殺意の表れ」として殺人罪を押しつけようとする警察・検察側。警察というのは性格上、予断をもって捜査にあたるのは当然といえば当然かもしれない。しかし、その警察の発表をそのまま鵜呑みにして垂れ流してしまったことを、同レポートは厳しく指摘しているのである。

父親は自分がまさか殺人の罪を着せられるとは思ってもみなかったのだろう。ショックのあまり生きる希望を失い、判決のその日のうちにわが身を絶ったのだった。その死は、われわれマスコミへの抗議と私は認識した。自殺後、取材に行った朝日の記者に妻はこう語ったという。

「保釈後、新聞を読んだ夫は、警察は致し方ないが、マスコミはわかってくれている、と期待していたのに。

自分の言葉ではないものが、自分の言葉のように書かれている。こうまでマスコミはひどいものか」。自殺を報じる記事の脇に妻の談話が掲載されているが、マスコミへの抗議であるこの部分は載っていない。取材した記者が送稿しなかったという。

この報道の過ちは看過できないと感じた疋田編集委員は、社の後輩、ジャーナリズムを志す若い人たちのために、詳細なレポートを記すことにしたのである。同レポートは冒頭で、われわれジャーナリズムに携わる者たちの魂に訴える文章を綴っている。

「私自身にしても、あのような状況で取材をしてこれ以上の記事が書けるとは思えない。問題はひとりの記者の一事件の取材にあるのではない。われわれ取材記者共通のものである。おそらく事件報道に限った話ではないだろう。こわいと思うのは、われわれが日夜、これから述べるような危険な取材を、いわば慣習として機械的に無意識的に疑わずに繰り返していることである」。

そして、疋田レポートは、事件取材に関しての取材者の基本的な態度、姿勢を次のように促している。①警察の発表内容を一度は必ず疑ってみること、②現場に行くか関係者にあたるかして裏付け取材をすることが原則、③記事の中で警察発表をどう扱うか、④断定を急がず、足りない材料で無理に話の筋を通そうとしないこと、わからないところは「わからない」とはっきり書くことを勧める、⑤もっと続報を書こう、⑥警察の広報となれ合いで話を面白くすることはやめよう。最後に、①から⑥までを踏まえ、「事件報道と各新聞社間の競争」について、同レポートはこう締めくくっている。ちょっと長いが、とても重要なポイントなので全文を引用したい。

「このような記事は当然、地味だ、迫力がない、冴えない、ということになるだろう。他社の紙面に見劣りがする、といわれるに違いない。どんなに事実に忠実であっても他社のハッタリ記事にはかなわない。（中略）他社に連日『飛ばし』記事を書かれたら勝負にならない。それでもいいのか、という疑問がある。今日までの事件報道が（事件報道に限っての話ではないが）、多少とも記事の信頼性という点で目をつぶらざるを得なかったのは、各新聞社間の取材競争に負けまいとした結果であった。記事評価の基準も、他社の記事との比較、勝ち負け、に常に力点がおかれてきた。そのような評価基準が、信頼性とか正確さで記事の品質管理を甘くする結果に導いていたのであった。記事と事件の実際との距離をちぢめ、信頼性を回復するためには、一方で、記事の評価基準を変えなくてはならないだろう。また、多少とも記事の信頼性に目をつぶらない限り、実際に部数の競争で負けるものであるのかどうか、厳密な検討をする必要があるだろう」。

実に素晴らしい提言である。

疋田レポートを読み返しながら、容疑者の犯した幼児殺害事件を当初、「お受験」と決めつけて報道したメディアの同事件への取り組みの中で反省をしなければならない点が数々あることに気付く。たとえば、「警察情報を鵜呑みにするな」はまさしく警察情報そのものであるが、それ以外に、「うわさ話をひけらかした商主」であり、毎日が幼稚園関係者と称している「弁護士の妻」の話である。「断定を急がず、わかっていることだけを書く」については今さらここで言うまでもない。疋田レポートのすごさは、内容は当然のこととして、新聞社の内部からこうした自浄作用を働かせようとしたことである。

この提言がなされて、四半世紀たつ。その間には、新聞の紙面上には「メディア欄」が創設され、自身の報道のあり方を率直に読者にぶつけるという意識が育った。

そして朝日新聞は、被告人となった主婦の初公判が開かれた翌日、二〇〇〇年三月七日付の朝刊で「お受験」報道の間違いを素直に認める記事を掲載した。「過熱した『お受験』報道　文京の女児殺害　検察は関係否定」との見出しで、「事件の発生当初は、朝日新聞をはじめ、犯行の背景に子どもの受験が絡んでいるとの報道が目立ったが、捜査当局の見方とは食い違うことがはっきりした」と。疋田レポートの教訓に即して言えば、「捜査当局の見方とは食い違う」というくだりには少々潔さを感じさせないが、記事全体としては、朝日新聞をはじめとしてメディアがこぞって「お受験殺人」としたことへの反省が込められていたとは思う。また、この記事のすぐ脇に、殺された女児の父親が弁護士を通じてメディアに寄せたコメントが掲載されている。「これまで様々な報道がなされてきたが、多くが、一方的取材による事実に反するものでした。遺族はかけがえのない家族を失った痛みのうえに、救いがたい苦しみを与えられました」。

子を失った父のマスコミへの悲痛な抗議文を読んで、ピンときた言葉がある。「疋田レポート」で、自殺した支店長の言葉を妻が、取材記者に語った「こうまでマスコミはひどいものか」である。

＊　　＊　　＊

事件から三年。二〇〇二年一一月二七日、東京高裁の控訴審判決は、被告人である主婦に「懲役一五年」を言い渡した。懲役一四年を言い渡した一審判決より重い判決を下したことについて、裁判長は「何の落ち度もない女児の生命を奪った残酷な犯行で、被害者側のいたたまれない心情を重くみると、原判決は軽い」と述べたと報道は伝えている（二〇〇二年一一月二七日付朝日新聞夕刊一面）。

各紙も一斉にこの衝撃的な事件の控訴審判決を報道した。

もちろん、ニュースの中心は、量刑に焦点が当てられてはいるものの、主婦の女児殺害に至った動機にあった。しかし、裁判を通じてもその動機ははっきりしなかった。主婦はその動機について最後まで「自分でもよくわからない。(女児の母親への)こだわりに、耐えられなくなってしまった」と繰り返すばかりだったという。結局、裁判では「婚姻して上京後間もなく、女児の母親と親しくなったが、次第に疎外されていると思い、憎悪からついに殺意を覚えるに至った。母親の殺害は困難なことから、殺害の対象を女児に転化させた」と認定した。

マスコミの「お受験殺人」に端を発したこの異様な事件は、主婦がその動機を黙して語らなかった(何がなんだかわからず語れなかったのかもしれない)ため、さまざまな憶測が飛び交った。子育てに追われ、都会の雑踏に生きる主婦の精神的なストレスからくる「心の闇」が大きく起因していたのではなかろうか、というのが今までの大方の見方である。しかし、残念なことにその「心の闇」は解明されることなくこの事件は結審した。

＊参考文献

- 朝日新聞(一九九九年一一月二六日付朝刊〜二〇〇〇年三月七日付朝刊、一九七五年五月九日付夕刊、一九七六年一月二八日付朝刊・夕刊)
- 読売新聞(一九九九年一一月二六日付朝刊〜二〇〇〇年三月七日付朝刊)
- 毎日新聞(一九九九年一一月二六日付朝刊〜二〇〇〇年三月七日付朝刊)
- 中日新聞(一九九九年一一月二六日付朝刊)
- 朝日新聞東京本社編集局報「えんぴつ」一五三号(一九七六年九月)、四二三号(二〇〇〇年一月)
- 鈴木伸彦「前線記者」(『新聞研究』二〇〇〇年二月号)
- 苅谷剛彦「メディア時評」(読売新聞一九九九年一二月一四日付朝刊解説面)
- 井上安正『検証!事件報道』(宝島新書、二〇〇〇年)

- 後藤正治「私の紙面批評」（朝日新聞一九八八年五月二九日付朝刊解説面）
- 中沢けい「私のメディア批評」（朝日新聞二〇〇〇年一二月一日付朝刊「オピニオン」）
- 河谷史夫「ニュースの晩餐」（「アエラ」一九九九年一二月一三日号）
- 野村進「ニッポン現場紀行」（朝日新聞一九九九年一二月一〇日付朝刊）

集団的過熱取材とメディア規制の動き

「正義の味方」から傲慢な存在へ

新聞、テレビなどマスメディアには本来、国民の側に立って公権力をチェックする機能が求められている。国民の「知る権利」と「情報公開」を拠り所に国民の側に軸足を置いたものであるべきことは言うまでもない。ところが近年、そのメディアに対する視線が、公権力からは当然としても、国民の側からも厳しさを増している。理由はさまざまあろうが、中でも最近クローズアップされてきているのが集団的過熱取材（メディアスクラム）による報道被害である。ちょっとした事件になると、たくさんの報道陣が現場に殺到し、取材される人に心理的な苦痛を与えたり、平穏な生活を妨げたりする振る舞いが目立っている。一方、国民の側には近年、人権意識が高まりをみせているという状況もある。

かつて新聞は「正義の味方」、絶対的な存在だった。その新聞にもの申す大衆は少なかった。しかし、IT時代の到来は変化をもたらした。情報発信装置を持つメディアに対して、「サイレント・マジョリティー」とニクソン米大統領（当時）がベトナム戦争時に呼んだ「声なき大衆」に、インターネットという情報発信装置を与えたのである。今までのようなマスコミの傲慢で一方的な取材態度に国民はもう黙ってはいない。集団的過熱取材や誤報などによる人権侵害に対し、ネットなどあらゆる手段を使って取材される側は声を上げ始めた。二一世紀に入った今、マスコミ界は報道に対する人権意識をさらに求められている。しかし、長年マスメディアは現場におけるこうした人権を無視した取材態度に無関心でありすぎた。あまりも危機意識を持たなさすぎた。私も新聞カメラマンとして三一年間、マスメディアに身を置いた者として恥ずかしい思いを抱いている。自由と人権を標榜するメディアは自身の傲慢さと横暴さに気付かずに、取材される側の意識を圧殺してきた。こうした長年の負の積み重ねが、ここに来て一気に吹き出したとみるのが正しい状況認識であろう。

そして、取材される側の怒りが爆発した（あるいは公権力がさせたか？）。こういう状況を目ざとい公権力は見逃しはしなかった。好機をうかがっていた。いつの時代にも公権力によるメディアへの干渉はあった。

しかし、ここ数年来の自民党によるメディア規制への動きは明らかにおかしい。報道被害を受けた国民の救済を名目に、人権擁護だの個人情報保護だのと甘い言葉を散りばめているものの、「メディア規制三点セット」と呼ばれる「個人情報保護法案」、「人権擁護法案」、「青少年有害社会環境対策基本法案」の三法案の中身は、間違いなくメディア規制につながりかねない内容である。

こうした動きにただならぬ気配を感じているのは私だけではない。作家の猪瀬直樹氏は読売新聞紙上でこう指摘している。「一部の報道被害をもってメディア全体を権力のコントロール下におけば、民主主義のルールとしての国民の知る権利は奪われてしまう。判断するのはメディア自身であり、報道被害を防ぐのはメディアの自浄作用によってでなければならない」（二〇〇一年二月三日付朝刊「メディア時評」）。

「メディア規制」法制化に関する政府・自民党の動きとメディアによる人権侵害、集団的過熱取材とを関連づけて、メディア規制三点セットが法案化されてゆく過程をみることで、そのねらい、本質に迫ってみたい。なお、本文内容は、二〇〇二年九月末現在の状況をもとにしている。

メディア規制化への報道被害と政府・自民党の対応

まず、以下の年表を見ていただきたい。ちょっと長いがこの約九年間の動きをみることで、残念ながらただならぬ気配が私の杞憂ではないことが一目瞭然であることがわかる。

「メディア規制」法制化に関する政府・自民党の動きと問題になった過熱取材

（★は問題になった過熱取材、◆は各法案の大きな動き）

一九九三年　七月●総選挙で自民党大敗し下野。五五年体制が崩壊
一九九四年　六月★松本サリン事件でメディアが被害者を犯人視する報道
一九九五年一〇月★坂本弁護士一家殺害事件でTBSが放送前のビデオをオウム側に見せていたことが発覚
一九九七年　三月★東京電力OL殺人事件で被害者の私生活報道が問題化
　　　　　　五月★神戸市で連続児童殺傷事件発生。集団的過熱取材が批判される
　　　　　　六月●NHK・民放連が「放送と人権等権利に関する委員会機構」（BRO）を設置
　　　　　　八月★ダイアナ妃がパパラッチの追跡で事故死（パリ）

一九九八年
一〇月●日本ペンクラブが「過剰報道」でシンポジウム
七月●参院選で自民党惨敗
八月★和歌山毒物混入カレー事件で容疑者宅を取り囲んでの長期間の取材が問題化
一〇月●自民党内に報道を監視するための「報道モニター制度」を創設
●自民党機関紙の自由新報が「テレビ拝見欄」を始める
一一月●国連規約人権委員会が政府から独立した人権機関設置を求める

一九九九年
二月★テレビ朝日が所沢ダイオキシン問題を放送
●日本初の脳死移植報道で臓器提供者（ドナー）のプライバシーを侵害
三月●ダイオキシン報道、初の臓器移植取材が「非人道的」との理由で、自民党内に「報道と人権等のあり方に関する検討会」設置
●毎日新聞が都知事選での世論調査の結果を具体的な数字で公表。これを森自民党幹事長（当時）が批判
八月●自民党の「選挙報道に係わる公職選挙法のあり方に関する検討委員会」が投票日までの一定期間、世論調査結果の公表自粛を求め中間報告
●自民党の「報道と人権等のあり方に関する検討会」が放送界の苦情処理機関の機能強化や活字メディアの自主チェック機関設置求め報告書
●ネットワーク化にともなう住民基本台帳法が改正
一〇月★桶川ストーカー殺人事件。一部のマスコミの暴走が批判される

一一月●政府の個人情報保護検討部会が「個人情報保護基本法」提言。メディアは「言論の自由に一定の配慮というが報道の自由の原則に規制の網がかかる」と猛反発

二〇〇〇年

二月★京都・伏見の小学校校庭で児童殺害事件。集団的過熱取材が批判される

四月●参院自民党が青少年有害環境対策法案の素案骨子を作成

八月●個人情報保護法案に対して日本新聞協会・日本民間放送連盟（民放連）が「報道目的で扱う場合は適用の対象外に」と声明発表

一〇月●日本弁護士連合会が「政府から独立した調査権限のある人権機関の設置を求める宣言」を採択

●政府の個人情報保護法制化専門委員会が大綱を公表

●中川秀直官房長官と女性との会話テープがテレビで流れ自民党内で反発相次ぎ、野中幹事長（当時）や亀井政調会長（当時）ら「報道の自由がここまであっていいのか」と発言

●外務省機密費流用事件

一一月●青少年を取り巻く有害な環境対策の推進に関する小委員初会合

●法務省・人権擁護推進審議会がメディアによる人権救済機関（政府から独立）設立を提言。日本新聞協会は「自主解決が基本」と意見書を公表

一二月●森首相が芸能人らを前に、「夜一二時を過ぎると何とも言えない番組があって眉をひそめる。自然に淘汰されればいい」と発言

●警察庁が少年の重大事件の前兆などに関する調査報告書。調査二二件の半数が報道、

書籍などの影響を受けたと分析

二〇〇一年

一月●政府（人権擁護推進審議会）の人権救済機関創設に対し日本新聞協会は「表現の自由制約の危険性がある。あくまでメディアによる自主解決で」と意見書提出

二月●自民党内に「放送活性化検討委員会」が発足

●えひめ丸の米原潜衝突事故。当日の森首相の対応が問題に

●自民党幹事長らが所属の全国会議員に「報道番組に出演時は広報本部へ事前連絡」「党の方針・政策に従って発言すること」と通達

●内閣支持率が一ケタ台、早期退陣論噴出

三月●日本新聞協会が個人情報保護法案立法化で政府に対し「報道への全面的な適用除外」を求める意見書を提出

◆「個人情報保護法案」（民間対象）を閣議決定、国会へ提出（二七日）

四月●自民党内に「報道番組検証委員会」が発足（六日）

●小泉内閣誕生（二六日）

五月●相次ぐ報道被害に読売新聞が「記者行動規範」を発表（一〇日）

六月★大阪・池田小学校で児童八人殺傷事件。集団的過熱取材が問題化（八日）

●個人情報保護法案は継続審議に（二九日）

七月●参院選。小泉旋風で自民党勝利（二九日）

★東京高裁がＮＨＫ「離婚特集」で訂正放送命令判決（一八日）

★米兵による沖縄・暴行事件で被害女性が「一部週刊誌報道でおとしめられた」と手記を通じメディア批判（二三日）
九月●アメリカで同時多発テロ発生（一一日）
一〇月●米軍などによるアフガニスタン攻撃始まる
★対テロ・アフガン取材でもメディアによる取材競争が過熱
一一月●個人情報保護法案が再び継続審議に（一四日）
一二月●日本新聞協会が集団的過熱取材に対して順守・防止を求める見解を発表（六日）
●民放連がテレビ取材の過熱に自粛などで対応策を発表（二〇日）

二〇〇二年

一月●政府が人権擁護法案大綱を公表。人権委員会に強制調査権（三〇日）
二月◆「青少年有害社会環境対策基本法案」（二〇〇〇年四月に参院自民党がまとめた法案の修正案）の国会提出を検討
三月●日本雑誌協会が人権侵害の窓口「雑誌人権ボックス」を設置（一日）
◆「人権擁護法案」を閣議決定、国会へ提出（八日）
◆「個人情報保護法案」（行政機関対象）を閣議決定（一五日）
●日本弁護士連合会が人権擁護法案に反対決議
●民主、自由、共産、社民の野党四党が一致して人権擁護法案に反対方針
四月●人権擁護法案が参院で審議入り（二四日）
●日本新聞協会が個人情報保護法案、人権擁護法案に反対声明

●個人情報保護法案が衆院審議入り（二五日）
●政府・与党、青少年有害社会環境対策基本法案の国会提出を見送り
●民放連が個人情報保護法案、人権擁護法案に断固反対表明
●日本出版書籍協会、日本雑誌協会も反対を表明
五月●読売新聞が個人情報保護法案、人権擁護法案で修正提言（一二日）
●読売試案で小泉首相、個人情報保護法案に部分修正を指示（一三日）
●防衛庁による情報公開請求者の身元調査リスト作成が発覚（二八日）
六月●政府・与党が個人情報保護法案の今国会での成立を断念（六日）
七月●国連が人権擁護法案に懸念表明（一日）
★テレビ東京が中国人窃盗団報道で取材モラル問題が発覚（二日）

メディア規制に火を点けた自民党「五五年体制」の崩壊

政府・自民党は、相次ぐマスコミによる報道被害を奇貨としてメディア規制三点セット（個人情報保護法案、人権擁護法案〈民間対象〉、青少年有害社会環境対策基本法案）を二〇〇二年三月までに閣議決定し、個人情報保護法案、人権擁護法案については開会中の通常国会に提出した（二〇〇一年三月）。こうした公権力の動きに対し、メディア側は「報道の自由に大きく影響を及ぼす報道規制につながる」と猛反発。反対コールはメディアにとどまらず、野党、文化人、消費者団体、経済界など知識人を中心に活発化した。このため

小泉政権は六月、当時開会中だった国会での成立を断念した。今後も推移を注意深く見守ってゆく必要がある。

そもそも政府・自民党という公権力によるメディア規制三点セットが画策された背景には、一九九三年七月の総選挙での自民党の大敗北による戦後「五五年体制」[*1]の崩壊があったと私はにらんでいる。当時の橋本首相以下自民党首脳が、「(選挙は)メディアに負けた」と一斉に激しくメディア批判をしたことを記憶している。そして、一度、下野した自民党が翌一九九四年に自民・社会・さきがけの連立政権として政権に復帰した後も、このときのメディアへの嫌悪感がトラウマのように残った。以後「自民党VSメディア」という対立の図式がずっと続いているとみている。そして、一九九八年七月に行われた参院選でも自民党は再び惨敗。政権基盤は大きくぐらついた。一党支配瓦解の理由は、自民党の時代認識の甘さにあることは誰の目にも自明の理であったのだが、長い間、当然のように政権の座にいた自民党は、現実を受け入れるほど素直にはなれなかった。しかし、その存在理由が根底から揺さぶられ、自信を失ったことだけは確かだ。そして、五五年体制崩壊を引き起こした張本人こそがメディアであると逆恨みし、敵視したその矛先を向け始めたと関係者たちの多くは分析する。まさに血迷ったとしか思えない。

自民党の迷走がはっきりした一九九八年七月の参院選での敗北以降、一〇月には自民党内に報道を監視するための報道モニター制度を創設。自民党の機関紙「自由新報」に「テレビ拝見欄」を掲載する。翌一九九九年二月、テレビ朝日ニュース・ステーションが所沢ダイオキシン問題[*2]を放送し、地元農協と自民党がテレビ朝日に対し苦情を訴え問題視する。同月に行われた日本初の脳死移植報道では、臓器提供者(ドナー)のプライバシーが侵害され(本書一四頁以下参照)、「非人道的な報道」と自民党幹部がメディア批判を声高に叫び、三月には自民党内に「報道と人権等のあり方に関する検討会」を設置した。また、同月に行われた東京都知事選で自民党が擁立した候補が落選した際、投票前に世論調査の結果を具体的に数字で公表したとして自民党・森幹事長（当時）が毎日新聞を批判。これを受けて八月には「選挙報道に係わる公職選挙法のあり方に関する検討委員会」が、投票日までの一定期間、世論調査結果の公表自粛を求める中間報告を公表。さらに自民党「報道と人権等のあり方に関する検討会」が、放送界の苦情処理機関の機能強化や活字メディアの自主チェック機関設置を求める報告書を発表した。このあたりが自民党のメディア規制への序章といっていい。その後の詳細なる動きは年表を見ていただくとして、ともかく、一九九八年の参院選敗北以来の五年ほどの自民党の動きはきわめて活発である。このころに自民党内でメディアを何とか規制したいという強い動きがあったようである。

そして、森内閣の中川官房長官の女性スキャンダルが写真週刊誌「フォーカス」（二〇〇一年七月休刊）に掲載され、一部のテレビで録音された会話が暴露されるに及んで自民党首脳陣が猛反発。「青少年を取り巻く有害な環境対策の推進に関する小委員会」が初会合を開き、テレビメディアを牽制する動きが活発化した。その後、森内閣の支持率が一ケタ台に下がるや、自民党幹事長名で全国会議員に「報道番組に出演時は広報本部へ事前連絡」「党の方針・政策に従って発言すること」と通達するなど、党員の結束を促し、縛りを強化している。こうして国民からの支持を得られず、追い詰められていった自民党は、ますますその矛先をメディアに向けていくことになったのである。

「人権擁護法案」の問題点

一九九三年以来のこうした状況下で、マスコミ各社がこぞって「松本サリン事件」の被害者を犯人視するという大誤報が発生（一九九四年六月）した。続いて「坂本弁護士一家殺害事件」でＴＢＳが本放送前のビデオテープをオウム真理教（現、アーレフ）側に見せていたという事実が発覚（一九九五年一〇月）。さらに、「東京電力ＯＬ殺人事件」の被害者の私生活を報道することによるプライバシーの侵害（一九九七年三月）、「神戸連続児童殺傷事件」の過熱取材が問題化（一九九七年五月）、一九九八年八月の「和歌山毒物混入カレー事件」では報道陣が容疑者宅を長期間にわたって取り囲むという過熱ぶりが社会問題化した。

こうしたチャンスを自民党が見逃すはずはなかった。人権擁護という美名の陰でメディアを規制しようと目論む。そうしたタイミングに合わせたように、たまたま一九九八年一一月、国連の規約人権委員会から日本政府に対し「人権侵害の申し立てに対する調査と救済のための独立機関の設立」勧告が出される。日本国内に独立した人権救済機関がないことを国連などが長年にわたって懸念、指摘していた。勧告は警察、入国管理など公権力による虐待などの人権侵害に対処するよう求めたものであった。ところが、いつの間にか変節し、実際に法案ができてみると重視されたのは民間による人権侵害だった。国連の規約人権委員会が求めてきたものは、拘置所、刑務所、入国管理施設などの改善であって、メディア規制というものではなかったはずだ。ところが、自民党はこれをマスコミ対策に利用することを考えたのである。とんでもないすり替えだ。これについては二〇〇二年七月、ロビンソン国連人権高等弁務官が小泉首相に懸念の信書を送り、改めて問題視していることを表明した。

では、「人権擁護法案」のどこがメディア規制につながる問題点となるのか。いわれのない差別や虐待に苦しむ人を救済する法律は当然、必要だ。だが、政府が国会に提出した人権擁護法案には「公権力」が取材の過程に介入する余地を残すなど、表現・報道の自由を脅しかねない危険性をはらんでいる。また、政府からの独立性をめぐっては問題点が多い。独立行政機関とはいえ、中身は法務省の「衣替え」にすぎないとして、これまたメディアから厳しく指摘されているのである。メディア以外にも、日本弁護士連合会の理事会は「独立性の保障がない」として同法案に反対を表明（朝日新聞二〇〇二年三月一五日付朝刊）し、また、桶川ストーカー殺人事件の被害者の父親も、官（警察）に対する不信感から、メディア規制につながるこの法案には強く反対するなど、同法案への批判が相次いだ。

ともあれ、法案により設置される人権救済機関の委員会組織（以下、人権委）には大きな権限が与えられている。人権委には、救済・防止に関してあらゆる人権侵害を対象にした「一般救済」と「特別救済」の二通りの仕組みがあってメディアに関わるのは後者だ。

特別救済の中に、「人種や信条などを理由とした差別」や「公務員による虐待や社会福祉施設、学校などでの虐待」などの対象に混じって、「報道機関による人権侵害」が入っている。そして、その中身はさらに二通りの内容が明記されている。一つはプライバシーを侵害する報道であり、他の一つは過剰な取材である。プライバシーを侵害する報道とは、「私生活に関する事実をみだりに報道し、名誉や生活の平穏を著しく害する」と定義されている。過剰な取材とは、取材を拒んでいるのに「つきまとい、待ち伏せし、進路に立ちふさがり、住居、勤務先、学校などで見張りをし、または押し掛ける」「電話をかけ、ファックスを送るなどの行為」を継続、または反復し、生活の平穏を著しく害すること、とのことである。

救済を申し立てることができるのは、①犯罪被害者、②犯罪行為を行った少年、③犯罪被害者または加害者の家族、に限られている。これに対し、メディアは不服申立てはできない仕組みになっている。メディア側の行き過ぎ取材はもちろん自省すべきことであるが、この法案の不備のもう一つは、何が人権侵害にあたるのかがはっきりしないという点だ。その線引きがきわめて曖昧なのである。条文には「みだりに」とか「著しく」としか表現していないし、電話やファックスはいったい何回までなら許されるのか。その判断基準は人権委だろうが、行き過ぎた解釈・運用がなされるおそれだってある。また、政治家や官僚、企業人など公人・準公人に取材する場合にも問題が起きかねない。

では、実際に「報道機関から人権侵害を受けた」と申立てがあった場合はどうなるのか。まず、人権委は強制的な調査ではなく任意で調べることになる。そのうえで両者の調停や仲裁のほか、取材を止めるように勧告ができる。それに報道機関が従わなければ勧告内容を社会に公表できるのだが、再度触れておくが、報道機関にはそれに対する不服申立てができないのである。

メディア側がこの法案の不備からくる危険性に深い懸念を表明しているのは、「任意調査の過程で人権委が取材内容を審査することで記事内容に影響を与え、結果として憲法の禁じる検閲につながりかねない点」（朝日新聞二〇〇二年三月二七日付朝刊）である。

日本新聞協会や民放連、日本放送協会（ＮＨＫ）に加盟する計三一〇社は、この人権擁護法案について「政府機関による報道への不当な干渉につながりかねない」との共同声明を出している。法案には「報道の自由を十分配慮する」としているが、それを保障する仕組みがない。「配慮」「尊重」という曖昧な言葉だけを羅列しているにすぎない。

二〇〇二年三月一六日付朝日新聞夕刊に興味深い記事が掲載されている。「人権擁護法案とストーカー規制法の規程内容がうり二つ」と指摘しているのだ。「つきまとい、待ち伏せし、進路に立ちふさがり……」、二つの規程を読むと確かに文言は驚くほど符合する。記事中で元共同通信編集主幹の原寿雄氏は「過剰と批判される取材の目的と、ストーカーの目的とはまったく異質なもの。それを同じような表現で規制するのは異様だ」と語っている。まったくそうだ。記事によると、法案を作成した法務省人権擁護局の担当者は「言葉を詰めていったら、結果的に同じような表現になった。ストーカー規制法から引用したわけではない」と言っているようだが、何とも情けない。メディアをストーカー的存在としか考えていない政府当局者たちの本音だろう。語らずも落ちたとはこのこと。だからこそこの一連の法案をメディア側は「メディア規制三点セット」と呼び、警戒するのである。

「個人情報保護法案」（民間対象）の問題点

メディア規制を目論む自民党にとってさらに好都合だったのは、二〇〇〇年に入って急激に進んだＩＴ社会の進展がある。自民・公明・保守の三党による連立政権の小渕首相（当時）率いる政府と自民党が中心になって、二一世紀の未来を担うネット社会を構築するためにＩＴ戦略本部が設置され、「ｅ－Ｊａｐａｎ」と呼ばれる高度情報社会の国家指針が打ち出された。五年後には世界最先端のＩＴ国家を達成するためとうたわれ、その目標達成のために個人情報保護基本法をはじめとするＩＴ関連法が改正された。ネット社会における個人情報の漏洩《ろうえい》をいかに防ぎ、保護するかという問題が全面的に打ち出されたのである。

　ここで個人情報保護法案が登場する経緯を簡単にみてみたい。そもそものきっかけは一九九九年八月の住民基本台帳法（以下、住基法）の改正にある。全国民に番号をつけてネットワークで個人の情報を一元管理しようというのが住基法だ。ところが、その矢先の同年五月、京都府宇治市で住民基本台帳の情報が流出し、ネット上で販売されていたことが発覚。プライバシー保護を主張する公明党の要求をのむ形で、住基法改正の条件として自民・公明・自由の三党が「個人情報保護の三年以内の法制化」を合意した。ついでながら、二〇〇二年八月の実施時に東京都杉並区などが住基ネットに参加を見合わせたのは、このときの三党の約束である個人情報保護の法制化が完了していないということに法的根拠があった。

　さらに、住基法改正より少し前の一九九五年、EU（欧州連合）が個人情報保護指令を採択していたことも日本政府の決断を促す形となった。採択された指令は、EU各国に対して個人情報保護に関する三年以内の法整備を求めたもので、とくに指令第二五条はデータ移転について「第三国が十分な水準の保護措置をとっている場合に限る」と規定したため、日本の経済界からも「何らかの法整備が必要」との声が上がっていた。

　こうした一連の動きに合わせるように、住基法改正における自民・自由・公明の三党合意の直後となる一九九九年八月、自民党の政務調査会の下に置かれた「報道と人権等のあり方に関する検討会」が、一つの報告書をまとめている。検討会は「報道による人権侵害に対処する」のが目的で、「過剰な取材」を問題視するなどきわめてメディア規制色の強い報告書である。その中にこんな文面がある。「裁判所の明確な法的根拠となる総括的な『プライバシー保護法』、あるいは『人権保護法』的な法的整備を推進する必要がある」。

　このときの報告書にそって、自民党は着々と法案作りを進めていった。年表を見ると、その後にメディアが取材陣を大量に繰り出す大事件のたびに、自民党首脳はメディアの過剰取材を指摘しているのがよくわかる。

では、「個人情報保護法案」のメディアにとっての問題点とはいったい、何なのか。

その前に、個人情報保護法案の中身を検討してみたい。そもそも個人情報保護法案とは、「個人に関する情報を保護しよう」という法案であることは今さら言うまでもない。氏名、生年月日など個人情報を識別できるものを個人情報と呼ぶ。たとえばダイレクトメールのもとになる名簿がその典型だ。「どんな仕事をしていて、どれだけの財産があるのか」「クレジットカードでいつもどんなものを買っているのか」というものから、病歴、犯罪歴、思想・信条に関わるようなものまですべて個人情報である。法案は、そうした個人情報を守る仕組みを「基本原則」と「義務規定」の二本立てにしている。基本原則は国民すべてが対象となる。個人情報を扱うときには、①目的を明確にし、その目的の範囲内で扱う、②適法かつ適正な方法で取得する、③本人が適切に関与できるように配慮する、などが主な内容だ。罰則はない。一方、義務規定は一定量の個人情報をデータベースなどにして業務に使っている事業者が対象。順守事項は、①利用目的をできるかぎり特定する、②偽り、その他不正な手段で取得しない、③本人の同意を得ないでデータを第三者に提供しない、④本人からデータの訂正や削除などを求められたら遅滞なく調査して訂正する、等々である。基本原則と違って、これらを守るのは義務。守らなければ、情報の種類に応じて各大臣が勧告し、命令を出すこともできる。命令違反には、六カ月以下の懲役か三〇万円以下の罰金だ。

メディアには、「報道目的に限って」義務規定は適用されない仕組みになっているが……。

では、何がメディアにとって不都合なのか。わかりやすくするために、ある有力な政治家の疑惑を例に考えてみよう。メディアは、その有力議員の疑惑を明らかにするために、まず周辺の関係者に取材するのが定石だ。それは、単にある事実を確認するというだけではなく、疑惑に関する構造的な問題や背景を掘り下げるために経歴や政治活動についての記録、資産、人脈など、さまざまな個人情報を集めることになる。そのとき、基本原則が適用されたらどうなるだろうか。「目的を明確にし、その目的の範囲内で扱うこと」というなら、記事になる前の段階で有力議員に「あなたの疑惑を記事にするために情報を集めている」と断らねばならなくなる。「本人が適切に関与できるように配慮すること」であるなら、その有力議員から「その情報は使っては困る」とか、「集めた情報を見せてくれ」「その情報は違うから訂正しろ」などと言われかねない。こんな調子では報道が成り立つわけがない。

法案作りに関わった関係者によると、「基本原則には罰則がなく、単に努力を求めているだけ」というが、プライバシー侵害などの裁判になった場合、基本原則に反しているかどうかが判決の一つの判断基準になることは間違いない。問題はそればかりではない。メディアが「報道目的」に関してのみ個人情報を扱う場合にかぎり、罰則付きの義務規定を適用しないとしている点だ。ある記事を掲載したメディアが報道機関なのか、目的として報道といえるのか、文学の場合はどうか。こうしたことを判断するのは主務大臣となっている。この主務大臣の判断によって解釈が変わることだって大いにありうる。その場合、最悪の事態としては懲役刑まで受けてしまうことになるのである。中川官房長官の女性スキャンダル報道について一部のテレビでは女性との会話まで流されたが、激怒した野中自民党幹事長（当時）は「報道の自由がここまであっていいのか」と猛反発した。こうした発言から推測するには、権力者にとってはこの手の場合は、「報道ではない」と判断する可能性はきわめて高いと言わざるをえない。

繰り返すが、メディアが義務規定の対象にならないのは「報道目的」の場合だけ。では、雑誌や娯楽色の強いテレビのバラエティー番組の場合はどうなるのか。主務大臣の判断で義務規定にかかった場合、事実上、主務大臣の監督下に置かれることになってしまう。そうなると結局、メディアは主務大臣の思うがままになるのである。

二〇〇一年一月の外務省機密費流用事件[*3]のような場合は、今後、なかなか白日の下にさらされるようなこともなく、闇から闇に葬られてしまうことになる可能性が高い。不正を告発したいという正義感からくる内部告発によって、政治家と官庁との癒着、政治家や官庁と企業との汚職など、数多の不正義が明るみに出てきた。しかし、こうした法律が成立すると勇気ある内部告発者は基本原則の網にかかるおそれがある。メディアとともに、不正に取得したデータに基づいた記事として基本原則に抵触することになるからである。同法案が成立すれば、こうした告発から端を発する「調査報道」はますます困難をきわめることになるだろう。

さらに、驚くべきは行政対象の個人情報保護法案である。民間対象の個人情報保護法案には「不正な手段によって個人情報を取得してはならない」と規定し、罰則も設けているのに対し、行政対象のこの法案にはその規定がないのである。理由は、「すでに国家公務員法の法令順守義務などで規律されている」からだとしている。二〇〇一年一〇月二七日付の朝日新聞朝刊で服部孝章・立教大学教授（メディア法）は、「もともと、行政当局が持つ個人データをどう扱うべきかの問題から始まったのに、官には甘く、民間、特に報道に厳しい」と指摘している。官僚の書いたこの法案の根底には「自分たちはミスを犯すはずはない。しかし、民間は何をしでかすかわからない」というお上意識が強く存在する。

しかし、そういったお上意識が根底からひっくり返される事件が二〇〇二年五月に起きた。ある意味から予想された事件ともいえるのだが、防衛庁が情報公開法に基づいて公開請求した人たちの身元を独自に調べ上げ、リストにまとめていたのである。リストは情報公開室で作成したとみられ、請求時に記入の必要のない請求者の職業や生年月日、思想信条に関する記載が盛り込まれていた。現行の「行政機関の保有する電算処理に係わる個人情報保護法」にも、目下、審議中の「個人情報保護法案」にも逸脱すると言われている。行政側が、こんな調子であるのに、だ。

「青少年有害社会環境対策基本法案」の問題点

メディア規制三点セットの三つ目。長たらしい「青少年有害社会環境対策基本法案」は、先の「人権擁護法案」「個人情報保護法案」の二法案のように国会提出、審議入りとはならず、二〇〇二年四月、政府・与党は当時開かれていた国会への提出を見送った。理由は、メディア側からの激しい反対コールに屈したというのではなく、政府・与党が提出した人権擁護、個人情報保護の二法案に対する予想以上の風当たりと審議をめぐって当局の答弁の曖昧さが目立つなど国会の対応に多くのエネルギーを注ぎすぎたために、それどころではなくなったというのが実状である。また、二法案については外務省機密費流用事件をめぐる外務省問題、田中眞紀子外相（当時）と鈴木宗男・元北海道開発庁長官とのNGOを巻き込んでのアフガニスタン援助問題によるバトル、防衛庁による情報公開請求者の身元調査リスト作成事件、牛海綿状脳症（BSE）対応で後手後手の農水省、そのほか、政治スキャンダルが相次いだことにより次期国会への継続審議になった。有事法制化とともにメディア規制三法は小泉政権の中心的課題であった。ともあれ、そういう経過もあってか、青少年有害社会環境対策基本法案は「メディア規制反対」論調を大展開する新聞でも、ほかの二法案に比して扱いが小さかった。

同法案は、一九九八年、テレビドラマで人気タレントが使っていたバタフライナイフを用いた少年事件が起きたことなどがきっかけとなって法制化へ動き出した。二〇〇〇年に素案が出されて以来、テレビ界を中心にメディア側は「表現の自由の侵害だ」として危機感を募らせてきた。今回、国会提出を伺っていた案は、二〇〇一年末に自民党が出してきた修正案である。同案の要点は三つ。①事業者は新聞、出版、放送など業界ごとに「青少年有害社会環境対策協会」を設立、自主協定を策定して、主務大臣や知事に届け出なければならない、②主務大臣や知事による指導・勧告は、対策協会に対して行われる、③基本方針の策定には、外部識者の意見を聴く、である。

同法案の国会提出を検討していた二〇〇二年二月二〇日に開かれた自民党の「青少年を取り巻く有害な環境対策の推進に関する小委員会」の模様を伝える朝日新聞の記事が手元にある。この日の議題は、民放連に対するヒアリングだった。民放連側のキー局五社の役員らを自民党議員が取り囲み、批判を浴びせた。「一〇の番組が良くても一つ悪ければ駄目だ」(中曽根弘文議員)という発言のほか、「めちゃ×2イケてるッ!」(フジテレビ)、「稲妻！　ロンドンハーツ」(テレビ朝日)など、日本PTA全国協議会の調査で「子どもに見せたくない」とされた番組名を挙げた、と記事に書かれている。一方、民放連側は、同記事によれば、各局が独自に番組審議会を設置しているのをはじめ、第三者機関の「放送と青少年に関する委員会」など、自主的な取組みを強化していると強調したが、議員側は「第三者機関というが、みな(メディア)関係者だ」、「我々が騒いだから(民放側の第三者機関が)できた」などと切り捨てた、とある。そして、ある議員は「テレビは何でも反対ばかり」と愚痴をこぼし、政治家への辛辣さが目立つ民放報道番組のキャスター名を挙げ、「何様だあいつは威張りくさって」と記者に漏らしたとも書かれている。民放報道番組とはテレビ朝日のニュース・ステーションであり、名指されたキャスターとは久米宏氏であることは言うまでもない。

さて、それでは「青少年有害社会環境対策基本法案」のメディア側にとっての問題点はどこにあるのか。

第一に「有害」の定義である。自民党の同小委員会委員長・田中直紀議員は「青少年育成国民会議の調査で『有害』とされた、図書やビデオなどが目安。当面は性と暴力だ」と機会あるごとに語っている。これでは曖昧だ。役人による恣意的判断の危険性が強いと言わざるをえない。有害の定義は、表現の自由に関わるもので、より明確な定義がなければならない。文化的な価値観の形成に関わることで、国が関与するのはきわめて危険である。「価値観という思想形成に干渉する規制法だ。法案の有害の定義が不明確かつ無限定のため、衣の下からよろいがのぞく。法ができれば、政治家のスキャンダル報道や政府批判などを間接的に牽制できる」（映倫管理委員会委員長・清水英夫氏談[*4]）と指摘する声が多い。

第二の問題は、新聞、出版、放送などの関連業界に自主規制を担当する団体を設け、その運営を行政が指導・勧告するというやり方である。大臣らが業界に設置が義務づけられる対策協会に指導・勧告できる以上、自主規制機関にはならない。

民放連がまとめた「『青少年有害社会環境対策基本法案』の問題点」によれば、こうだ。全体的に自主規制の形式をとっているために、法的強制力もない代わりに司法的チェックも効かず、不利益救済手続が保障されていない。だから、主務大臣の助言、指導、勧告、公表に対しても異議を申し立てる手続規定はないし、対策協会の決定はあくまでも「自主決定」の形のために、個々の事業者がその決定に対して法的な不服を申し立てることもできない、のである。

「集団的過熱取材」の主な事件例と過熱報道が起こる根拠

さて、ここまでメディア規制三法案が生まれた背景やその問題点をメディア側に立ってまとめてきたが、取材対象者の人権を侵害するメディア側の「集団的過熱取材」が社会問題化し、放置できない状態にまで深刻さを増していることも事実だ。そうした集団的過熱取材こそが、公権力の介入を許す口実を与え、当局によるメディア規制へとつながっているのである。

さて、集団的過熱取材とは何か。もう一度、ここで確認しておきたい。メディア側の定義は、「報道陣が殺到し、取材される人に心理的な苦痛を与えたり、平穏な生活を妨げたりする状況」である。そこで問題となった集団的過熱取材の代表例を取り上げながら、過熱取材はなぜ起こるのかを考えてみたい。

①松本サリン事件

一九九四年六月、長野地裁松本支部の裁判官官舎をねらって猛毒のサリンを散布し、巻き添えで近くの住民七人が死亡、約一四〇人が重軽傷を負った。当初、第一通報者である会社員の関与が疑われ、メディア各社はあたかもこの会社員が犯人であるかのように決めつけた報道を行った。捜査本部の言い分だけを垂れ流したメディアの報道姿勢が会社員の人権を著しく侵し、問題になった。オウム真理教の犯行と判明した後、マスコミ各社と警察はこの会社員に謝罪した。

②東京電力ＯＬ殺人事件

一九九七年三月、東京・渋谷で東京電力の女性社員（当時三九歳）が殺されているのが見つかった。女性社員は慶応大卒の「エリート」であったため、多くのメディアは女性の私生活とのギャップをこぞって強調する報道を繰り返した。興味本位から個人の生活に踏み込みすぎた人権無視の報道が、当局と世間から指弾を浴びる結果となった。

③神戸連続児童殺傷事件

一九九七年五月、神戸市内の中学校の正門前に、三日前から行方不明になっていた近所の小学六年生の男児の切断された頭部が置かれているのが見つかった。六月四日には地元紙に「酒鬼薔薇聖斗」の名前で犯行声明文が届いた。一カ月後、兵庫県警は首が置かれていた中学校に通う三年生の男子を逮捕した。猟奇的な事件の犯人が中学三年生だったため世間に衝撃が走った。このときも被害者や容疑者宅に報道陣が集団で詰めかけ、プライバシーを侵害した。また、写真週刊誌「フォーカス」は少年の顔写真を掲載、少年法の精神を無視し非難を浴びた。

④和歌山毒物混入カレー事件

一九九八年七月、和歌山市の新興住宅地の自治会が主催した夏祭りで、住民が作ったカレーライスにヒ素が混入され、これを食べた四人が死亡した。捜査の結果、現場近くに住む元保険外交員による犯行の可能性が濃厚となり約七〇日後に逮捕された。元保険外交員の犯行が騒がれ出してから逮捕までの四〇日間、報道陣は二四時間態勢で容疑者宅を取り囲み続けるという異常な状況が続いた。この様子はテレビや写真週刊誌で報道されたため「まだ犯人と決まったわけでもないのに人権侵害、やりすぎ」と社会問題となった。

では、こうした過熱取材はどうして起きるのだろうか。

長年の新聞カメラマンの経験から述べたいと思う。私も、こうした集団的過熱取材にいくたびも参加してきた。今思うと、カメラマンになりたての一九六九年ごろは、どこの取材現場に行っても今のような報道陣の集団はなかった。カメラマンは一社に一人か、せいぜい二人。テレビカメラマンもＶＴＲではなくフィルムであったために、これまた一人か二人だった。警察署前での「引き回し」と呼ばれる容疑者護送の撮影でも三五ミリレンズで十分だった。ところが、数年の後にテレビ界にＶＴＲが導入されるや「撮影」「音撮り」に「ディレクター」と呼ばれる現場キャップが加わり三人一組がスタイルとなったため、取材現場はアッという間に膨れ上がってしまった。そこでは、他社と違ったアングルで少しでも良い写真をとカメラマンたちがしのぎを削る。いつしか、三五ミリだったレンズは二四ミリの広角でなければファインダーに納めきれなくなっていた。集団となったメディアはお互いを牽制し、自ら闘争心を煽り立て本能的な動きをするようになっていた。ただ競争意識だけが突出し、たとえば、容疑者の護送なら「何としても顔を撮れ」といった本社からの厳しい指示にカメラマンたちはやりきれない気持ちを抱きつつも、結果として、メディア集団は非常識な行動をとるようになってしまうのである。

私にしても、「児玉番」とか「丸紅番」（いずれもロッキード事件の張り込み）、「宮内庁番」（昭和天皇死去前の張り込み）などのように「××番」と呼ぶ張り込み取材をずいぶんとしてきた。そのたびに、「こうしていることにどれほどの意味があるのだろうか」と迷った。しかし、各社が現場に残っているのに自分だけが撤退したら、「もし、何かあったらどうするんだ。誰が責任を取るんだ」と本社デスクの雷が落ちることは必至である。嫌々ながら張り番を続けてきたというのが本音だ。しかし、ひとたび自分が本社デスクになったときには逆転する。「俺だって頑張ったんだ」と、かつての旧日本軍の敢闘精神を思わせるようなセリフを吐いて後輩を威圧してきたというのが、偽らざる実状である。現場のカメラマン、記者たちは新聞、テレビという巨大組織の歯車として送り込まれているために、各自が「責任」という重荷を背負わされている。とくに本社デスクは、日々の新聞、テレビの事実上の責任者であるために、よりこの重荷を感じるのである。

もとより新聞、テレビの世界には長い間、「特ダネ」を絶対的な評価とする傾向が強い。どこのメディアも横並び一線のニュース感覚、報道姿勢であることがこうした相対的な評価を生んできたともいえる。また、「見た目の商業主義」が特ダネ競争を煽ってきたという側面も否めない。たとえば、「引き回し」写真なら容疑者の顔が写っているのか。写っているとしたらどんな表情か。こうした些細（?）な点にニュース写真の勝ち負けの判定を加えてきた。私もこうした競争を一概に否定できないのは、横並び一線の報道感覚の世界に長年身を置いてきたせいだ。大リーグで活躍するイチローの動向を追う日本からのスポーツ記者、カメラマンたちを、現地メディアは「ハイエナ」呼ばわりしたというニュースがあった。サッカー日本代表の監督としてW杯ベスト一六に導いたフィリップ・トルシエ監督は、日本を去る直前の二〇〇二年六月の記者会見で、過激なテレビ、娯楽紙誌などによる過剰な取材を声高に批判した。

デスクにしても、現場のカメラマン、記者たちにしても現場の状況に対して決して疑問を抱いていないわけではない。集団的過熱取材による報道被害をなくすには、各メディアがニュースに対して独自性をさらに強めなければならない。従来の「特ダネ」一辺倒ではなく、もっと「独自ダネ」の価値観を重視するメディアであれば、希望の光は見えてくるのではないか。

集団的過熱取材の自粛とメディアの対応

さて、こうした日増しに高まるメディア批判に対し、メディア側もただ手をこまねいていたわけではない。一九九七年六月には、ＮＨＫと民放連が「放送と人権等権利に関する委員会機構」（ＢＲＯ）を設置した。[*5] これは視聴者の基本的人権の擁護を掲げ、放送への苦情に迅速かつ有効に対応するため、ＮＨＫと民放各社が共同で発足させたものである。弁護士や学者、有識者ら八人で組織する委員会（ＢＲＣ）が苦情を審理している。二〇〇二年三月、テレビ朝日系列の社会情報番組が、熊本県内でのある自動車事故が保険金目的であるかのように報じた件で、相手方の言い分を聞き入れ「放送による回復措置」を勧告した。ＢＲＣによる勧告はこれで二件目だが、細々ながら機能している。また、一九九七年一〇月には日本ペンクラブが「過剰報道」で公開シンポジウムを開いている。

しかし、新聞社が重い腰を上げ、「第三者委員会」を設置して本格的に対応するようになるのは二〇〇〇年秋以降である。一〇月に新聞社のトップを切って毎日新聞社が「開かれた新聞」委員会を設置。続いて下野《しもつけ》新聞社が「読者懇談会」、朝日新聞社が「報道と人権委員会」を設置するなど、新聞各社が次々と第三者委員会を設置した。これは政府・自民党のメディア規制への動きに対して、メディア側が「自主的な」対応措置を打ち出すことで、ねらいを和らげようとしたことは明らかだ。

後掲の「新聞社の第三者委員会の概要（設置順）」を見れば、それは一目瞭然である。毎日新聞の設置から翌年の一年間でほとんどの全国紙、地方紙が設置している。やや付け焼き刃的な側面を感じないでもないが、公権力の動きがそれまでとはまったく違ってきていることにメディア側もやっと気付いたのであろう。

その後、日本新聞協会、民放連、日本雑誌協会などメディア団体が口をそろえて集団的過熱取材の自粛や対応策を打ち出すなど動きが活発化していく。その内容は、メディア各団体においてそれほどの違いはない。概ね、以下のとおりである。①いやがる当事者や関係者を強く包囲した状態での取材は行うべきではない。相手が小学生や幼児の場合は、特段の配慮を要する、②通夜葬儀、遺体搬送などを取材する場合、遺族らの心情を踏みにじらないよう配慮する、③住宅街、学校、病院などでの取材は、近隣の交通や静穏を阻害しないように留意する（二〇〇一年一二月発表、日本新聞協会編集委員会の見解）。

見解発表以後、取材現場ではさまざまな変化が見られ始めた。二〇〇二年七月二七日付朝日新聞朝刊「メディア欄」にはその模様が紹介されている。「川崎・安楽死事件」（二〇〇二年四月）では、集まった新聞、テレビ九社が遺族と話し合って「カメラはなし」「各社一人ずつ」という条件でスムーズに進み、「神戸・大学院生殺害」（三月）の場合は、メディアと被害者の母親との間にNGO「ひょうご被害者支援センター」が入ることで解決。さらに「小倉・少女監禁事件」では、被害者側・容疑者側双方から警察を通じ、取材自粛を申し入れられ、地元の記者クラブが受け入れている。その際、幹事社のある記者は「個々の事件できちんと対応していかないと、自分たちの首を絞めてしまうと思った」と記事中で語っている。

新聞社の第三者委員会の概要（設置順）（二〇〇二年二月現在）

社名	名称	設置年月日	社外委員数	開催頻度	機関の役割
毎日	「開かれた新聞」委員会	二〇〇〇年一〇月一四日	五人	三カ月に一回全体会議	報道による人権侵害として当事者から寄せられた苦情、意見の内容と対応を審理する。

下野	読者懇談会	二〇〇〇年一一月四日	五人	年三回	読者代表と意見交換で信頼を確保し、紙面制作だけでなく、二一世紀の新聞のあるべき姿を考える。
朝日	報道と人権委員会	二〇〇一年一月一日	三人	年三回	本社発行の新聞、雑誌の記事で人権侵害との訴えがあった場合、独自に調査、審理し、見解の形での評価、要望などを紙面に反映。
新潟日報	読者・紙面委員会	二〇〇一年一月一日	八人	年三回	人権擁護やプライバシー保護の観点を含め、読者の評価、要望などを紙面に反映。
東京	新聞報道のあり方委員会	二〇〇一年一月一八日	四人	全体会議は年数回、小委員会を適宜開催	最近問題になっている過剰報道、人権、プライバシー保護などの新聞報道に関わる読者からの苦情、注文、意見を踏まえてより良き新聞作りに意見を提示。
読売	新聞監査委員会	二〇〇一年四月一日	顧問三人、審査員七人	年数回	第三者の目でチェックすることにより、客観性、透明性、外部との双方向性を高める。
山形	報道審査会（読者センター）	二〇〇一年四月一日	三人	年四回	人権問題のある事例、取材方法や経過、報道表現の諸問題を検証。
京都	報道審査委員	二〇〇一年四月一五日	三人	年四回	新聞が読者に知らせるべき情報を正確にわかりやすく報道しているか、読者からの意見に誠実に応えているか等について意見提示。
西日本	人権と報道・西日本委員会	二〇〇一年五月一日	四人	年数回	人権問題が生じた場合に審議し、見解を示し、解決に向けて公平で公正な問題解決の道を探り、その手続に透明性を持たせる。

北海道	読者と道新委員会	二〇〇一年五月一四日	五人	年三回	読者の意見、苦情を踏まえて、取材の行き過ぎや人権、プライバシー侵害、差別的な表現がないかなどを議論し、よりよい報道の実現に役立てる。
共同通信	「報道と読者」委員会	二〇〇一年六月一日	五人	二カ月に一回を原則	①読者の意見や苦情に誠意をもって対応したか、②取材をめぐるトラブルで当事者をはじめ読者に必要な説明責任をしたか、③読者に知らせるべき情報を正確に、わかりやすく報道しているか、を検証。
茨城	報道と読者委員会	二〇〇一年六月一日	四人	年四回	より一層の透明性確保、信頼性を高め、新・新聞倫理綱領の具現化への担保とする。
東奥日報	報道審議会（読者センター）	二〇〇一年六月一一日	三人	年二回	取材・報道過程で寄せられた意見、批判、苦情に対する対応状況を第三者の立場で判断、記事内容や取材方法について適正かどうかを論議し、見解提示。
佐賀	報道と読者委員会（読者センター新設）	二〇〇一年六月一三日	五人	年三回	紙面作りや報道のあるべき姿、記事内容に関する読者への説明責任などで意見を諮問・提示。
河北新報	読者と考える紙面委員会	二〇〇一年七月一日	三人	年三回程度	取材・報道に関する読者からの意見、苦情対応についての検証、地域に根ざした報道への意見提示。
山梨日々	山日と読者委員会	二〇〇一年七月一日	五人	年三回	報道のあり方や読者からの苦情への対応について意見を提示し、人権やプライバシーに配慮した取材・編集活動に活かす。
産経	報道検証委員会	二〇〇一年七月一三日	三人	年数回	第三者としての客観・公正な見方を積極的に取り入れ、新聞報道を自ら検証する機能を高める。

北日本	「報道と読者」委員会	二〇〇一年八月一日	六人	年二回	幅広い意見を紙面作りに反映し、取材活動全般の方法や経過について討議。
琉球新報	読者と新聞委員会	二〇〇一年二〇八月一日	四人	年三回	報道によって生じた名誉やプライバシー侵害などの苦情、意見について意見を提示するほか、報道の使命について意見交換。
高知	「新聞と読者」委員会	二〇〇一年九月一日	四人	年二回	本紙の報道による名誉棄損、プライバシー侵害、人権に絡む問題が生じた場合、本社の対応や必要が生じたケースについて審議、検証してもらい、問題解決に導く。さらに新聞全般の取材活動のあり方、課題等について意見交換。
山陽	報道と紙面を考える委員会	二〇〇一年九月一〇日	五人	年三回	名誉棄損・プライバシー侵害などについて、第三者の検証で透明性、客観性を高め、紙面全体や報道をめぐる問題への意見・提言を提示。
中国	読者と報道委員会	二〇〇一年一〇月一日	三人	年三	取材や紙面に関して読者から苦情、意見が寄せられた際、対応の是非を第三者の目で検証。メディアの全体の課題や地域に根ざした報道のあり方についても提言。
宮崎日々	宮日報道と読者委員会	二〇〇二年二月一五日	四人	年三回	本紙記事、記者の取材活動に対して人権・プライバシー侵害はないか、取材のあり方は適正か、などについて検証するほか、読者の意見・苦情に対する本紙対応、紙面全体、報道をめぐる諸問題についても論議。

※二〇〇二年三月、都内で開かれた「緊急・公開シンポジウム」で配布されたマスコミ倫理懇談会作成の人権擁護法案・関連資料をもとに、筆者が作成。

政治に左右されない自浄能力を

相次ぐメディアの集団的過熱取材による報道被害が社会問題化し、公権力介入の格好の口実となってしまった。また、ネット社会を迎えるにあたっての個人情報保護という流れや人権擁護の問題、さらには青少年に有害なテレビ番組を規制しようという大義名分の理由を、政府・自民党などは着々と拾い集めていた。出そろったとみるや自民党はマスコミ対策に積極的に動き出す。そのタイミングたるや抜群だ。そして、自民党と一部の官僚の手によって、政治腐敗の温床ともいえる自民党に都合の良いようにすり替えられたと言っても過言ではない。今の政治風土は歴史的に見てもかなりひどいものだ。「もはや戦後ではない。戦前だ」と笑えない比喩が飛び交うほどである。自民党をはじめ政治家全体を覆う汚職やスキャンダルといった政治腐敗を一日も早く終わらせたいのに、彼らは自分たちの利益しか追求しない。新聞の宿命だろうが、誕生以来、権力者はときに都合よく利用し、不都合になれば弾圧してきた。こうした闘いは終わることはないだろうが、最近の自民党のメディア批判の一連の動きにはあまりにも幼稚さが目立つ。私が、先に「報道被害を奇貨として」と強く指摘したのは、こうした幼稚さを批判したつもりである。「自民党の一党独裁支配を終わらせたのはすべてメディアのせいだ」「メディアがろくなことを書かないからだ」「報道の自由とは、何でも書いていいという自由ではない」と、まるで子どものような調子のメディア批判に対して、それをいさめる良識ある政治家が影を潜めてしまっているという現実である。結局、誰一人として批判勢力を押さえ切れず突っ走って行く権力集団こそが今の自民党なのだ。恥ずかしくもなく、社会的要因、国際的な要求を悪用して自分たちに都合のよいメディア規制法を作り上げようとしているのである。こうした動きを自民党の自信喪失の象徴的な表れ、あがきと言わずして何と言うのか。メディア側にしても、「報道被害」を生み続けてきた身勝手で一方的な体質を再考し、取材される側の気持ちを理解し、国民の側に立った目線で、問題が起きたときには勇気ある自主的解決と自浄能力が求められている。

*　*　*

その後、メディア規制三法とよばれた三法案の行方はさまざまだった。

マスコミの取材活動を制約させるおそれのある個人情報保護法案は、マスコミの圧力に一部手直し（メディア規制に関する条項の凍結）をして二〇〇三年五月二三日に制定され、二〇〇五年四月に施行された。人権擁護法案は、二〇〇三年一〇月の衆院解散により廃案となった。また、青少年有害社会環境対策基本法案もマスコミや国民の反対が強く、理解を得られないとして自民党は二〇〇二年の通常国会への提出を断念。その後、二〇〇四年の通常国会では、一部修正を加えた「青少年健全育成基本法案」が参院に議員立法で提出されたが、審議に付されないまま廃案となった。

施行された個人情報保護法は基本法とよばれ、主に民間事業者が対象で、違反した場合、大臣が是正命令などを出し、従わなければ罰則がある。また、国の官公庁を対象とする行政機関個人情報保護法は一九八八年に作られ、二〇〇三年に全面改正、二〇〇五年四月に施行されている。

さて、個人情報保護法が全面施行されて一年がたった。個人情報を守るという意識は高まったが、半面、混乱も起きているという。施行一年を検証する朝日新聞（二〇〇六年三月二三日～三月二九日、朝刊第二社会面連載「さまよえる個人情報」）によると、銀行や病院などの現場では、思わぬハプニングに戸惑っているようだが、こんなちょっと気になる例も紹介されている。汚職事件の反省から二〇〇〇年に、市議会政治倫理条例を制定したある市の例だ。条例は、議員の地位を利用して不正行為を行うことを防ぐ目的で資産公開を義務づけているが、こうした場合は保護法違反になるのではないかというのである。それに対し内閣府は、保護法は、民間の事業者が対象なので地方自治体の条例を拘束するものではないと説明しているというが、官のこうした情報隠しはとどまるところを知らない。

＊注

1 一九五五年一〇月、日本社会党の左右両派が統一。同年一一月には自由党と日本民主党が保守合同して自由民主党を結成した。以後、日本政治は保守・自民党と革新・社会党という対立構図で政治の流れが固定されていった。

2 一九九九年二月、埼玉県所沢市周辺のダイオキシン汚染をめぐり、テレビ朝日が環境総合研究所の実験で所沢産の「野菜」から一グラムあたり〇・六四〜三・八〇ピコグラム（一ピコグラムは一兆分の一グラム）の高濃度ダイオキシンが検出されたと報道した。直後から所沢産のホウレンソウの販売をやめるスーパーが続出、価格は半値以下に急落。テレビ朝日は同月一八日、三・八〇ピコグラムを検出したのはせん茶だったことを認めたうえで、久米宏キャスターが番組で「詳しい説明が不足していた」と謝罪した。

3 外務省の情報収集や外交交渉を有利にするための経費である機密費を同省元室長がゴルフ会員権、高級マンションなど私的に流用した事件。この事件を契機にハイヤー代経費水増しや在外公館での私的流用が明らかになった。

4 朝日新聞二〇〇二年三月九日付朝刊「メディア欄」。

5 二〇〇三年に従来から活動してきた「放送番組委員会」および「放送と青少年に関する委員会」とともに、「放送と倫理・番組向上機構（ＢＰＯ）」に統合された。

＊参考文献

- 朝日新聞、読売新聞、毎日新聞
- 徳山喜雄「集団取材による『報道被害』をなくすために」（「朝日総研レポート」一五二号〔二〇〇一年一〇月〕、朝日新聞社総合研究本部）四八〜六七頁

●林英夫『安心報道』（集英社新書、二〇〇〇年）
●後藤文康『誤報』（岩波新書、一九九六年）
●井上安正『検証！事件報道』（宝島新書、二〇〇〇年）
●『「青少年有害社会環境対策基本法案」の問題点』（社団法人日本民間放送連盟、二〇〇二年）
●「人権擁護法案・関連資料」（「人権擁護法案を考える」二〇〇二年三月、新聞協会・民放連・NHK主催の公開シンポジウムでの配布資料）
●東京マスコミプロダクション「新・フリーライター物語（26）物書き受難時代——高額賠償金と使命忘れた大手マスコミ」（「月刊tims」二六巻三号〔二〇〇二年四月〕月刊タイムス社）五五〜五九頁

北朝鮮拉致被害者への報道合戦

はじめに

近くて遠い国・朝鮮民主主義人民共和国（以下、北朝鮮）。日本の総理大臣が、北朝鮮の平壌《ピョンヤン》を訪問、金正日総書記と日朝首脳会談を行うことが決定したというビッグ・ニュースを私が聞いたのは、二〇〇二年八月三〇日、タイの田舎をドライブしているときだった。ＮＨＫの衛星放送が大々的に報じていて、私は一瞬耳を疑った。

それから、この約一年余もの間、日本国内のメディアは北朝鮮報道一色に染まった。

二〇〇二年九月一七日。日本の小泉総理大臣ら関係者一行を乗せた政府専用機が平壌空港に到着。先行した日本のテレビ局は、その歴史的な一歩を感動的なまでに中継した。雲一つない空港に降り立った小泉総理は快晴のその天気とは裏腹に、これから予想される難問をどうやって解決していこうかという緊張のためか顔をこわばらせていた。しかし、この段階ではまだ拉致被害者の悲劇は直接的には小泉総理の耳には届いていなかった。

そして、あの「五人生存八人死亡」発表である。

北朝鮮の最高権力者の口から直接公表された拉致被害者の悲劇的な最期が、日本国中を震撼させた。有本恵子さんや拉致被害者のシンボル的存在だった横田めぐみさんらが、軒並み死亡とされたのである。「八人死亡」はあまりにも重すぎた。その瞬間から、北朝鮮への日本国内の世論は一変した。

九月末の政府調査団の訪朝。一〇月一五日の生存者五人の帰国と続く流れの中で、日朝関係は日増しに冷え切っていった。連日、新聞、テレビは北朝鮮の犯した拉致事件を糾弾。その矛先は、かつて北朝鮮側と接触のあった旧社会党や故・金丸信氏ら自民党の北朝鮮ロビーストらへの批判となり、長年、北朝鮮に何もしてこなかった外務省の無策外交にも向けられ、情緒的で感情的な世論が形成されていくのだった。多くのメディアもまた、過去の北朝鮮報道のあり方や拉致事件を問題化してこなかった道義的責任をめぐってせめぎ合うのだった。そして瞬く間に、日朝平壌宣言にもられた国交正常化交渉は、「拉致問題解決なくしてありえず」が政府外交の主流となっていったのである。

拉致被害者が帰国した翌一六日、アメリカは待っていたとばかり、日朝関係に水をさす爆弾発表を行う。北朝鮮が核兵器開発の継続を認めたと発表したのである。このニュースはアッという間に地球をぐるりと回った。この発表は、核問題を抜きのまま日朝間でこれ以上、国交正常化交渉が進んでは困るというアメリカ側からのシグナルでもあった。

以来、日本政府が五人の被害者を北朝鮮に帰さないことを理由に、平壌に残された子どもたちをまさに人質状態にするという状態が二〇〇三年九月末の段階でも続いているのだ。その後、北朝鮮は核施設を再稼働し、NPT（核兵器不拡散条約）から脱退。核をカードに、お得意の瀬戸際外交を展開しているのである。わが国にとっては、拉致問題は日朝正常化交渉に最大の関門となった。だが、日本以外の国々では北朝鮮の核こそが安全保障上の大問題である。

朝日新聞は二〇〇三年元旦紙面の社説で、こうした拉致問題だけで感情的に対北朝鮮世論が形成されるのは危険であると社論を展開したが、拉致被害者とその関係者、一部のメディアが朝日新聞の今までの北朝鮮報道のあり方を批判。高熱に侵されたように北朝鮮への過激な批判は日ごとに増大し、今や「北朝鮮憎し」で凝り固まった怒号のような大合唱に、もっと広い視野に立って問題解決を図ろうとする客観的な報道はかき消され、世論は冷静さを失っているように思える。被害者の立場になればもちろん、理解できないわけではない。ましてや、今まで多くのメディアがこの拉致事件をまともに扱ってこなかったという被害者側の言い分ももっともだと思う。しかし、こうした国家間の、しかも世界的な安全保障の問題とも絡んでくると、被害者の個人的な感情を国家の外交の中軸に据えることが妥当かという冷静な見方も一方では存在する。

その過程で、報道する側は報道される側の被害者、関係者との間で、さまざまなトラブルを起こしている。トラブルの中には、メディアの尊厳に関わる問題もあれば、明らかに報道される側に対して信義に反する問題もある。被害者の帰国から曽我ひとみさんの平壌の家族の住所を明かすというプライバシー侵害の報道までの問題点を再点検してみた。

過熱した拉致被害者の帰国報道

二〇〇二年一〇月一五日午後二時二〇分、平壌を飛び立った政府チャーター機が羽田空港に到着した。機内には二四年ぶりに帰国する拉致被害者五人が乗っている。その日、羽田空港は厳戒態勢がしかれ、新聞、テレビ、雑誌など報道関係者で埋まった。多くの国民がこのとき、テレビ中継に食い入った。三三分、チャーター機のドアが開き、政府関係者に付き添われた五人が顔を見せた。タラップを降りる五人の表情にすべてが注がれていた。蓮池薫さん・奥土祐木子（後に蓮池姓）さん、地村保志さん・浜本富貴恵（後に地村姓）さんの二組のカップルが笑顔を絶やさなかったのに対し、一人だけ寂しそうに顔をこわばらせ緊張していた曽我ひとみさんの姿が印象的だった。この映像は、アッという間にテレビを通して全国津々浦々に流された。この日以来、北朝鮮による拉致報道はフィーバーし続けてきた。

さて、翌一六日の朝刊各紙は想像どおり、一様に一面は「拉致の五人帰国」と大見出しが躍った。タラップを降りる五人のカラー写真が、朝日は七段、読売も六段で掲載され、抱き合って喜ぶ家族たちの写真もその傍らで大きなスペースを占めていた。

そして、拉致被害者への報道合戦はこのときから始まった。

テレビは、朝・昼・晩、そして夜のニュースは当然のこととして、それ以外のバラエティー番組から特集番組まで、洪水のように拉致報道に明け暮れた。それはテレビだけではなく、新聞も雑誌も同様だ。まさに拉致偏重報道ではないかとも思えるラッシュであった。

しかし、残された家族や不明の被害者がまだ平壌にいるという事情もあってか、真相に迫る話はなかなか出てこない。どのようにして拉致されたのか、北朝鮮での生活、残された家族のこと、そのほかの被害者のことなど、拉致の実態が謎のベールに包まれている以上、肝心のことをマスコミは聞きたかった。だが、被害者の人権や北朝鮮に残された家族たちのことに配慮して、被害者およびその家族とマスコミとの直接接触を阻んでいたのが、救う会や家族会などであった。

拉致被害者の帰国が決まり、受け入れのための準備が進んでいた一〇月一一日、家族会は、日本新聞協会、日本民間放送連盟、日本雑誌協会のメディア三団体に取材上の配慮を申し入れている。「本人は北朝鮮に夫や子らを残している大変微妙な立場であり、迎える家族は静かに再会を果たしたい」。この申し入れに対し、三団体は節度ある取材に努めることを申し合わせている。

まず、歴史的な日になる羽田空港の混乱をどうやって乗り切るか。救う会と新聞、放送、通信各社が加盟する在京社会部長会とが話し合った。そこでは、「五人には帰国の印象や拉致に関する質問をしたい」とするメディアとしては当然の求めに、救う会は「帰国直後で動揺している」と難色を示すなど、取材する側とされる側とのせめぎ合いがあった。結局、帰国者のあいさつの中でできるだけ織り込んでもらうことで折り合った。東京都内のホテルで開かれた帰国直後の会見には、大広間に二〇〇人ほどの記者、カメラマンが詰めかけたが、たった七分間で終了。翌一六日、在京社会部長会は「事件に対する国民の理解を深めるために、本人からのじかの正確な情報が不可欠である」と、文書で救う会に伝えたほどである。

朝日新聞「メディア欄」（一一月二日朝刊）によれば、五人がふるさとに戻った一七日、新潟の柏崎記者クラブは事前に、質問したい項目を蓮池さん夫妻に伝えている。理由は、地元紙の新潟日報や幹事社である柏崎日報らが苦慮した「最大限の工夫」だったという。田圃に囲まれた蓮池祐木子さんの実家には、家の前の幅三メートルの道に約七〇人の記者、カメラマンが集まった。そこで、クラブ加盟社が緊急に集まり、家から五〇メートル離れた線まで報道陣を引かせることにしたという。「被害者家族から協力を得られなくなることだけは避けたかった」と、柏崎日報の幹部はその理由を同欄の中で語っている。

帰国から四カ月となる二〇〇三年二月四日付の朝日新聞「メディア欄」は、拉致被害者と地元記者とのその後の取材上のやり取りも紹介。事前質問方式はその後、役場を通しての〇×方式になり、×印がついた質問は答えたくないという意思表示で、記者クラブはそれを尊重しているという。

全体的には大きな問題はなく、被害者と報道側との間には信頼関係が生まれ、被害者側の対応も次第に柔軟になってきていると書かれている。とはいえ、微妙な問題についてはなかなか肉声が聞けず、自粛を余儀なくされるメディアにとってはいらだちが募っていることも付されている。

近年、問題視されてきたメディアスクラムに対処するこうしたメディア側の自粛が、ある一定程度までは好感をもって関係者の間で受け入れられたようだが、その後、この自粛が常態化し、報道する側にとっては国民の知る権利への奉仕を放棄することにもつながりかねず、日に日に焦りとなってきていたのである。

被害者が何を食べたか、どこへ行ったか。お墓参り、ごちそうによる歓待ぶり、旧友との再会。運転免許証の再交付を受けたというニュースやら、選抜高校野球に母校が出場するからどうのこうのといった、正直に言って「いい加減にして」というようなニュースが連日、長時間テレビから流され、同じ内容の話が半日遅れて新聞に載るといった状況が続いたのもこのころだった。まさに隔靴掻痒《かっかそうよう》、拉致の真相という核心に迫る質問の多くを拒絶されていたという状況が作り出した一面でもある。

そんなときに起きたのが、後に紹介する「週刊朝日」による地村夫妻への〝独占インタビュー〟なる勇み足報道、ペナルティーである。結果として、「週刊朝日」の軽率な行動がメディアと被害者家族との間にできた信頼関係に、再び亀裂を入れてしまうことになるのである。

そんな偏った情報過多の社会に対し、大林宣彦氏（映画作家）が、朝日新聞「オピニオン」（二〇〇二年一二月八日付）で面白い表現をしている。メディアは偏重報道だけではなく「情報偏食」に大いに荷担しているというのだ。たとえば、二〇〇二年一二月、あの田中耕一さん（島津製作所）がノーベル化学賞を受賞したとき、東京大学名誉教授の小柴昌俊さんも同時に物理学賞を受賞しているのに、メディアは田中さんばかりに焦点を当てていたため、小柴さんの存在がかすんでしまった。大リーグに渡ったイチロー、松井秀喜の情報についてもどこかで似たような感じを受ける。つまり、連日、さまざまなメディアによって拉致被害者の情報が世に氾濫するため、あふれるほどの情報の中から、自らが好み求める情報ばかりを多量に手に入れようとする。そのため、いつの間にか偏食しているというのだ。

また、こうした洪水のような断片的な拉致報道に、早い時期から批判の声を上げた中に在日韓国・朝鮮人の作家やジャーナリストたちがいた。その集会の模様が一一月二三日付の新聞各紙に掲載されているが、連日報じられる新聞、テレビなどの拉致報道からは在日社会への嫌がらせを助長する傾向の記事が気になるというのだ。また、読売新聞「メディア時評」欄で、山田昌弘・東京学芸大学助教授の「日本での生活＝良い」「北朝鮮での生活＝悲惨」というステレオタイプの図式による報道が気になって仕方がないという意見も、拉致問題をめぐるメディアへの批判の一部を占めていることは否めない事実である。

「北朝鮮の情報操作に乗った」

五人の追っかけ報道がフィーバー第一弾であるとするならば、第二弾は北朝鮮にいる横田めぐみさんの娘キム・ヘギョンさんへの朝日新聞、毎日新聞、フジテレビの三社共同の「独占会見」であった。

朝日、毎日の二新聞に先駆けて、日本国内に驚きを与えたのはフジテレビだった。二〇〇二年一〇月二五日（金曜日）夜、フジテレビは、平壌から生放送でキム・ヘギョンさんの会見映像をテレビ局としては独占的に放送した。

ヘギョンさんは、母の思い出やまだ見ぬ日本の祖父母へ複雑な思いを語った。「お母さんがいてこそ楽しい話ができた。だけど、亡くなってからは家の中が静かになってしまいました」と母への思いを語るとき、目から大粒の涙がこぼれていた。テレビを見ていた私も何度も胸を詰まらせた。母のめぐみさんが北朝鮮に来た経緯や死因、葬儀のことなどについての質問になったときには、ヘギョンさんの細かい表情から真相が読みとれるのではないかと、私もテレビ画面に食い入ったが、ただ表情を曇らせ、言葉少なに「わかりません」を繰り返すのみだった。真相を読み取るまでにはいかなかった。

日本の祖父母に会いたいとしながらも、日本への永住帰国については、「お父さんは朝鮮人。お母さんは日本人だからといってどうして行けるのでしょうか」と答え、「手紙よりも、おじいさん、おばあさんが会いに来てくれたらと思います」と、祖父母の訪朝への期待を語った。このときのフジテレビのニュースは、視聴率（関東地区）がなんと二六・三％（ビデオリサーチ調べ）だった。ちなみにNHKニュースの平均視聴率は七～八％と言われる。ついでに関東地区における視聴率一％は、一五万三〇〇〇世帯にあたることから、ヘギョンさん登場のこのニュースは四〇〇万世帯以上が見たことになる。

ニュース番組の中で、安藤優子キャスターは「撮影はフジテレビが行ったものです」と繰り返していたが、その後の新聞報道で「実際には、フジのカメラクルーは北朝鮮への入国を拒否され、キム・ヘギョンさんの会見は北朝鮮の放送局の機材で撮影されていた」(松本健一「メディア時評」一一月一六日付読売新聞)という。後日の毎日新聞の記事によると、朝鮮中央テレビがフジテレビのために映像を撮ったとされる。さらに、このときフジテレビの記者は「質問しなかった」(一〇月二九日付朝日新聞朝刊「メディア欄」)とある。朝日新聞のソウル特派員を経て朝鮮半島の経験豊富なハングル語に長けた記者がまず質問を切り出し、それに毎日の記者が続いたという。ちなみにそのとき、当局側は一切、インタビューに介入しなかったという。

さて、話をフジテレビの取材の仕方に戻そう。

自前のクルーによる撮影か、北朝鮮当局によるものなのか。この違いは実は大変、大きな意味を持つ。視聴者には、一見どうでもいいように映るかもしれないが、不可解なめぐみさんの死の謎を解く鍵として、このときほどカメラレンズのねらうヘギョンさんの一挙手一投足に多くの目が注がれるものはない。現在、政界が絡んだ大きな事件では国会における証人喚問がたびたび開かれ、動画によるテレビ放映がされているが、以前、静止画だけの取材しか許されなかった時期がある(一九九八年、議員証言法改正によりテレビ中継が復活)。これは、テレビという動画の映像が人の微妙な表情をとらえ、たとえ嘘を言ったとしても、その表情から心の奥底を読み解く大きな力があるからにほかならない。

動画としての映像の力に大きく依存するテレビの存在を知っているはずのフジテレビは、クルーの入国を拒否され、独自の映像取材がかなわなかったことを素直に同ニュース番組の中で説明すべきであったと思う。安藤キャスターが、逆にわざわざ「撮影はフジテレビによるものです」と断ったのは、この時点で同キャスターが北朝鮮当局の撮影であるという事実を知らされていなかったがゆえに言えた「自信」であったのか、そうでないとすれば嘘を承知のうえでの法螺《ほら》なのか、いずれにせよこの場合の映像には計り知れない力があることをフジテレビと安藤キャスターは知っていたはずだ。

われわれがフジテレビ独自の撮影と思って見ていたあのキム・ヘギョンさんの表情には、実は北朝鮮カメラマンによる意志が働いた映像だったことになる。北朝鮮が、朝日、毎日の両新聞社にカメラマンの入国を許可した背景には、先にも述べたが、静止画の底力とは違って、動画であるテレビ映像のこの場合の影響力を北朝鮮側がしっかり認識していた証左だ。その意味から、この会見には大いなる北朝鮮側の意図、情報操作が働いていたことは揺らぎようもない事実だ。それなら目を皿のようにして食い入ったテレビ画面からは、なかなか真相は読み取れなかったはずだ。もしフジテレビのクルーだったら、北朝鮮側のセッティングであっても、その中で彼女の表情に真相を探そうと迫ったに違いない。そういう観点から、安藤キャスターの一言は、「北の尻馬に乗った」と批判されても残念ながら致し方ない。むしろ、クルーが入国を拒否されたことを説明し、「この映像は北朝鮮当局によるものです」と断るべきだった。そうすることで幾分かでも客観性を保てたのではなかったか。

二大紙とも似たような大見出し

翌一〇月二六日（土曜日）付の朝日新聞、毎日新聞の一面に、キム・ヘギョンさんのこのときの詳細なる会見記録が大々的に報道された。朝日、毎日ともに本社カメラマン撮影のヘギョンさんの写真が掲載された。頬をつたう大粒の涙。それは見る者の心を大きく揺さぶる。祖父母の写真を見る表情は実に愛らしい。大見出しは、「おじいさん、おばあさんに会いたい」「家族離れ日本に行けない」（朝日）、「祖父母に会いたい」「日本には行けない」（毎日）とほとんど同じだった。

こうした紙面展開について、一二月五日付朝日新聞朝刊三一面の紙面審議会報告特集で、松原明委員（シーズ・市民活動を支える制度をつくる会事務局長）が指摘しているように、「『おじいさん、おばあさんに会いたい』という見出しは、あまりにも扇情的過ぎる。情緒的な報道はテレビの常套《じょうとう》手段だが、新聞は同調する必要はない」との意見には私も大賛成だ。

テレビで孫の姿を見た祖父の横田滋さんの感想も、一〇月二六日付の朝日新聞一面に掲載されている。「（交渉が）長期間にわたるなら、先に訪朝し、その後、ヘギョンを日本に呼ぶのが自然な形かも知れない」。しかし、この発言から一年近くになった今でも、横田さんの訪朝は実現していない。今、感想記事を読み直してみると、ヘギョンさん報道直後からの、当事者である横田夫妻と家族会などとの立場の違いや厳しい政治的な動きの中で、行動が規制されてしまった横田氏の本音が垣間見えるように思える。それが証拠に同日付の読売新聞社会面には、朝日に語った内容とはちょっとニュアンスが違う横田滋さんの談話が掲載されている。「私たちは訪朝しないと言っているし、向こうはしてほしいと言っている。家族会の立場もあるので、すぐ訪朝することはない」。

ライバルである朝日新聞と読売新聞。同じ人間の同じときの同一の発言なのにこのように違った内容になるという不思議さ。両紙の北朝鮮報道、ヘギョンさん報道への考え方の違いがこんなところにも垣間見る思いだ。また、考え方の違いと同時に、このインタビューには読売が参加していなかったという、ある種の「特オチ」（特ダネの逆。各社は掲載しているのに一社だけが、その記事が掲載されなかったようなときにメディア関係者はこう呼ぶ）による「言い訳」のような感情が含まれていやしないかと、朝日OBとして、ちょっぴり客観性を失った気持ちを持っている。

さて、この三社による独占報道のあり方が、その後、大きな批判を浴びた。とりわけ、映像という脳漿《のうしょう》を一撃するような性格を秘め、情緒的に流されてしまうテレビというメディアを武器に日本の世論に訴えたフジテレビへは、ことのほか風向きが強かった。しかし、二新聞社へも、その批判の嵐は激しく吹き荒れた。

批判のポイントを整理してみると、次の三点だ。①一五歳の少女にとって答えにくい質問や、畳みかけるような聞き方をし、配慮に欠けていた、②この時期にヘギョンさんへのインタビューを報じるのは北朝鮮の策謀に乗ったものだ、③帰国した拉致被害者五人への永住説得に悪影響を及ぼしかねない。

こうした拉致被害者の家族や支援団体、関係者の声を連日、掲載した読売新聞や雑誌などの批判に対し、三社はこう答えている。

フジテレビ

放送中から抗議や意見の電話が殺到し、一〇月二七日までに約一五〇〇件に達した。局側が電話に出られない間のテープ応答数は約一万五〇〇〇回。ホームページにも約二五〇〇件の書き込みがあり、電話と合わせて四〇〇〇件にのぼった。二六日には、「北朝鮮のプロパガンダ（主義・思想宣伝）にくみしたことはない。インタビューは横田めぐみさん事件の真相解明のために行った。被害者や家族の気持ち立場を十分に理解し、取材・放送にあたっており、今後もこの姿勢は変わらない」。涙を強調した点については「どういう印象を持つか、適切かどうかは各視聴者が判断すること」とコメントを発表した。

毎日新聞

一〇月二八日昼までに約一五〇件の意見が寄せられた。二七日付朝刊に日朝問題取材班の見解を概略、次のように発表した。「全国民が注視するヘギョンさんの人となりを知らせ、拉致事件についての気持ちを伝えることは必要な報道と判断した。一五歳の少女の心情にも配慮しつつ質問した。分析記事を同時に掲載し、北朝鮮側が会見に応じた背景についても報道した」。

朝日新聞

一〇月二八日午後三時までに計四〇〇件の電話やメールがあった。亘理信雄外報部長（当時）は「北朝鮮の意図は承知しつつ、拉致事件の真相解明や今後の展開を見極める取材の一環として行った。厳しい条件下で本人、ご家族の思いを踏まえて取材にあたり、努めて冷静に報道したつもりだ。今後も、被害者、ご家族のお気持ちを大切にして、取材・報道してゆきたい」と見解を述べている（一〇月二九日付朝日新聞朝刊「メディア欄」）。

同欄には、三社の見解をフォローするように、桂敬一・東京情報大学教授（マスメディア論）のコメントが次のように紹介されている。「読者・視聴者の関心は高く、取材自体は自然なことだ。取材を認めた側がメディアを利用しようと思うのはどんな場合でもあり、そこには何らかの意図が必ず存在する。しかし、まずは相手のつくった状況に乗らざるを得ないというのがメディアの宿命だ。拉致についても質問せざるを得ないだろう。横田さん夫妻としては真っ先にヘギョンさんと話をしたかっただろうし、怒りも理解できる。本来なら家族が自由往来できるような環境を両国政府がつくるべきだ。永住帰国じゃないとだめ、というメディアが醸し出す世間の空気こそ問題がある」。

さらに同欄には、ヘギョンさんへインタビューをした朝日新聞の波佐場清、加藤洋一の両記者のコメントも掲載されている。「カメラに対しては威圧感と負担を減らすように気を配った」、「直接、平壌地域で使われている朝鮮語で質問した」、「(拉致について質問したのは) 母親が日本人だ知らされて1ヶ月が経っていたし、拉致については当然、知らされていると思ったからだ」。

要約すれば、こんなところだろう。

三社独占会見に加わっていなかった読売の同日の新聞には、ライバル二社にしてやられたという焦りにも似た（ちょっぴり朝日、毎日側に偏りすぎか）記事が随所に掲載されていた。「焦りにも」とは少々手厳しい表現かもしれないが、なぜ、「ウチ（読売）はこの会見に加わっていなかったか」という読者向けの理由が、私には少々希薄に思えた。第二社会面には「慎重対応求められるメディア」と大きく四段見出しで、三沢明彦記者の署名記事が掲載されていたが、「読売よ、今さらそんな説教めいたことを」と驚きをもってその記事を読んだ。

「ヘギョンさん自らの意志でカメラの前に身をさらす道を選んだのだろうか、そこに北朝鮮の意図があったのではないかということだ。(中略) 北朝鮮の意向とあまりにも重なっている。メディアは一方の思惑に乗せられることのないように慎重の上にも慎重を期さなければならない」。

署名記事にしてはずいぶんと稚拙だ。外国からのメディアにとって北朝鮮内部の取材がいかに不自由で、公正を欠くものであるか、北朝鮮の放送であってもいかにゆがんだものであるかは、読者である国民は今ではよく知っている。「ヘギョンさん自らの意志で……」などと読者の誰一人も考えていないことぐらいは筆者だってわかっているはずだ。

メディアの宿命

ところで、朝日、毎日、フジテレビの三社による独占会見はなぜ、成立したのか。

それを知る一部の情報が一〇月二九日付の朝日新聞朝刊「メディア欄」に掲載されている。朝日新聞は国交正常化交渉の展望を探る目的で入国許可を得た。取材班が滞在したのは一〇月二二日から二六日まで。インタビュー希望はキム・ヘギョンさんの父親と曽我ひとみさんの夫の元米兵・ジェンキンスさんだったが、いずれも実現しなかった。予定外のヘギョンさんインタビューが実現したのは二五日午後四時前。平壌市中心街にある高麗ホテルの二階で約一時間行われた。なぜ、朝日、毎日、フジテレビの三社だけの組み合わせだったのかについては、「何度か尋ねたが明確な説明はなかった」と記事中にある。

しかし、松本健一氏は、前出の「メディア時評」の中で情報源には触れていないがちょっぴり違う角度から、次のように記している。

「答えは明らかで、この三社だけがキム・ヘギョンさんへのインタビューを北朝鮮側に申し入れたからである。北朝鮮側とすれば、親北朝鮮の代表とみなす朝日と、反北朝鮮の代表とみなす産経グループのフジテレビを相手として選び、公平を装いたかったらしい。読売がインタビューを申し入れなかった理由を問い合わせてみると、『この時期、北朝鮮国内での関係者のインタビューは、北朝鮮側に利用される危険性が高いと判断したため』だという。これも一つの見識だろう」。

松本健一氏のこの論評は、重ねて言うが、読売新聞に掲載されたものだ。氏が多少、気兼ねして読売の判断にリップサービスを送ったとしてもおかしくはない。逆に、私は元朝日新聞記者としての発言だから、これまた客観性を欠いていることを承知のうえで言うが、この読売の判断は、ただ単なる原則論にすぎず、三沢記者の署名記事同様、首を傾げざるをえない。何度も言うようだが、三沢記者の記事にあるように「メディアは一方の思惑に乗せられることのないように慎重であるべき」は言うまでもないことだが、報道とは常にそうした狭間にあるのではないか。

また一〇月二九日の読売新聞紙上で、氏家齊一郎・日本テレビ会長（日本民間放送連盟会長）も、定例の記者会見で「北朝鮮のような国では、自由主義圏のような取材方法はなりたちにくい。ああいう立場の未成年者にインタビューを申し込むことはおかしい」と三メディア、とりわけライバルのフジテレビを意識して批判していることもここに付記しておきたい。普通なら未成年者への取材には保護者を同席させるのが必要だと言いたいのだろうが、この場合にはそうはいかなかったということは理解の範囲であろう。

一一月一二日付の朝日新聞朝刊「報道と人権委員会」（PRC）第一〇回定例会の特集記事の中で、浜田純一委員（東大大学院教授）からこんな意見も出ている。

「このケースは特殊だ。政治的な問題が大きく、一般的な人権の問題として扱いにくい。ヘギョンさんだから問題になるが、紛争地域で一五歳の少年兵を取材した場合、同じように人権や未成年者取材の問題が起きるだろうか。そもそもヘギョンさんが北朝鮮にいること自体が人権侵害の問題でもある」。

きわめてわかりやすい意見として、私は受け止めた。

一〇〇歩譲って読売の言い分を理解して、インタビューの場に保護者がいないことを理由にヘギョンさんへの取材を断ったとしたら、別の意味からして国民の「知る権利」の代理者としてのマスコミの使命を放棄したことを意味するのではないか。

ただ、ここで三メディアが考えなければいけないのは、やはり質問の方法、そして内容であろう。つまりインタビューのあり方だ。拉致事件に触れなければならないのは当然であろうが、少なくとも「日朝関係についてどう思うか」は一五歳の少女に対してする質問ではない。

朝日、毎日の二新聞だけのインタビューだったら、批判されるにしても状況はまた違ったものになっただろう。フジテレビは、朝日新聞の「メディア欄」が明かしているように、ヘギョンさんには何の質問もせず、二紙のインタビューをそのまま垂れ流したようなことになったのである。紙面化しなくても本音を聞く取材のときと、世に伝えるときとでは当然、新聞社は細かい配慮をし、編集している。フジテレビのようにその日の夜に特番を組み、音楽やナレーションを使ってセンセーショナルに強調した背景には、大いに特ダネ意識が働いたと思わざるをえない。そのへんのところがフジテレビの配慮のなさであり、批判されても仕方がない。

ともあれ、メディア研究であるこの論文では、桂敬一氏のコメントにもあるように、「まずは相手のつくった状況に乗らざるを得ないのはメディアの宿命」ではないかを前提にした論の展開をしなければ、議論は深まらない。情報量のきわめて少ない北朝鮮問題においては、清濁合わせ込んだ情報の渦の中で、結果として読者を翻弄《ほんろう》してしまうのはメディア側とて求めていたものではないことは言うまでもない。北朝鮮という取材の土壌とは違うのでたとえになるかどうかわからないが、国内において日常的に行われている政治家取材などは、相手の手中に入らなければまったく取材にならないといったものもある。だからといってむろん、一五歳という年齢を加味して人権を配慮した節度ある報道を求める声は決して無視できるものではないことは十分承知のうえである。読売の北朝鮮における三メディア批判の論評は、あくまで読者に対してのリップサービスにすぎない。私が今ここで問題にしたいのは、マスコミの仲間にも「なるほど」とうならせるほどのもっと迷いを持った深い批判内容であってほしいということである。知的な読者はそういった社論を求めているし、そうした迷いを読者と共有することが、メディアの将来につながるのではないかと思う。

「週刊金曜日」による単独会見

定期購読主体の「週刊金曜日」が、平壌にいる曽我ひとみさんの家族との単独会見をすっぱ抜いたのは、キム・ヘギョンさん会見から約半月後の二〇〇二年一一月一五日号だった。手元にある「週刊金曜日」の表紙には、「曽我ひとみさんの家族に単独会見『早くお母さんに会いたい』」とある。ヘギョンさん会見のときと同じような変わらない見出しで、これまた日本にいるひとみさんの感情を揺さぶるものであった。どうして、こうまでも同じ見出しなのかと、元新聞記者の私でさえ、首を傾げてしまう。

記事には夫ジェンキンスさんと二人の娘の写真のほかに、一〇月一六日、拉致被害者五人が日本政府チャーター機で帰国するその日の朝、平壌空港で撮られた曽我さんの家族三人とキム・ヘギョンさんが写った写真も同時に掲載されている。

「週刊金曜日」側は一応、発売前日の一四日に曽我さんを訪ね、掲載予定を伝え、中身に関しても伝えたという。内容を知った曽我さんは、大きく動揺し、その日に予定されていた記者会見を中止した。

この報道にも、一部から猛烈な批判が吹き出した。

その急先鋒が家族会と救う会である。救う会の荒木和博事務局長は「言語道断だ。北朝鮮の意図に乗って曽我さんを恫喝《どうかつ》しているとしか思えない」（一一月一四日付読売新聞朝刊）と語気を強め、また、堀部政男・中央大学教授（情報法）も「拉致被害者の家族へ悪影響を及ぼす可能性の高い取材であり、控えるべきではないか。非常なデリケートな問題であり、取材内容や北朝鮮に残っている家族からの伝言を伝える行為は適切ではない」と語っている。

横田滋さんも「心ない報道で、曽我さんは『どうしても会いたい』との思いを募らせたと思う。慎重にしてほしい」と、やはり読売新聞紙上で語っている（一一月一五日夕刊）。さらに同紙には、横田滋さんの談話の横に小さく、「報道の自由をタテに報道される人の迷惑を考えていない」と小泉首相の談話も掲載されている。そのほか、人権上に問題あるとか、北朝鮮の管理下にある報道にはより慎重であるべきだといった意見が噴出した。

一方、そうした批判に対して「週刊金曜日」側は黒川宣之編集主幹が、こう答えている。

「北朝鮮の情報がなかなか伝わってこない中で、北朝鮮にいる拉致被害者の家族の様子や思いを伝えるのは報道の責務だと考え、取材した。曽我さんも残してきた家族のことが心配で知りたいだろうし、礼儀として発行前に届けることにした」（一一月一四日朝日新聞夕刊）。

また、「週刊金曜日」への批判の高ぶりに、ヘギョンさん会見報道で得た教訓を生かしてか、朝日新聞は翌日一五日の朝刊でもこの問題を取り上げ、その中で門奈直樹・立教大教授（比較マスコミ論）の、次のようななかなか気の利いたコメントを載せている。

「入国さえ難しい北朝鮮に出向き、被害者の家族について報道すること自体は間違っていない。ただ、メディアには『知らせる権利』がある一方で、『知らせない選択』もある。もう少し落ち着いた時期に報道するなど、選びようがあったのではないか」。

長くメディアにいた人間として思うが、これはなかなか難しい選択だ。かつて誘拐報道でマスコミがどんどん報道したために、それから情報を得た犯人が誘拐した少年を殺めてしまったこともあり、そこから報道協定なるものが生まれ、今日に引き継がれているのだが（本書四三頁注1参照）、ほかの取材現場ではまだまだマスコミ同士の熾烈な特ダネ合戦が繰り広げられているのである。新聞産業にも競争原理が美徳とされている面も決して否定はできない。「知らせる権利」と「知らせない選択」。ここの線引きが難しいのである。

こうした私見に対し、二〇〇二年一二月八日付の朝日新聞朝刊「私の視点　特集・北朝鮮報道を考える」の中で、知日派で著名なアメリカ人ジャーナリスト、サム・ジェームソン氏が含蓄のあるきわめて明快な意見を述べているので、大いに参考にしたい。

「拉致報道をめぐる紛糾は、日本のメディアに『代償を払ってのスクープ』の追求ではなく、公正でバランスの取れた報道によって人々の信頼を勝ち取ることの大切さを示した。取材活動を制限したりゆがめたりすることは、ジャーナリストの倫理にもとるのである」。

北朝鮮へのメディアの弱腰報道、戦争責任から遠慮ばかりがすぎた報道を指摘し、その反動として、今では拉致被害者や家族の記者会見で救う会が行ってきた情報の選別提供や、人権の名の下に「自粛」傾向がみられる日本のメディアの危うさを見事に指摘している。さらに、独裁体制の下で、さまざまな取材制限を受けるのは過去にいくらだって例がある。問題は、その制限をはっきりと明示したうえでなお報道するのがメディア本来の姿であるとも言い切っている。

また、同特集でニュースキャスターの筑紫哲也氏は、三メディアのヘギョンさん独占会見、「週刊金曜日」問題など一連の北朝鮮報道について、わかりやすく次のように原稿を寄せている。

米国の大学での授業を紹介しながら「『あなたが戦場で取材中に、そばで兵士が傷ついた。取材を続けるか、兵士を救うか』、だいたい8対2の割合で『救う』と答える学生が多い。そこでベトナム戦争の悲惨さを伝える沢田教一の写真を示し、『この写真が戦争の終結を少なくとも2年は早めた』と説明すると、答えはきれいに2対8に逆転するという。(中略)北朝鮮のように、相手に意図と計算があり、しかも自由な取材ができない場合、それが相手の宣伝の具となる危険はある。だがどんな制約下でも、それを超えて透けて見えてくる肉声、事実、情報はある」。

つまりサム・ジェームソン氏や筑紫哲也氏が言いたいのは、インタビューの中身をもっと充実させよということに私には聞こえる。いい加減な腰が引けたようなインタビューだからこそ、人権侵害だ、北朝鮮の情報操作だと批判されるのだ、と。たとえば「週刊金曜日」では、ジェンキンスさんが妻である曽我ひとみさんが日本に「拘束されている理由が私には理解できない」と答えるシーンがあるが、それ以上の突っ込みがなく実に甘い。だから、救う会の西岡力副会長が言うように「北朝鮮当局によって発言内容が誘導されている」(二〇〇二年一二月八日付朝日新聞「私の視点」)と指摘されてしまうのだ。さらに、これまで長く拉致事件に北朝鮮が関与していると声高に叫んできたのに報道してこなかった、今になって何が「知らせる権利」だと、家族やそれを陰で長く支援してきた人たちが感情的になるのも当然で、理解できなくもない。

今までにもマスコミをめぐる、取材する側・される側とのこうした感情的な闘いの現場を私は何度も見てきた。しかし、過去の例がまったく生かされなかったわけでもない。今後も、熱くなってもどこか冷静さを失わずに両者のこうした矛盾を、意見の相違をぶつけ合ってゆかねばならない。

「週刊朝日」の無断掲載

二〇〇三年になって再び拉致報道が問題視されたのは、「週刊朝日」（二〇〇三年一月二四日号）の地村保志・富貴恵さん夫妻の〝独占インタビュー〟だった。問題になったのは、やはり取材のあり方である。「週刊朝日」は、同誌記者と夫妻との間で、記事にしないことを条件に雑談で語ったことを無断で掲載したというものである。信頼を裏切ったメディア側のルール違反である。

手元にその「週刊朝日」があるが、五ページを費やして大々的に報じている。見開きの見出しには「拉致被害者が初めて語り尽くした」、「誰にも言えなかった真実」とあり、その内容は、まさにインタビューふうに仕立ててあげられている。そして、リード部分には「拉致被害者本人が単独メディアの取材を受けるのは、もちろんこれが初めてだ」と独占インタビューを強調している。

インタビューの内容は、同じ拉致被害者たちとのこと、金日成バッジの意味、残された拉致被害者たちの子どもたちのこと等々で、記者との会話からはいかにも自然な感じがする。記事中にもあるが、ダイニングルームで、普段着姿で、リラックスした雰囲気の中で取材が行われたというのは、その行間からも感じ取れるインタビューである。

しかし、問題の「週刊朝日」が発売されると、ただちに当の地村夫妻と保志さんの父・保さんから発行元である朝日新聞社に抗議文が届けられた。抗議内容をかいつまんで言えば、①事前の面会を断ったにもかかわらず保さんの不在中に自宅に上がり込んだ、②「これは取材ではない」と言ってメモも取らずに雑談した内容を録音し、本人の承諾がないまま「本誌独占インタビュー」の形で記事にした、③夫妻への個別取材を控えるという地元記者クラブとの合意を破っている、というものであった（「週刊朝日」一月三一日号）。

抗議を受け、朝日新聞社はただちに調査を開始。翌週号に鈴木健編集長(当時)の名で「地村夫妻インタビュー記事についておわびします」という記事をまるまる一ページにわたって掲載した。

さて問題は、抗議の核心である「記事にしないことを約束したかどうか」である。

「記者は取材であることを告げていませんでした。話の途中、記者は夫妻から記事化について質問されています。最初に『これ何かに書かないでしょう』と聞かれた後、『書かないでしょう』と念を押され、『(取材データを）蓄積しているだけです』と答えています。しばらく会話した後、再び『記事にせんでしょう』と聞かれ、『まだ、せんです』と答えています。これに対して富貴恵さんが『まだせんて、おかしい。いつするん』と問い、記者は『それは、いつか書く。時期がきたらということで』と返事をしています」。

「当日のこうしたやりとりの中で『いつか書く』と伝えたことで、記事にしていいという暗黙の了解が得られたと思ってしまった、と記者は話しています。しかし、全体のやりとりを踏まえると、夫妻が記者から記事にすることを前提に取材を受けている認識がなかったこと、夫妻が記事にすることを承諾していなかったことは明らかです。記事にしたこと、会話を無断で録音したことを含み、この日の記者の対応は取材の基本的なルールを逸脱し、信義に反するものでした」。

以上のように事実関係を記者の録音テープから再現し、同編集長は「週刊朝日」側の非を全面的に認め、当事者の地村夫妻と関係者へ謝罪を行っている。

この「週刊朝日」の場合は、取材する側とされる側の信頼関係、礼儀などある一定の基本ルールの問題で、根っ子はそれほど深くはない。ルールを破った記者の全面的な落ち度であって、それ以上のものではない。が、誤解を恐れず言えば、私も経験上、記者の気持ちが理解できないこともない。むしろ、多少乱暴にも思えるが、こうした突撃取材こそが記者魂であって、それができない者は「できない記者」だった。そういった傾向は、新聞より週刊誌にこそ強い。今回の場合、編集長自らが認めているが、夫妻の取材を命じたのはほかでもない編集長だったというから、部下である記者（筆者）はその期待に応えようと、頑張ってしまったという構図はとても理解しやすい。

だからといって、信頼関係を逸脱してでも、手段を選ばず、取材・報道すればいいというわけではもちろんない。取材記者が富貴恵さんに言っているように「データ蓄積のための取材」で、後日、拉致関係の特集記事や関連記事の中で、別の記事とともに混ぜて記事化する方法だってあったはずだ。しかし、結果として「週刊朝日」はその方法を選ばず一本の独占記事として大々的に報じたわけだが、その背景には、他誌に先駆けてという商業主義的な特ダネ意識があると私は断定的に見る。しかも、この雑誌発売が年明け早々という内部的に言えば、お祝い特別号のような、新年初打ち上げ的な、ニュースの華々しさを売りたいという内輪の願望も働いていたように思える。

ともかく、データを蓄積して後日に生かすか、中身が良いから思い切って独占インタビューとしてすっぱ抜くか。その兼ね合いこそが難しい。問題になるかどうか今回は大きな分かれ目だった。一般の方々には許せない話かもしれないが、われわれメディアを研究している人間にとって、単純に、「週刊朝日」のやったことは悪いと言ってしまうのでは簡単すぎる。そうではなく、メディアにとっては、報道協定による報道管制下的取材現場と何ごとにも制限されない自由な報道との接点の模索なのである。夫妻への個別取材を控えるという地元記者クラブでの合意に縛られて、まるで戦時下の報道管制にも似た拉致被害者報道にいらだつのはマスコミ人であれば当然だ。そうした健康的ないらだちこそが、報道の使命へとつながってきた例は必ずしも少なくないからだ。こうしたいらだちすらもなくなってしまったら、そのときこそ、報道の使命も危うくなってしまうのではなかろうか。こうした危機感を感じたメディア各社の集まりである日本新聞協会、日本民間放送連盟、日本雑誌協会の報道三団体は、二〇〇三年三月三一日に家族会と救う会に被害者本人への個別取材や記者会見での自由な質疑を求めて文書で申し入れを行っている。

さて、こうした独占インタビューなど特ダネ記事に対し、同じ雑誌メディアが煽り、騒ぎをより大きくするのは常だ。「週刊文春」はただちに「地村夫妻　騙し討ち　独占雑談」を間髪いれずに大々的に報じ、商業主義的な内ゲバを開始している。「週刊文春」のニュースの中心は地村夫妻のインタビューの中身ではなく、「週刊朝日」の取材上のトラブルである。

さらに続いて「週刊文春」は、朝日新聞の北朝鮮報道を批判した安倍晋三官房副長官との問題を取り上げ、「週刊朝日」の地村さん夫妻問題とを絡め、雑誌メディア同士の内ゲバが売り上げにつながると考えたのか、二匹目のドジョウを求める報道をした（二月一三日号）。こうしたメディア内部のネタをさらし、場外乱闘で売り上げを増やすという雑誌業界の常套手段にも北朝鮮報道は利用されたという事実も、ここに付記しておかねばならない。

慣れと思い込みからの脱却を

涙のキム・ヘギョンさん会見、曽我ひとみさんの平壌の家族インタビューによるメディア批判の嵐のほとぼりが冷め始めたころ、またまた問題が持ち上がった。二〇〇三年五月一三日付朝日新聞夕刊社会面に掲載された、「曽我さんに夫から手紙」の記事である。

記事は、北朝鮮にいる夫ジェンキンスさんからのもので、内容については一切触れていないが、問題になったのは差出人であるジェンキンスさんなど家族の平壌での住所が事細かに掲載されていたからである。同じ記事が同日午前一一時二八分配信の朝日新聞インターネット版にも出てしまった。

一五日の読売新聞によれば、曽我ひとみさんは「朝日新聞記者が、町役場のファイルを無断で盗み見て、了解を得ずに夫の住所を記事化した」として、謝罪を求める抗議文を一四日に内閣官房を通じて朝日新聞社社長に送ったというものだ。手元にその曽我さんの抗議文の写しがあるが、A４判一枚の抗議文には、曽我さんの切なさがにじみ出ている。

「朝日新聞社は一体何の権限があって、私の家族の住所を私に無断で公開できるのですか。その記事を見て、多くの手紙がその住所に送られることは避けられないと考えます。この報道とその後に起きることなどにより、今後その住所に私からの手紙が届かなくなったり、それ以外の不利益が生じたりした場合、朝日新聞社はどのような責任を取るのでしょうか」。

さらに、納得する回答が得られるまで、現地で定期的に行われてきた共同の記者会見に朝日新聞が参加することを拒否するという内容のものだった。

問題の舞台となった新潟県真野町役場によると、朝日新聞の現地駐在（佐渡通信局）の記者（四七歳）が一三日朝、取材に来た際、担当者の机の上にジェンキンスさんの手紙の封筒のコピーが置いてあった。職員が席を外し、室内に記者が一人だけとなる時間もあったといい、同町は、この間に記者が住所をメモしたのではないかと報道各社に説明している。

このニュースは、アッという間に日本中を駆けめぐった。当時と今でもあまり変わらないが、拉致関連のニュースはどんな細かいことでもテレビ、新聞、雑誌などすべてのメディアの格好のターゲットとなっていた。「また朝日か！」というメディア同士の足の引っ張り合いも加わって、三段見出しで三〇行そこそこの短い記事への批判は、日本国中を席巻した。抗議や苦情が、朝日新聞社に一五日午後九時までに約八〇〇件（電話やファックス三二七件、電子メール四七一件）あったと、当の朝日新聞は紙面で紹介している（五月一六日付朝刊第二社会面）。

主な内容は「家族が帰れなくなったらどうする」、「配慮がなさすぎる」、「チェック体制の問題だ」等々。元朝日新聞の者として、この問題にはまったく反論の余地はない。批判すべてが当を得ていると言わざるをえない。

さらに、五月二三日の朝日新聞「声」欄に掲載された女性フリージャーナリストの意見も素晴らしいものだった。

「私は最初、新聞記者の仕事の性格上、住所を書き写したことまでは許容範囲、それを掲載したことが問題と考えていた。しかし、それを言ったら友人たちの顰蹙《ひんしゅく》を買った。……やはりメディアのおごりなのだ。広く国民の利益にならねばならないはず。書き写しくらいは許容範囲という私の感覚は、間違っていたと自省した」。

では、当の朝日新聞側はどう対応したのか。

翌日の一五日、朝日新聞東京本社編集局長名で謝罪文を出している。これは五月一六日付の朝日新聞朝刊第二社会面でも紹介されている。朝日新聞社が曽我さんに出した謝罪文のコピーも手元にあるが、もちろん紙面との違いはない。ただちにインターネット版と縮刷版から削除したこと、取材過程に関しては事実確認のために東京本社から責任ある立場の者を真野町に派遣し、厳正に経緯を調べていることに触れ、今後はこのようなことのないように、プライバシー保護に努めていくという型どおりのA4判一枚の簡単なものである。

取材経緯の調査結果は、二日後の一八日に紙面化された（第二社会面）。内容は、ほとんど最初に役場の担当者が読売新聞記者らに語ったものと相違はない。なぜわざわざ細かい住所まで記事化したのかという疑問に対しては、記者は「北朝鮮の家族の住所がこのニュースを先行して報じた他紙にない新しい要素であり、手紙が間違いなく家族から届いたことを示すデータとなると考え、原稿を書いた」と証言している。

しかし、現場の記者がそう思っても、実際、新聞が発行されるまでの間には、いくつもの関門がある。新潟支局のデスク、東京本社の新潟支局管轄である地域報道部デスク、社会面に出稿されているのだから社会部デスク、さらに出稿各部からの記事を編集する整理部デスク。そして、ゲラになった記事をチェックする校閲部、その当日の夕刊すべてに目を光らせる夕刊編集長である編集局長補佐。新聞はこうした部署において、プライバシー侵害、差別的な言葉、事実誤認、その他、さまざまな角度からチェックされて世の中に出ていくことになるのだが、この記事はそのすべてを素通りしてしまったのである。

その理由を朝日新聞は、記事中でこう述べている。

「外国の住所だったこともありプライバシーに思いが至らなかった」、「東京の本社デスクらには、この住所にかかわる部分が本紙記者による独自取材の結果という意識はなく、町当局の発表された情報とそのまま思いこんだ」、「取材から紙面化に至るまで、この住所記載で曽我さんと家族に重大な不利益が生じる可能性があることに気付き、指摘する声がなかった」。

この記事を読んでいて、少々、情けなくなった。三一年間勤めた古巣の朝日新聞に当然深い愛着があるが、このときばかりは無力感しかなかった。正直に言えば、われわれの時代はこうした盗人的な取材方法でも、他社をすっぱ抜けば許された。結果がすべてだった。しかし、私の一年後輩のカメラマンがしでかした一九八九年のサンゴ損傷事件[*1]以来、こうした取材のあり方が問題視されてきていたのに、どうしてという思いが深い。それにこの拉致被害者をめぐる報道のあり方が、いろいろな局面でメディア批判の対象にされてきたというのに……。この住所掲載の批判は、キム・ヘギョンさん会見、「週刊金曜日」による曽我ひとみさんの家族会見とは大きく次元が違う。あまりにも無神経すぎると私も思った。

この問題で緊急に開かれた朝日新聞「報道と人権委員会」の報告が、五月二五日の朝日新聞朝刊に掲載された。

その中で浜田純一委員は、外国の住所だからという甘い意識に対し、「情報が瞬時に地球を回る時代だ。国内外でダブルスタンダードをもうける意識を変えなければいけない」と指摘している。チェック体制の不備について原寿雄委員は「チェックする人が多いとどこかで引っかけてくれるだろうという意識もお互いに出てくる。チェックする人は多ければ良いというものではない。チェック体制のチェックが必要だ」。それに、慣れと思い込みが問題を引き起こしたという見解を述べている。

朝日新聞社と曽我さんとのやりとりは家族会、救う会を通じてその後も手紙で交わされ、五月三〇日付の曽我さんからの寛大な手紙をもって一応の幕となったが、朝日新聞が引き起こしたこの問題はOBである私の胸中にも複雑な思いを残した。

＊　　＊　　＊

二〇〇四年四月二二日、小泉首相は再び平壌を訪問した。金正日総書記との首脳会談で、小泉首相は国際機関を通して二五万トンの食糧援助と一〇〇〇万ドル相当の医薬品支援を表明、その引き替えに拉致被害者の家族五人（地村さん、蓮池さんの両家族）が帰国した。しかし、そこには曽我ひとみさんの家族は含まれておらず、曽我さんの夫ジェンキンスさんと二人の娘が無事、帰国を果たしたのは同年七月一八日、インドネシア・ジャカルタを経てのことだった。

その後、二〇〇六年四月になって、横田めぐみさんの娘キム・ヘギョンさんの父、つまりめぐみさんの夫と思われる人物が判明する。ヘギョンさんの父も韓国からの拉致被害者という情報をもとに韓国に住む家族とのDNA鑑定による照合の結果から割り出したもので、その人は金正男さんと思われ、現在も平壌にいるといわれている。

こうした反響が韓国にも伝わり、残された日韓の家族を中心に、拉致被害者の救出を呼びかける輪は広がりつつあるが、それに対し、北朝鮮側は一向に誠意ある答えを出してきていない。

政府は、硬化した国内世論を受け二〇〇四年二月に、北朝鮮に独自に経済制裁を課すことができる改正外為法を、同年六月には万景峰号《マンギョンボン》などの北朝鮮船舶に日本入港を禁止することができる特定船舶入港禁止特措法を成立させた。超党派の国会議員で構成される拉致議連や、二〇〇六年四月に地方議会の議員たちが結成した「拉致問題地方議会全国協議会」が、万景峰号の入港差し止めを安倍官房長官に要請した。

北朝鮮の核と拉致問題を話し合う六カ国（米・中・ロ・韓・日本・北朝鮮）協議も、拉致問題に関する限りほとんど進展がないままだ。二〇〇六年四月、国際学術会議出席のため来日した六カ国協議の北朝鮮代表である金桂寛外務次官と佐々江賢一郎・外務省アジア大洋州局長とが会談したが、原則論を繰り返しただけで何ら進展は見られなかった。

＊注

1　一九八九年四月二〇日付朝日新聞夕刊一面に掲載された写真連載「写89　地球は何色？」「サンゴを汚したK・Yってだれだ」の写真は、沖縄・西表島の海中特別区に指定され環境問題の象徴的なアザミサンゴを傷つけた者への怒りを込めた環境保護を訴えるキャンペーンの一環だった。ところが、真犯人は写真を撮影した当の朝日新聞カメラマンだった。自作自演のねつ造報道に世間から厳しい糾弾を受け謝罪、朝日新聞は社長の退陣にまで及んだ。

＊参考文献

- 朝日新聞、読売新聞、毎日新聞
- 「週刊朝日」（二〇〇三年一月二四日号、一月三一日号）
- 「週刊金曜日」（二〇〇二年一一月一五日号）
- 「週刊文春」（二〇〇三年一月二三日号、二月一三日号）
- 「サンデー毎日」（二〇〇三年二月二三日号）
- 「これでいいのか北朝鮮報道」（「GALAC」二〇〇三年一月号）
- 「9・17日朝首脳会談の取材体制」（「新聞研究」二〇〇二年一一月号）、「北朝鮮拉致被害者の取材と報道」（同二〇〇二年一二月号）

●「これでいいのか！拉致報道」（「創」二〇〇三年一・二月号）

●「北朝鮮拉致報道の舞台裏を徹底検証」（「噂の真相」二〇〇二年一二月号）、「『救う会』の最終目標は武力制圧だ！」（同二〇〇三年一月号）

イラク戦争報道にみる遺体映像の扱い

はじめに

世界中を震撼させた九・一一米同時多発テロ事件（二〇〇一年）をきっかけに、アメリカの対テロ戦争はそのままイスラムとの対決の様相を呈し、今や泥沼化しつつあるようにみえる。九・一一事件の主犯格とみなされたオサマ・ビンラディン氏をかくまったアフガニスタン・タリバン政権との戦争、それに続くイラク・フセイン政権との戦争、さらには大量破壊兵器の存在をめぐってイランとの対決すらアメリカは辞さない構えだ。こうした一連の戦闘拡大の図式は、サミエル・ハンチントン氏の予測した「文明の衝突」へと最悪のシナリオを歩みつつあるようにも思え、アメリカ・ブッシュ政権の暴走はとても看過できない気がかりなものである。

アフガン、イラクとの一連の戦争報道で、私は二〇〇三年三月に勃発したイラク戦争ほどメディアにおける遺体映像の扱いが問題視された例はなかったように思う。イラク戦争では、遺体映像がメディアに氾濫した。その一番の理由は、アメリカがフセイン元大統領の二人の息子の遺体写真を公表し、「米軍は遺体写真を公表しない」としてきたこれまでの原則論をかなぐり捨てたことにある。

それに連携するかのように、長い間「遺体写真は原則として掲載しない」としてきた日本の新聞社においても、その扱いをめぐっては大きな転換点にさしかかったような気がする。本稿では、世界および日本のメディアの遺体映像の扱いについて、歴史的な流れを検証してみたい。

イラク戦争とメディアの遺体映像をめぐる問題の流れ

〈一九九三年〉

一〇月　三日●ソマリアで米軍ヘリが撃墜、米兵一八人が死亡。地元住民に引き回される米兵の遺体の映像が報じられ、米国内にショックが走る。

〈二〇〇〇年〉

二月二五日●ドイツのテレビ局N24がチェチェン武装勢力の遺体をトラックで引き回すロシア軍の映像を公開。

〈二〇〇三年〉

七月二四日●イラク駐留米軍は、同国北部の町モスルで殺害したフセイン元大統領の長男ウダイ氏と次男クサイ氏の遺体写真を公開。

一二月　八日●イラクで殺害された日本人外交官二人の遺体写真を「週刊現代」が掲載。

〈二〇〇四年〉

三月三一日●イラク・ファルージャで米人四人が殺害される。遺体を切り刻み、引きずり、吊す残虐な映像がメディアで公開。米国内では「ソマリアの悪夢」と動揺。

四月　七日●武装勢力により日本人三人が人質に。自衛隊撤退を要求。一五日に無事解放。

四月一四日●アルジャジーラが人質の武装勢力がイタリア人四人のうちの一人を殺害したと報道。殺害シーンは「残虐すぎる」と放映が見送られたが、送られてきたビデオには首の後ろから短銃で撃ち抜く映像が収められていた。

五月一一日●イスラム組織のウェブサイトが米人人質の殺害ビデオを公開。米軍収容所内でのイラク人への虐待が報復の理由。

六月二三日●アルジャジーラが、武装勢力が拉致していた韓国人を殺害するビデオを公開。

六月二七日●イラク人収容者釈放を求めて、イスラム過激派組織が米海兵隊員を人質に。

六月二八日●武装グループがトルコ人三人を拉致。同国からの企業撤退を要求。後日解放。

六月二九日●アルジャジーラが、武装勢力によって人質の米兵が殺害されるビデオを公開。

七月一三日●アルジャジーラが、ブルガリア人人質一人が殺害されたと報道。映像は公開しなかった。数日後にもう一人も殺害。要求はイラク人女性収容者の釈放。

七月一四日●フィリピン政府は、人質の同国人救出のため軍を撤退すると表明。後日釈放。

世界を駆けめぐった衝撃の遺体写真

イラク戦争における遺体映像の扱いを語るとき、忘れられない出来事に、一九九三年一〇月に発生したソマリアの米軍ヘリ墜落事件、二〇〇〇年二月のチェチェン紛争のさなかに起きたロシア軍によるチェチェン人の遺体をトラックで引き回すなどの残虐行為がある。マスメディアを通じて発覚した遺体損傷という残虐なこの二件の人権侵害と、日本の「三島事件」について、ここで簡単に経緯を記しておきたい。

◎アメリカ――「ソマリアの悪夢」

一九九三年一〇月三日。内戦が続く東アフリカ・ソマリアの首都モガディシオで、国連の平和維持活動（PKO）部隊として派遣された米軍特殊部隊「ブラックホーク」がアイディード将軍派の拠点を急襲。その際、地元の武装勢力に米軍ヘリ二機が撃墜され、救出に向かった地上部隊も含めて計一八人が殺された。この米兵の遺体を地元住民が引き回す映像が米メディアで報じられると、議会が即時撤退を要求。当時のクリントン政権は抗しきれずに撤退を決めた。これを契機に、その後、同政権が軍の運用を極力、犠牲が出ない形に限定するきっかけとなった。この事件は後に「ソマリアの悪夢」と呼ばれた。

後で述べるが、イラク・ファルージャで起きた四人の米民間人虐殺の残虐な映像が、米国内で放映されたとき、ブッシュ大統領をはじめホワイトハウスやメディア関係者、知識人の多くが「ソマリアの悪夢」が脳裏を過《よぎ》ったという。確かにソマリア事件は衝撃的な映像だった。ブルッキングス研究所オハンロン上級研究員は、イラク・ファルージャ事件に対するコメントを求める朝日新聞のインタビューに、「（あのソマリア事件の映像は）一日で派遣の全面的見直しにつながるほど影響を与えた」と答え、今回のイラク・ファルージャ事件の映像も、ソマリア同様にイラク国民の反米感情の強さと治安の悪さを米国民に見せつけたという意味

後に「ソマリアの悪夢」と呼ばれた、米兵の遺体を地元住民が引き回す映像。（©ロイター・サン）

ロシア軍がチェチェン人の遺体をトラックで引き回している映像。（© German News Network 24/AP/WWW）

で、きわめて大きな衝撃を与えた映像であった。

◎ロシア――チェチェン紛争

チェチェン紛争のさなかに起きた遺体損傷事件が世界中を震撼させたのは、二〇〇〇年二月二五日にドイツのテレビ局N24が配信した映像だった。ロシア軍が捕虜とみられるチェチェン人の遺体をトラックで引き回したり、耳をそぎ落とされ、足首などを縛られた遺体を大きな穴に埋めようとしたりしている映像が、ロシアや欧米諸国で一斉に流されたのがきっかけだ。当時のクリントン米大統領は「非常に問題だ。紛争が長引くと必ず行き過ぎた行為が起きる。一連の報道でチェチェン情勢に対する世界中の懸念がいっそう深まるだろう」と述べ、チェチェン紛争におけるロシアの人権侵害に対し、いち早く批判ののろしを上げている。この映像の真偽をめぐって、「仮埋葬であってリンチではない」とするロシアの有力紙イズベスチアとドイツのテレビ局N24が論争を繰り返したが、映像のあまりの衝撃にロシア軍は守勢に立たざるをえなかった。

しかし、その後に起きた九・一一事件をきっかけに米国のロシアに対するチェチェン紛争をめぐる人権批判の炎は下火になっていった。理由は簡単だ。ブッシュ政権は、九・一一事件を米国に対する宣戦布告とみなし、オサマ・ビンラディン氏らを国際テロリストとして名指し、彼らをかくまうアフガニスタンへの攻撃の正当性を訴えた。それにいち早くエールを送ったのが、ロシアのプーチン大統領だった。エールを送る代わりに、内に抱えるチェチェン紛争を中央政権に対する単なるテロ行為としてアメリカに黙認させてしまうのがねらいだった。プーチン大統領のねらいはまんまと当たった。以来、アメリカのロシアに対する人権侵害のブーイングは鳴りを潜めたのである。

◎日本――「三島事件」

かつてメディアの主流が新聞という印刷媒体にあったときは、遺体を商品化するようなことは常識的ではないといった理由から、日本国内ではごく一部を除いて遺体写真が掲載されることはほとんどなかった。新聞紙上には「死」に関する映像は意識的に除外されていた。

新聞社には、いまだに私が入社した一九六九年当時の「新聞は原則として遺体の掲載はしない」という原則論が生きている。新聞社の先輩諸氏から、その理由としてよく「夕飯がまずくなる」からだというきわめて情緒的な話を聴いた覚えがある。当時は、ベトナム戦争が激しい時代であった。戦場にあっては死が日常的であった時代である。そんなときでも、大手の新聞紙上にはめったにベトナムの戦場における遺体写真は掲載されることはなかった。「人間バーベキュー」と南ベトナムのゴ・ジンジェム大統領（当時）夫人が冷笑した、政府の弾圧に抗して行った仏僧の自殺行為の映像は、きわめて例外的であった。

しかし、メディアによっては必ずしも遺体写真の掲載を否定するものではなかった。その典型が、朝日新聞社が発行する月刊誌「アサヒカメラ」であった。当時、ベトナム戦争の悲惨さを訴える生々しい遺体映像は毎月のように掲載されていた。私の記憶から去らないのは、報道カメラマン・石川文洋氏が撮影した腰が抜けるほどショッキングな写真である。ロケット弾が命中し上半身が吹っ飛んだ南ベトナム解放戦線兵士の遺体を持ち上げてカメラに収まる米兵の写真だ。さらに鮮明に記憶に残っているのは、その米兵の平静な表情である。うっすらと笑みさえ浮かべたその表情であった。

さて、そんなさなかに遺体の新聞掲載をめぐって朝日新聞社内で議論が大きく分かれる事件が起きた。「三島事件」である。一九七〇年一一月二五日、東京・市谷の陸上自衛隊東部方面総監部に作家・三島由紀夫氏が「楯の会」メンバーと乱入。国家を憂う演説をした後、総監室で割腹自殺をして果てたショッキングな事件だ。このとき、介錯され部屋の片隅に置かれた三島氏の首を、朝日新聞のカメラマンが窓越しの撮影に成功した。大特ダネである。しかし、いざ掲載となると、事の重大性を前に慎重な議論が飛び出すのだった。

原則を崩す理由は何か。当時の写真部長はこのとき、「この写真こそ三島文学の帰結」と編集局幹部を前に堂々と述べ、最終的には編集局長の判断に任せるということで収まったという。結果としては、その日の夕刊一面に七段角という大きな扱いで掲載された。ところが夕刊が配達されると、右翼と名乗る人物から朝日に対し激しい抗議と脅迫電話が繰り返され、その日のうちに朝日新聞の建物脇に設置されていた写真掲示板のガラスが割られ、掲示されていた「三島の首」が何者かによって持ち去られるという事件が起きたのである。三島氏を信奉する右翼にとっては、この写真は死者を冒涜するものであると映ったに違いない。

ともかく、遺体写真を世にさらすという行為はそれまでタブーであったといっても言い過ぎではない。その後も「遺体写真は掲載しない」というこの原則論は生き続けているが、三島事件はその大前提を覆す大いなる転換点であったといってもいい。

ホワイトハウスの世論操作

さて、イラク戦争が始まって四カ月が過ぎた二〇〇三年七月二二日、米軍はイラク北部の町モスルでフセイン元大統領の二人の息子、長男ウダイ氏、次男クサイ氏を殺害した。このときの二人の遺体写真を二四日になって米軍が公表した。遺体写真は、顔の部分が中心の写真で戦闘の後を物語る血なまぐさいものだった。次男クサイ氏は顔をしかめやや苦しそうな表情だが、長男ウダイ氏はあきらめきった静かな表情だった。とはいえ二枚の遺体写真は痛々しく、実に生々しいものである。この写真を日本の新聞で掲載したのは毎日新聞（二〇〇三年七月二五日付朝刊国際面）だけだった。そして、掲載に踏み切ったのは「イラク国民に両氏の死亡を確信させ、フセイン政権復活を恐れて占領統治への協力をためらう傾向をなくそうという狙いだ」とする米軍の言い分をそのまま記事の中で紹介している。

フセイン元大統領の二人の息子の遺体写真掲載をめぐって、各国からさまざまな意見が噴出した。ヨーロッパでは「現実だから」と多くのメディアが写真を報じたが、「死者の尊厳を冒す」として掲載を見送った新聞もあった。掲載を見送った新聞社の多くは、イラク戦争中に米政府は米兵の遺体や捕虜の映像を放映することに対し多くのメディアに自粛を求めたのに、相手がイラク側となると手のひらを返したように遺体写真を使ってさらし者扱いするのは、米国のダブル・スタンダード（二重基準）ではないかという論調をはった。

朝日新聞（二〇〇三年七月二七日付朝刊総合面）によれば、フランスのフィガロ紙は写真を掲載したうえ

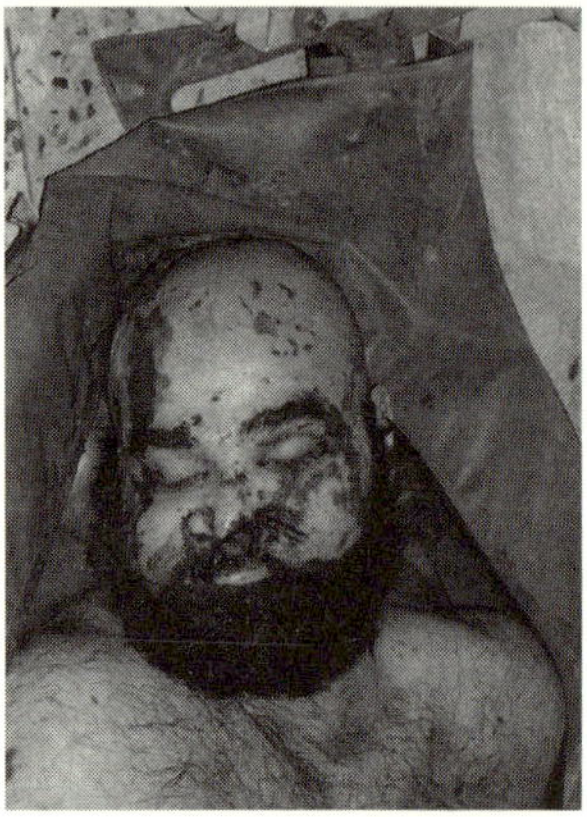

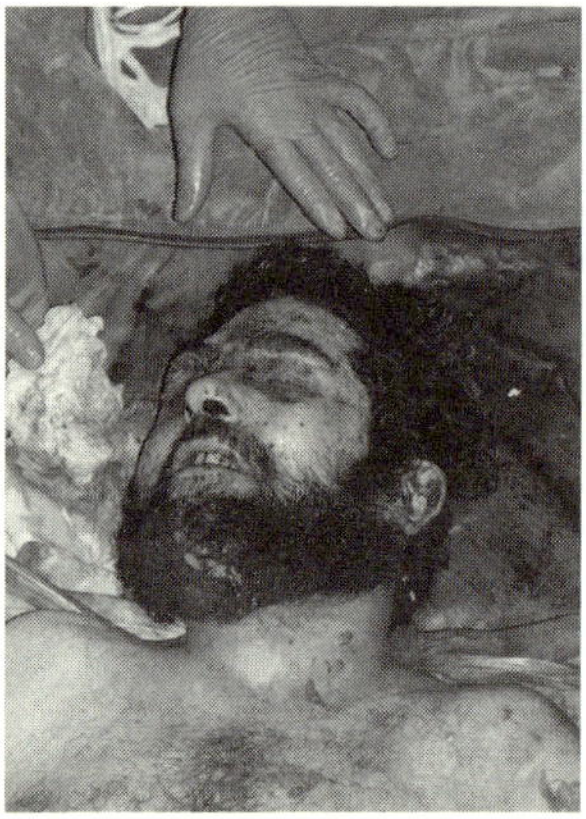

米軍に殺害されたフセイン元大統領の息子。上が長男ウダイ氏、下が次男クサイ氏。（ともに© AP/WWW）

で「米軍は遺体写真を公表しない慣例をあえて破った」と説明。リベラシオン紙は写真掲載を見送り、テレビ画面に映った遺体に市民が見入る場面の写真を載せ、コラムでフィガロ紙の論調と同じようにアメリカの身勝手さを批判する記事を掲載した。

イギリスやスペインでも遺体写真をデカデカと一面に掲げた新聞が圧倒的に多かったが、保守的なイギリス大衆紙デーリーメールは「おぞましい写真を米国は公表していいのか」との大見出しで、中面に写真を掲載しつつ「アラブのテレビが米兵の遺体を放映したとき、米英はショックを受けたではないか。偉大な民主国家・米国はついに敵のレベルにまで成り下がった」と厳しく批判した。

対し、遺体を尊ぶ伝統がことのほか強いアラブ世界からは猛反発の声が上がった。「遺体はすぐに埋葬すべきもの。米国人はわれわれの伝統や教義に敬意を払わず、倫理にもとる行動をとった」とヨルダンのイスラム教組織の幹部の声や、「ジュネーブ条約違反だ」と叫ぶ旧ユーゴスラビア国際戦争犯罪法廷の元所長の談話（イタリアのレプブリカ紙）を朝日新聞は紹介している。

こうした声に対し、ラムズフェルト米国防長官は記者会見で、「この二人はとくに悪い奴らだった。イラク国民は確かに死んだという証拠を待ち望んでいる。彼らが確証を得るのは当然の権利だ」と強気の発言を展開した。ラムズフェルト米国防長官の論理のそのだめ押し的な写真が、「拘束直後のフセイン氏」だろう。

掲載した朝日新聞によると、発信元は、米国のウェブサイト「ミリタリー・ドット・コム」。同サイトに米特殊部隊の関係者である友人から送られてきたということになっていて、軍や政府が直接タッチしていないように聞こえるが、こういう映像が流れることを一番喜んでいるのは、ほかでもないイラク戦争を起こしたホワイトハウスである。フセイン元大統領の息子殺害の際に遺体写真公表をめぐって世界中に物議を醸した教訓から、「友人からの贈り物」という扱いにすることで批判をかわそうとするホワイトハウスの誰かが大いなる知恵を働かせたのではないかと、私は推測した。ともあれ、遺体写真ではないが、この一枚はフセイン元大統領の権威失墜を目論む側にとってはきわめて有効的な映像となったことは間違いない。

米民間人虐殺映像

イラク戦争のさなかにおける最悪の残虐写真がメディアを通じてアメリカのみならず世界中の人々の目に焼き付けたのは、イラクの首都バグダッドの西方ファルージャで二〇〇四年三月に起きた米民間人四人の遺体損傷事件である。それまでアメリカの兵士だけではなく、駐留軍で働く運転手、民間警備会社からの派遣員などのように兵士ではない民間人が人質になった例は決して珍しいことではなかった。中には武装勢力の隙をついて辛うじて逃げ出すことに成功した例もあった。しかし、この悲劇的なファルージャ事件は、それまでとはちょっと様相が違っていた。

この事件の経緯を簡単に記しておこう。三月三一日、イラク連合国暫定当局（ＣＰＡ）に本国の民間警備

アルジャジーラが公表した、橋に吊るされた米民間人の遺体映像。(© AP/WWW)

会社から派遣されていた四人のアメリカ人（一部の報道によれば彼ら四人は以前、米軍特殊部隊に所属していたという情報もある）が乗った自動車がファルージャでイラクの武装勢力に急襲され、四人は射殺されたうえ、自動車に放火されたのである。カタールの衛星テレビ「アルジャジーラ」が公表したそのときのビデオ映像を見たが、それはそれは残虐で、とても人間のすることではない。武装勢力と一緒になって群衆が黒こげになった遺体を引きずり出してサンダルで叩き、うち二体の遺体をユーフラテス川にかかる橋に吊るし、白い歯を見せて喝采し、狂喜乱舞する。

ニューヨーク・タイムスなど米有力紙をはじめとする多くの米国の新聞は、この「身の毛のよだつイメージなしに事件の戦慄は伝えられない」と判断し、一面にカラー写真でデカデカと報じた。FOXやNBCなどアメリカの主要テレビ局は、ホワイトハウスからの自粛要請と「卑劣な行為の恐怖を伝えるためにすべてを見せる必要はない」（NBCプロデューサー）として遺体映像を放映しなかったが、CNNだけは放映した。

私は、この事件がそれまでの事件とは様相が違っていた、と書いた。それは遺体を蔑んだのが住民が中心であったということだ。襲撃というきっかけは武装勢力によるものだっただろうが、放火し、遺体を切り刻み、叩き、橋に吊すという一連の暴挙はごく普通の住民たちによるものだったことだ。ソマリアのときもそうだったが、民主的な国家建設の名の下に侵攻したアメリカの大義と現地民との意識の乖離こそが、こうした悲劇的な事件を引き起こした。兵士対兵士という図式の中での暴虐さはある意味では想像可能かもしれないが、ソマリア事件のときもそうだったが、ホワイトハウスをはじめとするアメリカが最も恐れるのは、歓迎されるべきと思っていたこうした住民の、思いがけないまったく逆の感情となった激しい怒りと怨念の露呈である。

さて、アラブのメディアはこのとき映像をどう扱ったか。

今やアラブの代弁者としてアメリカが最も忌み嫌うアルジャジーラは当然、すべてを放映。ネット上でも公開した。アラブ圏の有力紙アルハヤトやイラクの有力紙アルザマンなど、ほとんどのアラブ諸国では、歓喜するイラク人らの様子を報じると同時に、ソマリア撤退の再現を警戒する米国の雰囲気を伝えている（朝日新聞四月二日付朝刊総合面）。

フセイン一族の独裁的で人権無視の暴力的な暗黒時代を経験したイラク人にしてみれば、ある時期まではアメリカはまさに救いの神だったのかもしれない。しかし戦争が長引くことで、その巻き添えを食い虫けらのように死んでゆく肉親、知人を目の当たりにして複雑な感情へと傾斜していくのは、至極当たり前のことだ。当初、救いの神と思われたアメリカは、いつしかうざったい存在に変化する。そんなときにフセイン氏の二人の息子のむごたらしい死、さらにはフセイン氏自身のプライドを失墜させる映像を見せられれば、民族的な考え方に凝り固まった人間でなくても、アメリカに対し敵愾心《てきがいしん》を燃やすのは想像に難くない。

アメリカは、湾岸戦争後のサウジアラビアでもそうだったが、イスラムの生活、文化、習慣を何も考えずに無造作に否定し、民族の尊厳を傷つけてきた。そうした中で、戦乱に巻き込まれてイライラの日々を送ってきたファルージャの一般住民の間には、徐々に「アメリカ憎し」の感情が芽生えていたであろうと、新聞記者としてイスラムの世界と長く関わってきた私は想像する。「仕事はないし生命の保障すらない。何だ、これならフセイン時代のほうがまだましだ」。こんな声もささやかれるのだった。そんな中で、一気に火を噴いたのがファルージャ事件だった。アメリカへの民衆の不満が爆発する条件は十分にそろっていた。

だからこそ、アメリカはこの映像に驚愕したのである。しかし、このときバグダッドで取材中の朝日新聞の記者によると、イスラムだからといって必ずしも皆が皆な手を叩いてこの光景を喜んでいたわけではない。バグダッド市民の一部では、遺体を引きずり回すなどの行為を非難する声も聞けたし、「亡くなった彼らは兵士でなくイラク再建のために来た業者ではないか」と襲撃自体を非難、「遺体の冒涜はイスラムの教えに反する」と悲しむ姿もあったという。怒りと怨念と憎悪が飛び交うイスラム世界にあって、少数とはいえこうした冷静な声には救われる思いがする。

情動に訴えたイスラム武装勢力による人質映像

二〇〇四年は春先から、本当に憂鬱な映像ばかりが茶の間を独占した。四月に日本人の若者三人がイラクの武装勢力によって拉致、監禁され、自衛隊のイラクからの撤退を要求されるというショッキングな事件が起こった。これ以前から、イラク各地でアメリカ人を中心とする人質事件が頻繁に起きていたが、日本人を巻き込んだこの事件は、日本側のいう平和維持、戦後復興という自衛隊派遣の名目は、一部のイラク人の目からすれば単なるアメリカの手先としか映らなかったといえる。アメリカの要請に応え自衛隊を送ったとしても実害はそれほどないだろうと、イラク情勢を楽観的に踏んでいた小泉政権はさすがにこの事件に慌てた。幸いなことに約一週間後に無事解放され、事無きを得たが、この事件は日本にとってイラク戦争は決して対岸の火事ではないことを強く印象づけた。湾岸戦争、アフガン戦争、そしてイラク戦争へと、いよいよ日本もアメリカの軍事戦略に巻き込まれたことを実感するものだった。そして三人が解放されホッとする間もなく、再び、フリージャーナリストら二邦人が人質になり、これまた幸いにも解放されるという日本にとっては本当にラッキーとしか言いようのないことが起きた。

しかし、イスラム武装組織から四月一四日にアルジャジーラに届けられたビデオには、人質にされていた四人のイタリア人のうちの一人が墓穴を掘らされ、首の後ろを短銃で撃ち抜かれるという、目を覆うばかりのシーンが映し込まれていた。五月に入ると、米民間人男性が首を切り落とされるという凄惨なビデオ映像がイスラム組織のウェブサイトで公開された。人質だった米人殺害の理由は次項で詳しく記すが、イラクのアブグレイブ刑務所内で行われていたイラク人収容者への米軍による組織的な虐待に対する報復だった。そして、六月に入ると、アラビア語の通訳としてイラクで貿易関係の仕事に従事していた韓国人が人質になり、やはり無惨にも首を切り落とされて殺害されるという不幸な事件が起きている。このときの模様は、アルジャジーラが一部始終を放映した。犯行集団であるイスラム系過激派組織「タウヒード・ワ・ジハード（統一と聖戦）」は、イタリア人や日本人のときと同様、イラクに派兵された自国軍の撤退を要求している。

その後、国際テロ組織「アルカイダ」やイラク国内のさまざまな過激派組織による、米海兵隊員やトルコ人、ブルガリア人、フィリピン人を人質にするという事件が、新聞、テレビで毎日のように報じられ、暗鬱とした気分にさせられたものである。

それぞれに銃やナイフを手にした数人の武装覆面グループの前に座らせられた人質。武装グループの後ろの壁にはアラビア語でグループ名などが記されていた。国家の前に個人の命は何ともちっぽけなものなのだということを思い知らされるシーンであった。武装グループに対し、「卑怯な奴らめ」といくら私がテレビ画面の前で吐き捨てても、彼らは自分たちのやっていることに迷いはない。日本でのテレビ報道の場合はほとんど編集され、「その瞬間」が放映されることはなかったが、五月一一日にウェブサイトで流されたオリジナルを見たカイロの読売新聞特派員は、「5人の覆面姿の一味に床に押しつけられ、大きなナイフで首を切り落とされた」と記事にしている。

それまでメディアはニュースを流すとき、必ず情報を管理してきた。しかし、湾岸戦争以後、登場したテレビ局アルジャジーラは、「すべてを包み隠さず報道する」ことを標榜、それを忠実に実行してきている。そして同じ頃に、マスメディアという一部の独占状態から情報を解放する市民の発信装置が登場する。インターネットである。ウェブサイトはこれまた情報管理されることなく「ありのまま」の映像を流し続けているのである。

こうしたことについて港千尋・多摩美術大学教授は、スペイン・マドリードの列車爆破テロ[*1]によって時の政権がひっくり返ってしまったことを例に、次のように指摘している。「ブッシュ政権下のメディアは湾岸戦争時も今もイラク市民の犠牲者の報道に消極的である。恐怖や怒りに代表されるような、強い情動が政局を動かすことを知っているからだろう」（朝日新聞四月二〇日付夕刊文化欄）。

反米的な武力組織にとっては、これこそがアメリカの急所と見ている。だから、こうしたえげつない残虐な映像が止めどなく流出するのである。アルジャジーラのような、インターネットのような、こうした「包み隠さない」報道の流れは今や止められない時代に入ったように思える。時としてテロリストに利しているとアメリカが怒ろうが、「ごく普通の人間」が〈現実＝映像〉をいとも簡単に手にすることができるようになってしまった以上、場合によっては政権を揺るがすこうした情報氾濫の流れはもはや止めることはできない。港教授は前出の欄で、私の言う「ごく普通の人間」を「群衆」と表現しているが、こっちのほうが適切かもしれない。

イラク人捕虜の虐待写真

五月に入って、旧フセイン時代に拷問や処刑が行われていたバグダッド西方三〇キロにあるアブグレイブ刑務所内で、米軍によるイラク人捕虜への虐待事件が発覚する。米誌「ニューヨーカー」が米軍報告書をすっぱ抜いたもので、軍の情報担当者や米中央情報局（ＣＩＡ）などがテロ情報などを聞き出すために、兵士らに組織的に虐待行為を奨励していたというショッキングなものであった。

同報告書によると、サディスト的で露骨、不当で犯罪的な虐待が二〇〇三年一〇月から一二月にかけて集中的に行われたという。裸にして冷水を浴びせ、ほうきの柄や椅子で殴打。軍用犬をけしかける。化学物質入りの液体を浴びせる。性的暴行なども繰り返されたというのである。

私は、この報道がなされたとき、それほどの衝撃はなかった。大量破壊兵器のあるなしにかかわらずフセイン政権崩壊に向け、ただがむしゃらに武力行使を続けてきた今のブッシュ政権では大いにありうると思っていた。理由は実に簡単だ。イラクに戦争を仕掛けるだけの理由、大義がないからだ。歴史的に長い長い植民地からの解放、独立を目指したベトナムとの戦争もそうだった。戦線で戦うべき兵士たちにとっても、何のための戦争なのかが理解できなかっただろう。

米国防総省が五月一二日、米議会に出席した上下両院議員にだけ写真千数百枚やビデオ映像を公開した。この映像を見た議員によれば、胸をはだけさせられたイラク人女性、自慰や性行為を強制されるイラク人男性のほか、米兵の男女による性行為を写したものもあるという（朝日新聞五月一三日付夕刊）。各議員からは「地獄だった」、「忌まわしい」、「おぞましい」と発言が続き、とても一般公開できるものではなかったという。

アメリカの評論家スーザン・ソンタグ氏は、アブグレイブ刑務所内でのイラク人捕虜虐待の写真を「暴力の空想と実践が善良な娯楽となったアメリカ文化のあらわれ。これらの写真は私たちなのだ」とブッシュ政権を批判（週刊「ニューヨーク・タイムズ・マガジン」五月二三日付）。また、批評家の倉石信乃氏は、ソンタグ氏の評を受けて「暴力が娯楽となった社会が生み出したポルノグラフィーである」と酷評している（読売新聞八月六日付夕刊文化欄「金曜コラム」）。まさに同感。女性兵士が素っ裸にされたイラク人捕虜を前に、あるときはにっこりと、またあるときはたばこを吸い、指でピストルの仕草をする一連の写真を見たとき、私は反吐が出る思いだった。そして、この写真以外にもまだまだいろいろな写真がありそうだな、ということを思わせる写真であった。

さらに、おそらくは拷問で亡くなったであろうイラク人収容者の遺体を横ににっこりと笑ってポーズを取る女性兵士の写真は、ここに極まれりと言わざるをえない。やってはいけないことだらけのこの一連の写真は、誰がどんな形で命令し、でき上がったのかは不明だが、恐ろしいのはこの一連の虐待写真は、ソンタグ氏も指摘しているように、これからの戦争写真のある種の前例になっていくのではなかろうかということである。かつての戦争写真は、もっぱら従軍したプロのカメラマンらによって撮影されてきた。それが映像全盛時代の現代では、デジタルカメラを手にした兵士の「楽しみ」の一つにさえなったとは言えないか。命を賭けて戦い勝者となった己は、無惨に散った敵の骸《むくろ》に向かってシャッターを切る。目の前に横たわる敵は本能的には格好の被写体なのである。さきのアジア太平洋戦争のときも、日本軍兵士の中にはカメラ好きの将校がいて、中国の各地でさまざまな光景を撮影していたことを知っている。私は、本稿を書く直前の二〇〇四年夏、旧満州（中国東北部）を旅してきた。大連、旅順、瀋陽（旧・奉天）、撫順など各地の博物館で、日本軍の蛮行の限りを写真で見せつけられた。これらの写真の多くは新聞社から派遣された従軍カメラマンの手によるものだろうが、中には日本軍兵士が写したものもある。日本軍兵士による中国人の首切りの瞬間を写した写真などを見せつけられると、もっともっと悲惨な写真が隠されているのではないだろうかと思ってしまう。今日ほどではないにしても、カメラを手にした日本軍兵士が戦線で言葉で言えぬほどの行為を写していたであろうことは容易に想像できよう。それが証拠に、中国各地にある嫌と言うほどの日本軍の蛮行写真が人間とはいかに残虐性を持った動物であることかと私に迫ったのだ。

戦争写真の歴史と遺体写真の扱い

さて、ここらで少しばかり戦争写真についても触れておきたい。

戦争写真というと人々はどんな写真を連想するだろう。ロバート・キャパ（一九一三〜五四年）の銃弾を浴び大空を舞うスペイン内戦の「倒れる兵士」か。ベトナム戦争のソンミ村虐殺やナパーム弾を浴び逃げ惑う少年、少女らの悲惨なシーンか。はたまた中国大陸での日本軍の蛮行を物語る大本営不許可の写真か。

写真評論家の飯沢耕太郎氏は、その著『写真の力』の中で、一九世紀以来おびただしく撮影された戦争写真の中には、襟を正して凝視することを要求されるような「正統的な」戦争写真のカテゴリーからはみ出してしまうようなものもあって、それらの「もうひとつの戦争写真」が気になると綴っている。「もうひとつの戦争写真」とは、プロパガンダのための雑誌や絵葉書などに登場するキッチュ（kitsch ドイツ語＝まやかしな悪趣味）な写真や、「虐殺し強姦した敵兵や民衆」を記念撮影した負のイメージ写真のことであると飯沢氏は説明し、負のイメージが強い写真ほど「忘れ難い印象を残すものである。戦争写真がつねに人々を引き付けるのは、恐れと欲望が交錯するこれらのイメージが背後の闇に存在しているからかもしれない」と語る。

ここで戦争写真の歴史をちょっとばかり紐解いてみたい。

写真が誕生したのは公式的には一八三九年、フランスである。そして、最初の戦争写真はこの写真誕生から七、八年後に撮影されたメキシコ戦争（一八四六～四八年）と言われる（『写真装置5 戦争の写真史』）。が、残念なことにこの戦争の模様を数枚のダゲレオタイプ[*2]に残した写真家の名前はわかっていない。

名前が現在わかっている最初の戦争写真家は、アマチュアでジョン・マッコーシュ（生没年不詳）というベンガル歩兵付きのイギリス人軍医である。彼は、北インドを舞台に繰り広げられた第二次シーク教徒戦争（一八四八～四九年）や、第二次ビルマ戦争（一八五二年）を撮影している。

マッコーシュに続く戦争写真家が、クリミア戦争（一八五三～五六年）を記録したロジャー・フェントン（一八一九～六九年）。フェントンが本業の弁護士を放り出し、ロシアと英、仏、トルコ同盟軍が壮絶な戦いを繰り広げるクリミア半島に向かったのは一八五四年一二月。ワイン業者用の荷台を改造した暗室馬車、五台の湿板写真機、七〇〇枚のガラス板、さまざまな写真用薬剤、それに二人の助手を伴っての撮影行であった。

フェントンは半年間、戦場を撮りまくって帰国。ロンドンをはじめ各地で写真展を開催、写真集も出版されて大きな反響を巻き起こした。しかし、三百数十枚にも及ぶフェントン写真からは、奇妙なことに血の一滴すらも見ることができないのである。その多くは、ぴしっと折り目のついたズボンを着こなした英仏の将校たちが野営地でワインを酌み交わし、談笑するといったものだ。現実には戦いは泥沼化し、英仏陣営の野戦病院にも傷病兵があふれていたのにである。

そのわけは露光時間という技術的な問題もあったが、主たる理由はフェントンのクリミア派遣のスポンサーとなっていた写真好きの英王室アルバート公（一八一九〜六一年）の意向が反映していたと言われる。フェントンは出発前、アルバート公から「写真には決して死体を入れてはいけない」という撮影条件を言い渡されていた。これは政治的な意識から来るものではなく、写真は美しいものでなければいけないというサロン写真を主流とした当時の意識にあった。戦場でも将校たちは常にアイロンの行き届いた真っ白なワイシャツに紅茶を絶やさなかった。そんな彼らにとっては死体は単に汚いものなのである。これこそが絢爛たるビクトリア朝を象徴する道徳観なのだ。

血と暴力の影を否定したフェントン写真に物足りなさを感じたのか、死体累々の戦場跡をも記録するようになったのは、フェントン後のクリミア戦争を撮影した英国人写真家ジェームス・ロバートソン（生没年不詳）であり、アメリカの南北戦争（一八六一〜六五年）を記録したマシュー・B・ブレイディ（生没年不詳）であり、セポイの反乱（一八五七年）や英仏軍の北シナ遠征（一八六〇年）、動乱の幕末日本を活写したイタリア生まれの帰化英国人写真家フェリックス・ベアト（一八三四〜一九〇八年頃）らである。

フェントン時代までの戦争写真は、花鳥風月や肖像写真を主としたそれまでのサロン写真の延長であり、英王室を中心とする一部上流階級のいわば趣味であった。ところが、ロバートソン以後は、産業革命によって新しく生まれた中産階級という大衆層のニーズに応えようと苛烈な競争を繰り広げるマスメディアによって、戦争写真に対する読者の嗜好が大きく変化してくる。人々は平和なロンドンで紅茶をすすりながら、非日常的な疑似体験をさせてくれる戦争写真に目を見張った。

が、戦争写真家たちの根底を流れる意識となると、前出の飯沢氏も著書で述べているように、フェントンの時代から第一次世界大戦（一九一四〜一八年）の頃まではそれほどの変化はなかった。

「フェントンがイギリス王室を後ろ盾にしていたように、彼らの多くは公的な機関や新聞、雑誌等の権威を背後に背負っていた。彼らは戦場では常に特別待遇を受け、弾の飛び交う危険な戦場からは安全な距離を保つことを許されていた」。

サロン調の戦争写真から敵の死体が入った写真まで。その表現に多少の変化はあっても、第一次大戦までの戦争写真家たちは自国優先の意識から決して抜け出してはいない。

戦争写真家たちに根本的な意識の変化が生じてくるのは第二次大戦（一九三九〜四五年）頃からである。ロバート・キャパらのように、戦場の兵士と同じ目線で現実を見つめようとする新しい視点を持った戦争カメラマンが誕生する。これはカメラというメカニックの進歩にもよるが、それ以上に、戦争という悲惨な現実を記録しなければならないという写真家たちの欲望にも似た意識変革にほかならなかった。

思考停止からの脱却を

結論は何か。一言でいえば、「原則として遺体写真は扱わない」とした従来の新聞写真のモラルの再検討ということに尽きる。何でもかんでも遺体写真は扱わないとしてきた新聞社の考え方に「それでいいのか」という疑問を提示したのが、皮肉なことにイラク戦争だったということだ。

二〇〇四年六月二一日付の朝日新聞によれば、「報道と人権委員会」がイラク戦争をテーマにした戦争写真について語り合ったことが報じられている。

その中で、私のかつての同僚である花井尊・映像本部マネジャー（当時）は写真の出稿責任者として、「戦争の遺体写真、残虐な写真は、明確な掲載基準はなく一枚一枚判断している」と答え、フセイン氏の二人の息子の遺体写真を掲載しなかった理由については「遺体という以上の意味はなく、読者に不快感を与えると考えた」からだとコメントしている。

また、ファルージャでの米民間人四人虐殺事件については「ニューヨークタイムスが一面に載せた。朝日は米紙がどう取り上げたかという形で各紙の紙面を複写して載せた」と答え、委員たちの賛同を得ている。

私の気持ちを捉えたのは、原寿雄委員の意見だ。

「イラクでは戦争報道の環境が変わった。これまでは第三者的な報道で済んだが、今や自衛隊が行っているイラクの戦争報道だ。日本では遺体写真を出さないという一般原則が戦争の場合にも拡大適用されてあまり疑問を持たなかった。平時の原則の拡大適用をぜひ、見直してほしい。戦争報道の場合は歴史的なニュース価値をもっとシビアに見るべきだ」。

まったく同感。「夕飯がまずくなる」と言った、かつての先輩たちに刷り込まれた一般原則とは、新聞カメラマン、整理マン、そして編集責任者たちにとって遺体写真掲載に対しては思考停止させられていたと同義語でもある。

思い返せば、私の三一年間の新聞カメラマン生活の中でこんなこともあった。私はアフガン、パレスチナ、インドシナなどさまざまな戦争体験をしてきたが、このときだけは全身の震えが止まらず、泣きながらシャッターを押した鮮烈な記憶がある。一九八五年八月一二日の日航ジャンボ機墜落事故である。日航ジャンボ機は周辺の立木をなぎ倒し、御巣鷹山の山中に無惨な姿をさらしていた。一帯には、バラバラになったおびただしい数の乗客たちの哀れな遺体が散っていた。ある者はちぎれた上半身を樹木に吊るし、ある者は手首だけが地面からはい上がっていた。それはまさに阿鼻叫喚《あびきょうかん》の世界だった。私は、ちぎれた遺体を前にしばし呆然としていた。いったい何を撮ればいいんだ。そのとき私の脳裏に無意識に働いていたのが、「遺体は原則として扱わない」という原則論だった。遺体だらけのこの現場を、いったいどうやって表現すればいいのか。そのときだった。遺体にしてはずいぶんときれいだと思っていた目の前の女の子の指が動いたのである。わが目を疑ったが、その子は間違いなく生きていた。後は夢中になってその子を撮り続けたのだった。

それから数日後、写真週刊誌「エンマ」が御巣鷹山の惨状を掲載した。ほとんどが私が目を覆ったあの無惨な遺体写真だった。読者からの批判の嵐に耐え切れず、「エンマ」が廃刊に追い込まれたのはそれからそれほどの日にちがたっていなかった。遺族にしてみれば耐えられない写真だったに違いない。

私は、朝日新聞のカメラマンという新聞社の大方針に従って「遺体写真は扱わない」とする原則論の中でずっと教育されてきた。だからこそあのときは一瞬、迷った。しかし記録だけはしておこうと、無惨な「骸の海」に向かって鬼になり、シャッターを切り続けた。だが、その写真は結局、当然のことだが扱われることなく今でも新聞社のどこかに眠っているはずだ。

今でも思うのだが、このときの「エンマ」は、何を血迷ったのだろうか。遺体を扱うことで、飛行機墜落事故の悲惨さを表現しようと思ったのか。そうだとしたら大きな間違いだ。墜落事故によって犠牲となった乗客の無惨な最期を掲載しても飛行機事故はなくならないし、問題解決に何ら影響はない。それより、「エンマ」は新聞が扱わない遺体写真に「商品価値」があると考えたのではないだろうか。そうであれば、これこそが廃刊に追い込まれた「エンマ」の読者をなめた意識、体質と言い切ってもいい。逆に、イラク戦争を通じ、あるいはパレスチナでの紛争を通じ、あえて悲惨な遺体写真をメディアが掲載せざるをえないのは、無念な気持ちを抱きながら死んでいった彼らの遺体を映像表現することで戦争の悲惨さを世界の人々に訴えたいと切に願う気持ちからなのである。

遺体写真をどう扱うか。これは状況によって明らかに違う。無原則に扱うことはあってはならないと思うが、原則に縛られすぎて思考停止になってしまうようであってもならない。今の時代は、テレビゲームのようにボタンを押すだけのまるでゲームのようなバーチャルなイメージが支配的である。だからこそ、戦争というものがいかに悲惨きわまりないかを伝えるために遺体映像をあえて扱うという理由は十分に成り立つ。戦争という残虐な状況を単に戦死者の数を報じるだけではなく、戦死した一人ひとりにも大切な人生があって、その夢を戦争は無残に打ち砕いたのだ、それもこうして凄惨な戦場で、という写真とともに詳細な記述がますます必要な時代になったと思っている。

＊参考文献

1　二〇〇四年三月一一日、スペインの首都マドリード中心部の三つの駅で四つの列車が次々と爆破、車両は大破、約二〇〇人が死亡、約一五〇〇人が重軽傷を負った。数日後、イスラム系国際テロ組織アルカイダによる犯行声明ビデオが公開された。

2　フランス人写真師ルイ・ジャック・マンデ・ダゲールが考案した写真術。一八三九年にフランス科学アカデミーが認めた世界で最初の写真術で、銀盤にヨウ素の蒸気を当てて感光性を与え原板とし、暗箱で撮影の後、水銀蒸気で現像する。繊細で美しいが、鏡同様、左右が逆像になる。

＊参考文献

- 松本逸也『「脱亜」の群像：大日本帝国漂流』（人間と歴史社、二〇〇四年）
- 「DAYS　JAPAN」二号（二〇〇四年五月）
- 朝日新聞、読売新聞、毎日新聞、産経新聞、日本経済新聞
- 『写真装置5　戦争の写真史』（写真装置舎、一九八二年）
- 飯沢耕太郎『写真の力』（白水社、一九八九年）
- 牧野喜久男『一億人の昭和史　⑩不許可写真史』（毎日新聞社、一九七七年）
- 石黒重光『新聞写真に見る戦後50年』（朝日新聞総合研究センター研究報告）

誤報がもたらした騒動二例

はじめに

二〇〇五年五月、米「ニューズウィーク」誌による「米軍コーラン冒涜事件」の誤報とそれによる一連の騒動が発生したとき、私の脳裏に浮かんだのは、二〇〇三年一月、カンボジア紙による「アンコールワットはタイのもの」の誤報・騒動である。二つの誤報・騒動の背景には、マスコミの思い込み、不確かな情報に対する確認を怠ったことがある。そして、そうした曖昧な報道が、潜在的に存在する民族間のセンシティブな宗教的感情や隣国同士の歴史的な感情に火を点けたことも否めない事実である。

かつてはこうしたデマが戦争にまで拡大したであろうが、現代はさすがに当事者はそこまで愚かではない。しかし、「マスコミが事件を作る」とまで言われるようであってはならない。言うまでもないことだが、マスコミの本来の目的は、政治、宗教を超えて真実を広く社会に知らしめるものだ。「マッチポンプ」――。マッチで火を点けたかと思うと、自身でポンプからの水でその燃え広がる火を慌てて消すという陳腐な独り相撲を表現したものだが、マスコミの無責任さがこのように揶揄されることがよくある。ただ「面白い」というだけで、ショッキングなデマに飛びつき、尻馬に乗って、マッチで火を点けまくって、終いに手に負えなくなるというのではマスコミの自殺行為である。

本稿ではマスコミの誤報をめぐる二つの事件を通し、さまざまな観点から問題を探ってみたい。

「コーラン冒涜事件」の〝誤報〟はなぜ起きたのか

◎根底にあるものはマスコミの「思い込み」

まず、二〇〇五年五月一〇日に、アフガニスタン東部のジャララバードで火の手が上がった米兵によるコーラン冒涜事件について詳しく述べておきたい。

「ニューズウィーク」は、五月九日号で、テロ組織アルカイダの容疑者らを収容しているキューバのグアンタナモ米軍基地内で、収容者を心理的に動揺させるため、取調べ担当（尋問官）の米兵がイスラム教の聖典コーランを便器に流し、冒涜したことが米軍の調査で明らかになったと短い記事（ペリスコープ欄）で報じたのがそもそもの発端である。

記事は、マイケル・イシコフとジョン・バリー両記者の共同執筆。イシコフ記者は系列のワシントン・ポスト紙から移籍したベテランで、かつてクリントン前大統領の不倫をめぐる偽証事件の調査報道で知られたジャーナリストである。イシコフ、バリーの両記者は、イラクの旧アブグレイブ刑務所で起きたイラク人捕虜虐待事件の報道で賞を取ったこともある。記事の内容は「尋問官の不適切な行為に当時の基地指令の責任が問われるかどうか」に焦点を当てたもので、コーラン冒涜は当然のごとくあったに違いないという思い込みによる〝事実〟を前提に書かれたものだった。

この記事に即座に反応したのは、パキスタンの野党国会議員で元クリケット選手の国民的英雄、イムラン・カーン氏であった。五月六日、記者会見で米国を非難し、パキスタン政府は米政府に謝罪を求めるべきだと主張。与野党を問わずカーン氏に同調、各党支持者が各地で抗議行動を繰り広げる事態に発展した。

これを受けて一〇日、アフガニスタン東部の街ジャララバードの学生たちが抗議行動を起こしたのである。ジャララバードはパキスタン国境に近く、イスラム原理主義組織の強い地域である。そこには二〇〇一年の九・一一事件に対する報復で、米軍により崩壊したイスラム保守派で攻撃的なタリバンの多くが敗残兵となって住んでいる。そこの地元の学生らが中心となって街頭で反米スローガンを叫び始め、翌一一日には一〇〇〇人近い群衆が国連事務所や政府施設、パキスタン領事館などを襲い、建物二〇棟が焼き討ちされ、鎮圧に乗り出したアフガンの警察隊や米軍部隊が発砲。この動きは、近隣のホースト州やカンダハルなどアフガン東部から南部にかけて各都市にも次々に広がっていった。そして、ついにジャララバードで暴徒化した反米デモと警察、米軍が激しく衝突。四人が死亡、六〇人以上が負傷するという事件に発展した。また、一二日には同地で三人が警察官に撃たれ死亡している。

さらに、礼拝日にあたる金曜の一三日になって暴動はアフガン全土に飛び火。北東部バダクシャン州で三人が警察隊の発砲で死亡、北西部バドギス、南東部パクティアの両州でも市民一人が死亡、中部ガズニ州ではデモ隊との銃撃戦で国軍兵士と警官の計四人が死亡し、一三日だけでも新たに九人が死亡している。また、隣国パキスタンでも北西部ペシャワル近郊のアフガン難民キャンプで数千人規模の反米デモが起きている。

コーランというイスラム教徒にとって最も誇りとする聖典に対する侮辱行為に、抗議の嵐は瞬く間に国境を越えた。同じイスラム圏のインドネシア・スラウェシ州マカッサルでも、イスラム教徒五〇人がホテルに宿泊中の米国人を引き渡すよう要求。ジャカルタでも抗議行動が起き、インドネシア外務省が「卑劣で非道徳的な行為」と米批判をはじめて展開した。また、パキスタンのムシャラフ大統領は米国に調査と関係者の処分を要求。パレスチナでも反米デモが繰り返された。一四日にはマレーシアのアブドラ首相が米国を批判。パキスタンの米領事館二カ所が閉鎖された。さらに一五日になってバングラデシュ外務省が「全世界のイスラム教徒の心を傷つけた」と米国に調査と関係者の処罰を要求した。

このあたりからこの騒動は、一部の過激な学生が起こしたデモではなく、組織化された反政府、反米運動の様相を呈してきた。

朝日新聞、読売新聞など日本の各紙は、現地（パキスタン）からの情報として、この一連の暴動の背景には「反政府勢力が組織的に扇動している」とのアフガン政府の見方を示しているが、一方で宗教心の強い学生や市民に加え、軍閥や麻薬組織など幅広い勢力が加わっている可能性を指摘している。米国のカリルザード前駐アフガン大使は一三日夜、地元ラジオ局のインタビューで「民衆のイスラム感情を利用した敵による犯行」と述べ、一連の暴動は反政府勢力の仕業であると陰謀説を力説している。また、一九七九年一二月のソ連軍のアフガン侵攻以来、ずっとペシャワルでアフガン情勢を取材してきているパキスタンのラヒムラ・ユスフザイ記者は、筆者とは旧知の間柄でアフガン事情を知る最も有力なジャーナリストの一人であるが、その彼も「全土でデモを組織できる勢力は存在しない。タリバン後三年たっても政権と米軍に不満を持つ勢力がいかに多いかの表れ」と分析する。それが証拠に、外電の伝えるところによると、「群衆は自動小銃で武装し、デモというより攻撃だった」という。自動小銃を持った群衆ではなく、麻薬撲滅政策に反対する麻薬密売団や武装解除に反対する軍閥がデモを操っていたとみられている。

これ以上、イスラム圏で反米感情が高まってはまずいと見た米政府は、「ニューズウィーク」に対し記事撤回を要求した。ライス国務長官は「こうした記事が出ることはおぞましい」と語り、ラムズフェルド国防長官も「(この問題では)人々の命が失われている。細心の注意が必要だ」と口をそろえて同誌を強く批判した。ブッシュ政権がこの「ニューズウィーク」の報道に強い反応を示したのは、パキスタン、アフガンをはじめとする反政府勢力や一部の過激なイスラム原理主義者に煽動されてのデモ騒動であったとしても、このまま放置すればただでさえ風当たりが強いイスラム圏の反米・嫌米感情が、市民レベルでさらに燃え上がり「危険水域」に入りかねないと判断したためである。

こうしたブッシュ政権の強い要求に抗しきれず、「ニューズウィーク」は五月一六日号で「いかなる部分であれ、記事に誤りがあったことは遺憾」と〝誤報〟を認め、デモ犠牲者への謝罪記事を掲載した。マーク・ウィテカー編集長は「(コーラン冒涜が)絶対あったとも言えないし、なかったとも言えない。何があったか不明だ」と撤回会見で語ったというが、記事撤回という苦渋の選択をせざるをえなかった気持ちがここに込められている。

米軍によるコーラン冒涜事件一連の流れ（二〇〇五年五月）

五日(木)●「ニューズウィーク」(五月九日号)に、キューバの収容所内で米軍兵士によるコーラン冒涜事件が現実にあったことを認める報告書の存在を掲載。

六日(金)●パキスタンの国会議員イスラン・カーン氏が、記事について米批判。謝罪を要求。

一〇日(火)●アフガニスタン東部のジャララバードで、米軍がコーランを便器に流したとの米誌報道に地元の大学生が小規模な反米デモ。

一一日(水)●ジャララバードで数千人規模の群衆が反米デモ。四人死亡、六〇人以上が負傷。混乱はカブールにも飛び火、大学生が抗議集会。国連や国際援助機関の建物を襲撃。混乱は反米感情の強い東、南部から北部、西部にまで飛び火。

一二日(木)●ジャララバードでデモが騒乱、警察官の発砲で参加者三人が死亡。
●ライス米国務長官が「コーランを冒涜する行為には適切に処置を」と発言。
一三日(金)●アフガニスタン北部、西部でも反米デモが激化。新たに五人が死亡。
●パキスタンとの国境の町ペシャワールで、アフガン難民数千人が反米デモ。
●ガズニ州でデモ隊と警察隊が衝突、双方で四人が死亡。「デモの群衆は自動小銃で武装していた」と反政府勢力タリバンによる攻撃を示唆。一連の事件でアフガン二〇都市で死者一六人に。
●米国の前アフガン大使が反政府勢力による煽動と発言。
●インドネシアで、イスラム教徒五〇人がホテルに宿泊中の米国人を引き渡すよう要求騒ぎ。ジャカルタでも抗議行動。インドネシア外務省が「卑劣で非道徳的な行為」と米批判。
●パキスタンのイスラマバードなどでも反米抗議集会。ムシャラフ大統領が米国に調査と関係

●パレスチナで反米デモ。
者の処罰を要求。

一四日(土)●マレーシアのアブドラ首相が米批判。
●パキスタンの米領事館二カ所が閉鎖。

一五日(日)●バングラデシュ外務省が、「全世界のイスラム教徒の心情を傷つけた」と米国に調査と関係者の処罰を要求。

一六日(月)●一六日発売の「ニューズウィーク」、コーラン冒涜は誤報と謝罪記事を掲載。
●ムンバイ(ボンベイ)でイスラム教徒が反米デモ。

一七日(火)●米政府が「ニューズウィーク」に対し「損害を修復することは義務」、「米軍のコーランの扱いを正しく報じるべき」と要求。

一八日(水)●パキスタン紙が、アフガンやグアンタナモ基地で「米兵がコーランを地面に捨て踏みつけたのをきっかけに収容者が断食で抗議」をしたと元収容者の証言を掲載(デーリータイムス紙)。
●パキスタン政府「記事撤回にかかわらず米政府に正式な調査結果」を要求。

一九日(木)●国際人権団体ヒューマン・ライツ・ウォッチは、「コーランをめぐる冒涜行為はあった」という元収容者の証言を紹介。あわせて米政府の「ニューズウィーク」批判に対し、「グアンタナモ基地のほか各地で宗教的に辱める行為が広がっていることを包み隠すことを意図している」と声明を発表。

二二日(日)●ジャカルタで強硬派イスラム組織七〇〇〇人が反米デモ。

二五日(水)●国際人権団体アムネスティ・インターナショナルは、イラク、アフガンで著しく人権侵害と米政府を批判。

●米政府は米国自由人権協会が入手した「コーランをトイレに流した」というFBIによる証言記録に対し、「アルカイダのメンバーはうその報告で誤解させるよう訓練されている」と反論。

◎されなかった「裏付け」取材

ではいったい、「ニューズウィーク」の取材のどこに問題があったのか。

二〇〇五年五月一八日付読売新聞のワシントン特派員報告は、二つの甘さを指摘している。一つ目は、匿名の情報源を隠れ蓑にした事実確認の甘さである。「基地内でイスラム教徒の拘束者の口を割らせるためにトイレにコーランを……」とする同誌の記事は、情報源として「複数の筋」を挙げていた。ところが、実際には「長年にわたり信用してきた政府高官」一人であった。取材段階では「コーランをトイレに流したことが米軍の報告書に含まれている」とイシコフ記者に答えていたその高官も、掲載後に再確認すると「コーラン事件の報告を読んだこと自体、記憶があいまい」と答え、報道の根拠が根底から揺らいでしまったのだ。二つ目は、騒ぎの拡大に関する同誌の甘さを指摘する。一六日に掲載された謝罪記事ですら「コーラン冒涜疑惑を伝えるのはニューズウィークが最初ではない」とマスコミ全体にその疑惑報道を相対化しようとし、責任回避ともとれる表現があった。これに対し、ホワイトハウスのマクレラン報道官は一六日朝、「記事は海外での米国のイメージと国内での報道機関への信頼性を損なった」と痛烈な批判を浴びせ、記事の撤回を強く求めた。

さらに、読売新聞のワシントン電は「米メディアは最近、ブッシュ大統領の兵役逃れ疑惑報道や、イラク戦争の開戦をめぐる報道で訂正と自己反省を繰り返した」と伝え、ギャラップ社の世論調査（二〇〇四年九月）は、メディアの信用性がこの三〇年間で最低の四四％に低下したと報じている。

また朝日新聞も五月一七日付夕刊で、この一連の誤報・騒動問題を大きく取り上げている。指摘は読売新聞とほぼ同じだが、米コロンビア大学のジョン・ディンガズ準教授（ジャーナリズム論）の談話が一連の顚末を見事に語っている。「ニューズウィークは裏付けをしようと試みたが、相手がコメントをしなかったり否定しなかったりしたことを裏付けを得たと判断する過ちを犯した」。

私も長年新聞記者をしてきた経験から、他人事とは思えない気持ちでこの談話を読んだ。すでに「コーランをトイレに流した」という噂は多くのメディアが流し、既成事実化されていたことは事実だ。しかし、どのメディアも断定的には書いてはいない。こうした場合、必ず記事中のどこかに、そうではなかったときのための「逃げ」の文言（たとえば、新聞でよく見られる「政府筋／信頼できる筋／大使館筋／政府高官によれば……という」など）を入れておくのは鉄則である。今回の「ニューズウィーク」の問題点は、裏付けもなかったのに断定的に書いてしまったことが裏目に出たわけだ。ジャーナリズムに生きる仲間の一人として、「思い込み」によりミスリードしてしまったことは歯ぎしりする思いである。

結局、政権からの集中砲火を浴びて「ニューズウィーク」は、一六日、コーラン冒涜報道の全面撤回を発表し、一応、収まった。

◎余波

コーラン冒涜事件による騒動は、その後、徐々に下火になったが、決して米軍による「コーラン冒涜」が全面的に否定されたわけではない。「コーラン冒涜は実際にはあったのでは」と疑う声はイスラム世界のみならず、米マスコミ界にも依然として残っている。アフガンの反政府勢力タリバンへの支持を公言するパキスタンの野党イスラム原理主義政党連合「統一行動評議会」などのように「記事撤回はイスラム教徒の怒りを押さえ込もうとする米国政府と週刊誌による露骨なたくらみ」と撤回を受け入れない組織も多い。

また、「米軍によるコーラン冒涜」という誤報が、多くの死傷者の出たアフガンのデモを引き起こしたと米政府が「ニューズウィーク」を批判している問題で、五月二一日の新聞各紙の外報面の短信欄にこんな外電が載った。

「グアンタナモ米軍基地のほか各地で収容者を宗教的に辱める行為が広がっていることを包み隠す結果になっている。収容者に対する人権侵害が広がっていなければニューズウィーク誌に対する反響もなかった。米政府が損なわれたイメージを回復したいとするなら、虐待を報道した人間ではなく、指示した人間を追及すべきだ」と、国際人権団体ヒューマン・ライツ・ウォッチがニューヨークで声明を発表したという記事である。まったく同感である。

しかし、ジャーナリズムの世界から見れば、そうだそうだとばかり相づちを打ってばかりはいられないのは先に述べたとおりである。特ダネを焦るあまり「匿名の情報源の不確かな情報に頼る欠陥」についつい目をつぶってしまいがちなことは、私も経験上よく理解できる。匿名という隠れ蓑を使った脇の甘さは「ニューズウィーク」ばかりではなく、われわれジャーナリズムに生きるすべての人間にとっての警鐘でもある。

さて、余波は、アメリカ国内で思わぬ方向に拡大した。

米政府が、重大な責務があるとして「ニューズウィーク」へ対米感情修復に向けた記事の掲載を強要したのである。これに対し、ニューヨーク・タイムス紙などリベラル派のメディアが「政府は米軍施設における収容者処遇の調査結果を公表もせず、自らの説明責任を棚に上げている」と一斉に反発した。

が、当の「ニューズウィーク」は、五月二三日号で検証記事を掲載し「米軍によるコーラン冒涜の事実は確認されていない」とする米国防総省報道官の話を詳しく伝えた。米政府が求めていた「米国の信頼回復につながる報道」に結果的に応じたものとなっている。これ以上、政府との対決を避けたいと願った「ニューズウィーク」の現実的な対応に、蚊帳の外からとやかく言う資格は私にはないが、忸怩《じくじ》たる思いである。

また、「ニューズウィーク」は同号で一連の〝誤報〟騒動を奇貨として、再発防止策を明らかにしている。それによれば、①匿名の情報源を記事にする際は編集幹部の承認を必要とする、②情報源が匿名である理由を読者が理解できるように努力する、③単一の匿名情報源に頼らざるをえない場合は記事の対象人物にも確認し、誤っている場合は修正を求める、とする「匿名情報源見直し」である。リチャード・スミス同誌会長(編集主幹)は、「特定の記事で他のメディアに後れを取っても、事実確認が必要なかぎり、記事を保留する」と再発防止を誓っている。

さて、まったくの蛇足だが、コーラン冒涜報道による騒動も一段落し始めた二〇〇五年五月二〇日、米軍管轄下のイラクの拘置所に収容されているイラクのサダム・フセイン元大統領の下着一枚の写真が、英国の大衆紙サンに大きく掲載されるという騒動が勃発した。サンの記事によれば、イラクの反政府勢力に打撃を与える目的で米軍筋から提供されたものだという。捕虜虐待を禁じたジュネーブ条約違反の可能性があるとして米軍も徹底的に洗い直すと明言した。まるで芝居のお化けのように、斬っても斬ってもまたぞろ出てくるのが米軍管轄下の人権侵害である。フセイン大統領の半裸写真は、日本の新聞でも掲載された（読売新聞五月二一日付朝刊）が、権力を欲しいままにしていた元大統領の威厳を地に落とすには効果的だったと言わざるをえない。

また、五月二三日付朝日新聞朝刊に、コーラン冒涜やフセイン元大統領の写真掲載による人権侵害の問題などと並んでイスラム社会に対するアメリカの差別感情をむき出しにした記事が掲載されていたのが少々気になった。記事はこんな内容だった。ロサンゼルス・タイムス紙が報道したもので「ニューヨーク・タイムス、ワシントン・ポストなど米主要八紙誌を調べた結果、二〇〇四年九月から二〇〇五年二月までの半年間にイラクで米兵が死亡したときの写真を掲載したメディアはわずか一紙、それも一回だけだった」。米軍当局の規制や妨害が一因と指摘しており、これでは「犠牲をはらむ戦争の現実が読者に十分伝えられていない」と問いかけている。一方、この間に米八紙誌に掲載されたイラク人死者の写真は、ニューヨーク・タイムスで三〇回、ロサンゼルス・タイムスで二二回など圧倒的に多かったというのだ。ベトナム戦争当時の米国におけるメディアのあり方には、今思えば民主主義という名に値する表現の自由があった。「ベトナム戦争は、メディアに負けた戦争だった」と時の権力者は語ったというが、ブッシュ政権になってからの米国のメディアのあり方は、とりわけ九・一一事件以後、確かに大きく変わった。米国のメディアの羅針盤が大きく狂ったとしか思えない。ちょっと首を傾げざるをえない。

「アンコールワットはタイのもの」発言にカンボジア人は怒った

◎根底に内在する感情

まず、タイ人女優による「アンコールワットはタイのもの」という発言と、それに怒ったカンボジア民衆の暴動事件についての概略から進めたい。

暴動が起きるきっかけとなった噂の記事は、二〇〇三年一月一八日付カンボジア紙「レスメイ・アンコール（アンコールの光）」で、発言の主とされたのはタイのトップ女優スワナン・コンギンさん（当時二四歳）。レスメイ・アンコール紙が、スワナンさんがテレビ番組の中で「タイのものだったアンコールワットを奪ったカンボジア人は嫌い。アンコールワットはタイに返すべき！」と発言したと報道したのが事の発端であった。

この報道にまず敏感に反応したのが、カンボジアのフン・セン首相である。二七日、カンボジアでも人気の高いスワナンさん出演のテレビ番組を急遽、放映禁止にするという強行手段に出たのである。あわせてフン・セン首相がスワナンさんを激しく非難したことから、首都プノンペンを中心にタイ政府への抗議運動が広がっていったというのが騒動の始まりであったようだ。翌二八日、スワナンさんは緊急の記者会見を開き、「出演ビデオを見直したがそうした発言はしていない」と侮辱発言をきっぱり否定し、しかし、「もし私がカンボジア国民の感情を傷つけたのなら、申し訳ないと思っている」と釈明。その直後、身の危険を感じたスワナンさんは家族とともに安全な場所に避難したという。

しかし、傷つけられたカンボジア人の怒りは収まらなかった。翌二九日夜、プノンペンで騒動が発生。発言に怒った市民約三〇〇〇人がタイ大使館を包囲、タイ国旗を焼くなどしたうえ、一部が館内に侵入して放火したり、窓を割ったりするなど暴徒化した。

大使館周辺の騒ぎは三〇日未明にはいったん沈静化に向かったが、タイのタクシン首相の「一時間以内に事態を収束しなければ、自国民救助のため、特殊部隊を派遣する」との発言を伝え聞いた群衆が猛反発。タイ系ホテルや商店、企業、工場など市内の一五カ所で暴動が続発、投石や放火などで壊滅的な被害にあった。この騒ぎでホテルのタイ人従業員一人が死亡、タイ人約一〇人が負傷した。さらにタイ国民を傷つけたのは、タイの民衆が慕うプミポン・タイ国王の肖像がカンボジア人によって乱暴に扱われている写真がメールで出回ったことだ。こうしたプノンペンでの動きを受けて、バンコクのカンボジア大使館前には五〇〇人近いタイの人々が抗議に集まり、カンボジア国旗を燃やすなど一時騒然としたが、プミポン国王の「悪党の行動に反応してはならない」との言葉に、沈静化した。

タクシン首相は、三〇日、プノンペンのチャチャウェ駐カンボジア大使を召還、すべての館員も一時帰国させた。民間人を含め、この日一日でカンボジア国内に住むタイ人約七〇〇人が軍用機で帰国した。あわせて同首相は、カンボジアのウン・シエン駐タイ大使に国外退去を求め、ただちに国家安全保障会議を緊急招集するなど対応に追われた。さらに同首相は、「われわれは深い傷を負った」と述べ、カンボジア政府に対し、事件の説明と損害賠償を求めた。また、経済・学術関係などすべてのプロジェクトを中断し、一時的にカンボジアとの国境を閉鎖し、タイ航空とバンコク航空のプノンペン行きの便をすべてキャンセルすると発表した。

一方、プノンペンでの暴動について三〇日夜、フン・セン首相は「過激な少数グループが、バンコクのカンボジア大使館が破壊されたとデマを流して煽動したため」と語った。カンボジア政府の後日の検証によると、プノンペンでの騒動を受けて起きたバンコクでの集会が、より大きなデマとなって増幅し、メールや電話、マスコミ等々、さまざまな方法でカンボジア国内に伝わったようである。カンボジア国内の一部マスコミは抗議集会を「襲撃」と報じ、中にはタイ人の襲撃でカンボジア人が殺されたというショッキングなニュースを流した放送局もあったという。

フン・セン首相は、ただちに調査委員会を設置し、事件に関わった約一五〇人をすでに逮捕し、加担者を厳しく処罰すると発表。また、同首相はテレビ演説で「重要なビジネスパートナーの信頼を失った。両国関係は最悪の状況に陥っている」と、自国民に対し自重を呼びかけると同時に、タクシン首相に対し、同日付けで謝罪文を送っている。カンボジア政府としても「深い遺憾の意」を表明。タイに対し基本的に賠償に応じる姿勢を間髪入れずに示し、一刻も早いタイとの改善に前向きの姿勢をみせた。ちなみにタイ外務省によると、暴動による被害総額は大使館やタイ系ホテル、企業を合わせて一〇億バーツ（約三〇億円）に上ったとみられる。

「アンコールワットはタイのもの」発言による騒ぎの流れ（二〇〇三年）

〈一月〉

一八日(日)●レスメイ・アンコール紙が、タイのトップ女優スワナン・コンギンさんが「アンコールワットはタイのもの。タイに返せ！」と発言した報じる。

二七日(火)●フン・セン首相が女優発言を批判。

二八日(水)●スワナンさんが侮辱発言を否定する記者会見。

二九日(木)●カンボジア（プノンペン）で暴動。三〇〇〇人がタイ大使館を包囲。大使館やタイ資本のホテルなどに放火。タイ人のホテル従業員一人死亡。被害総額約三〇億円。
●バンコクではタイ人約五〇〇人がカンボジアの行為に対し抗議活動。
三〇日(金)●タイ政府が駐タイ・カンボジア大使を呼び、「二四時間以内に国外退去」勧告。
●外交レベルを臨時代理大使級に格下げを表明。
●大型軍用輸送機五機をプノンペンに派遣。大使以下約七〇〇人以上が帰国。
●カンボジア政府、暴動事件で一五〇人を拘束。
●タイ・カンボジア国境を閉鎖。
●タイ航空、バンコク航空のプノンペン行きをすべてキャンセル。
●カンボジア警察当局がレスメイ・アンコール紙のイン・シブタ編集長を拘束。
●「バンコクのカンボジア大使館員が惨殺された」という誤報を流したとして、カンボジア警察当局が民間FMラジオ局社長を拘束。
三一日(土)●カンボジアのフン・セン首相が謝罪、補償を約束。
●タイのタクシン首相「素早い対応を歓迎」と問題解決に。
〈二月〉

一日(日)●記事について、同編集長は「発言を耳にしたという一般市民の情報を基にした」との情報も。本人は否定。

一一日(水)●編集長ら釈放。

では、なぜこれほどまでに暴動が一瞬にして激化したのだろうか。

その背景には、隣接するタイとカンボジアの国と国との微妙な関係が影響していた。騒動を伝える二〇〇三年一月三一日付の朝日新聞と読売新聞が手元にあるが両紙は、瞬間湯沸かし器のようにカンボジア人を怒らせたのは、主に次の二点であると指摘している。①カンボジア民族の誇りであるアンコールワットをめぐる歴史認識の違い、②タイ資本のカンボジア進出で、タイとの経済格差が著しくなった。

①については、アンコールワットを建立したクメール王国は九世紀から一五世紀にかけて繁栄を築いた。とくに最盛期の一三世紀にはインドシナ半島のほぼ全域を版図にし、軍事、文化両面において突出していた。しかし、一五世紀頃になると、西側からはタイのアユタヤ王朝が、東側からはベトナム王朝が勢力を伸ばし、度重なる攻撃によって王国は滅んだ。現代に至るまで、カンボジア人の意識の底流に、古代王朝はタイとベトナムに滅ぼされたという怨念に近い感情がある。読売新聞が「歴史認識の違いは、ちょうど加害者としての日本と、被害者としての韓国の関係のようだ」と指摘しているのが印象的だった。ともあれ、アンコールワットは、その押しつぶされたカンボジア民族の誇りであったのだ。一九九三年に制定された新生カンボジア国旗にもアンコールワットが描かれているのは、そういう理由からである。

また、一九五三年、アンコール遺跡の一つであるタイ・カンボジア国境のプレアビヒア寺院の帰属をめぐって両国が争った経緯がある。結局、国際司法裁判所が六二年にカンボジアに軍配を挙げ決着がついたが、このときもカンボジア側は「クメールの至宝」と主張している。一四三一年、アユタヤ王朝がアンコールワットのあるシェムレアプを占拠し、タイがカンボジアにシェムレアプを返還したのは一九〇七年、フランス・シャム（タイ）条約によってである。四七六年間にわたってタイがアンコールワットを支配していたのである。

さて女優発言の当時、朝日新聞アジア総局長だった宇佐波雄策記者が、二〇〇三年三月二日付の朝刊解説面「風」に書いた記事を読んで、どこかの国の話と実によく似ているものだと思った。「タイの学校教育が誤った歴史観を抱かせている。あまりにもナショナリズムを強調しすぎた結果、周辺国の民族を見下して優越感を抱き、タイ中心に歴史を考えてしまう」。バンコクのある大学の先生の言葉を紹介した部分であるが、隣国同士のセンシティブな微妙な歴史認識が、暴動の背景にあったことは否めない事実である。

②については、カンボジアの長い内戦が終結した一九九〇年代からタイ資本がカンボジアに進出し、年々、活発に経済活動を行ってきている。大都市のホテル、レストランの多くや、携帯電話事業もタイ資本だ。今のカンボジアはタイ通貨バーツの経済圏であり、「勝ち組」のタイに対し、各国の援助に頼り続けているカンボジアは「負け組」なのである。カンボジア経済はこの当時、タイからの輸入額四億八三〇〇万ドルに対し、輸出額はたったの一〇〇〇万ドルであった。これこそがカンボジアとタイの経済力そのもの。格差は、そのまま両国の力を指し、隣国への経済的な従属が屈折した感情となってカンボジア人の心の底に沈殿していったのだ。プノンペンでの焼き討ちや暴動は、そうしたカンボジアの民衆が日ごろ抱き続けてきたうっぷんを一気にはき出す結果となったと多くの識者は分析している。

アンコールワットを訪れる観光客も大半がバンコク経由で、タイ観光のセットという印象が強い。「そのアンコールワットについて、タイがまたとやかく言っている」と、沸騰点に達したカンボジア民衆の怒りは冷静さを失って暴発したのである。長年、アンコールワットの修復事業に取り組んできている石沢良昭・上智大教授（現・学長）は「カンボジア人の間に最近、タイの過剰な存在感やバーツ経済圏の拡大に反感を募らせている兆候があった」と朝日新聞紙上（二〇〇三年一月三一日付国際面）で暴動時のカンボジア人の精神状況を解説している。読売新聞は、こうしたカンボジア人の気持ちが鬱積した「嫌タイ感情」による爆発と表現している（二〇〇三年一月三一日付朝刊七面）。通貨危機で深手を負った東南アジア諸国では、国際競争を生き抜くために隣国にはお構いなしの国益優先から経済的紛争が絶えず、二一世紀の今日、こうした「隣国嫌い」現象が広まりつつあると識者は口をそろえる。

◎女優発言はどうして歪曲されたのか

では、なぜ女優の発言が歪曲されてしまったのか。どのようにして発言内容は変わったのか。ここが大事なところだ。

フン・セン首相の命を受けて、カンボジア警察当局は一月三一日、タイ大使館襲撃事件の発端となったレスメイ・アンコール紙のイン・チャン・シブタ編集長（四八歳）を拘束、ただちに事実関係の調査を始めた。同編集長は「発言を聞いたという三人の女性の話を元にした」と裏付けがないまま報じたことを自供。タイ人女優側は発言そのものを否定した。

レスメイ・アンコール紙は記者六人、週三回発行のローカル紙。部数は一五〇〇部。四ページ建てでプノンペンで発行される約三〇紙の中でも小さいほうだ。それなのに記事が一気に広がったのは、暴動事件の二日前、つまり二七日になってフン・セン首相が「雑草一本にも値しない」と発言を非難したからだった。首相の発言として、テレビや大手の新聞も一斉に女優発言とフン・セン首相の反発を報じた。抗議行動に加わったある大学院生はある新聞社のインタビューに、「あれで反タイ感情がお墨付きを得たと思い参加した」と語っている。二九日の抗議集会を呼びかけたのは学生団体だった。学生以外の若者も増え、プノンペンのタイ大使館周辺はアッという間に五〇〇〇人以上にふくれあがったという。

加えて、民間ＦＭラジオ局ソンボッククモムが流したとされるデマが、それまで整然と行われていた集会を一転して理性を失わせ暴動に走らせてしまったのである。同局が流したバンコクからの生放送の中に、集会に参加した誰かが発した「バンコクのカンボジア大使館員が惨殺された」というショッキングなデマが含まれていたというのである。同局のモム・ソナンド社長（六一歳）もシブタ編集長とともに、デマを流し群衆を煽動したとして逮捕されたのである。二週間後に保釈された同社長は「デマは流していない」と訴えている。

このＦＭ放送局は反フン・セン政権の立場を明確にした番組でなかなか人気があり、フン・セン首相は日ごろから苦々しく思っていたという。暴動の一年前には一部の番組が政府によって放送禁止になっている。フン・セン首相は以前から、隣国タイのテレビ文化に対し「タイのテレビ番組は女優の肌の露出が多く、わが国に悪影響を与える」と、カンボジア国内で放送されるタイの番組を大幅に減らしたこともあるというが、今回の横やりは同局がデマを流したという批判に乗じ、反政府勢力の一掃をねらったものではないかとの懸念が当時は支配的であった。カンボジアは当時、暴動事件の半年後には総選挙を控えていた。野党が伸長する都市部でフン・セン首相の率いる与党が苦戦を強いられていた。「女優発言」はそんなタイミングに起きた誤報だった。それを、フン・セン首相は、外敵を作ることで民族感情に訴え、国内を固め、指導力を印象づける絶好のチャンスとしたのではないかとの見方である。

それにしても、レスメイ・アンコール紙の取材方法はいただけない。いくらマイナーな地元紙であっても、こうしたセンシティブな問題ならなおさら、裏付けを取るべきであったろう。「内容を確認せよ、と政府に忠告するつもりで書いた」とシブタ編集長は当局の尋問に答えているが、マスコミに生きる者、これはあまりにも無責任きわまりない言動だ。確認するのはレスメイ・アンコール紙である。政府にその確認を求めるなどとはもってのほかと言わざるをえない。フン・セン首相も首相で、レスメイ・アンコール紙の報道の真偽を確認しないで強硬な女優批判を展開したのは一国の主としてはあまりにも軽はずみと言われても仕方があるまい。当時ネット上では、この問題は格好のターゲットとばかり、さまざまな人が掲示板に書き込んでいる。「あわや戦争のデマ報道」と題する投稿文には「さすがに事態が戦争一歩手前の状態まで来てフン・セン首相も泡を食ったようで……」と茶化される始末であった。

事件から一カ月後、アンコールワットのあるシェムレアプを訪ねた前出の朝日新聞の宇佐波記者は、複数のカンボジア人ガイドから「タイ女優だけの問題ではない。以前からここに来るタイ人観光客の多くがアンコールワットはタイのものだと平然と言い、我々は立腹している。生活のために我慢しているだけだ。この地でも暴動が起きてもおかしくない」という言葉を聞いた、と記事に書いている（二〇〇三年三月二日付朝刊国際面）。

米軍によるグアンタナモ基地収容所の「コーラン冒涜」は公然の秘密である。誰もが当然、「あるだろう」と想像するに難くない周知の事実であるが、証拠がないだけのことだ。タイ女優の場合も、彼女が発言したかどうかの問題ではなく、一般のタイ人観光客は「アンコールワットはタイのもの」と公然と言い張り、タイ女優が言ったとしても決しておかしくはないほど状況証拠としては真っ黒なのである。しかし、何度も言うようだが、コーランにしても女優発言にしても、発言記事を裏付けるものがないことは確かだ。これが「思い込み」によるミスリードとしてジャーナリズムの世界に汚点を残すこととなったのである。

デマ報道の怖さ――確たる裏付け取材を

コーラン冒涜、アンコールワット発言と、裏付けをしなかったために起きた二つの誤報による暴動騒ぎの流れを詳細にみてきた。

まとめにあたって、頭をかすめるのは何年か前に富山県で起きた「コーラン冒涜事件」である。富山県周辺には外国人労働者として日本に根付いたパキスタン人やイラン人など、イスラム圏からの人たちが自転車や車、冷蔵庫など中古品をロシアへ輸出するなどのさまざまな仕事に従事している。この静かな日本海に面する田舎町で突然、コーランが切り刻まれて発見されるという事件が起きたのである。新聞、テレビは、すぐに飛びついた。怒れるイスラム教徒であるパキスタン、イランからの人々は「イスラムに対する挑戦だ」と語気を荒げ、新聞も犯人探しに躍起になった。結果は、イラン、パキスタンの人たちと商売する日本人の父親と諍《いさか》いの絶えなかった娘の父親への嫌がらせとわかって決着したが、このときもコーランに対するイスラムの人たちの思いは深いものだとわれわれは気付かされたものだった。

さて、話を戻そう。過去にデマによって起きた悲劇的な暴動事件は結構多い。思い出すままに列記してみる。

①一九二三年、関東大震災時における朝鮮人虐殺事件。マグニチュード七・九という関東地方直下型の大地震によって関東一帯で死者六万人、行方不明者三万六〇〇〇人という未曾有の被害を起こした災害時に、被災地で「朝鮮人が放火・略奪を行っている」、「朝鮮人が混乱に乗して井戸に毒を入れた」というデマが流れ、虐殺された朝鮮人は四三二人（諸説あり）、政府にとって好ましくない社会主義者も何人かは憲兵によって拷問死を遂げたのである。東京朝日新聞（朝日新聞の前身）などは「デマだ。朝鮮人をいじめるな」とビラ号外をまいたが、道路などが寸断され思うように人々には情報が届かなかった。当時、ラジオがまだ整備されておらず、デマがどんどん一人歩きしてしまったのである。

②トイレットペーパー買いだめ騒ぎ（一九七三年一一月）。日本は、折からの石油ショックではじめて都会生活にはトイレットペーパーが必需品であることに気付く。この騒ぎは、大阪府千里ニュータウンに住む主婦が、スーパーでトイレットペーパーを買いだめしたのがきっかけだ。一人の主婦が走ったために我も我もと買いだめに走ることになったのだ。石油ショックで、生活にさまざまなしわ寄せが来るだろうという心理的な不安が起こしたものだった。この騒ぎはアッという間に全国的に広がったが、マスコミがトイレットペーパーはなくならないというニュースをたびたび流すことで数週間で収まった。

③豊川信用金庫取り付き騒ぎ（一九七三年一二月）。この事件は、女子高生のちょっとした雑談から大騒ぎになった例である。一二月八日、女子高生三人がいつものように学校から帰宅しようと国鉄飯田線の電車に乗っていて、そのうち二人がおしゃべりを続けていた。たまたま話題が就職に及んだとき、来春、豊川信用金庫へ就職が内定していたAさんに向かってBさんが「信用金庫は危ないわよ」と述べた。そのときの意味は、一般の都市銀行に比べて、信用金庫は不安定なところがあるというほどの軽い意味だった。それはいつもの

雑談の一コマにしかすぎなかった。AさんとBさんの話を横で聞いていたCさんは、夕方自宅で、叔母に「今日友だちが言っていたけど、信用金庫は危ないんだって?」と語った。Cさんの叔母は、この質問を豊川信用金庫のこととして心配した。その叔母は、情報を確かめようとして、あちこちに確認をしたのが災いした。多くの人の口から耳へ。そして、また口から耳へ。最後は取り付け騒ぎにまで発展したのである。この例は、デマの心理学ではよく知られた話だが、デマの怖さを如実に示している。

④その他デマによる「負の連鎖」として、ネットによる自殺志願者募集、一七歳少年の犯罪、毒物混入事件、等々。

最近の話では、二〇〇五年八月三一日（水曜日）、イラクのバグダッドでシーア派の祭礼の最中に起きたテロ情報のデマによって七〇〇人以上の犠牲者を出した事件である。イスラム寺院の周辺には多くの信徒が密集していて、直前に迫撃砲が撃ち込まれるなどがあったのは事実であるが、その被害はそれほどのものではなく、それ以上に被害を大きくしたのは「自爆テロ犯が民衆の中にいる」というデマだった。慌てた多くの人たちが一気に走り出し、踏みつぶされ、橋から川に飛び込んだりして、亡くなっている。デマも立派なテロに値するということを改めて認識させられる事件であった。ともあれ、デマの暴走を引き留めるには、「正しい情報をいち早く届けること。連鎖反応の原因となるデータは極力抑える」に尽きる。

もう一つ例を挙げる。今から二五年ほど前、一九八〇年一月、私はタイ・カンボジア国境のタイ側の町アランヤプラテートに新設されていたカンボジア難民キャンプで、興味深い体験をした。国境地帯は、ベトナム軍のカンボジア侵攻によって時のカンボジア政権のポル・ポト軍とともにカンボジア民衆がタイ側に難民となってあふれ返っていた。多くの人たちは地雷原を通過したため、手足をもがれ、瀕死の重傷を負っていた。日本からも民間ボランティアとして日本赤十字や若い大学生たちが難民キャンプで活躍していた。キャンプは、UNHCR（国連難民高等弁務官事務所）による管理が日に日に強化され、報道陣やボランティア、関係者以外の人たちの入域が厳しく制限され、世間のニュースそのものも入らなくなっていた。そんな中で、ある日本人の若いボランティア女性が、私に向かって泣きながら「北海道にソ連軍が侵攻したっていうのは本当ですか？」と唐突な質問を投げかけたのである。私は一瞬、何のことかわからなかった。彼女に詳しい事情を問うと、昨晩、日本から来たばかりのボランティアの若い男の人たちの何人かが、しきりに「北海道へのソ連軍侵攻」情報を流していたというのである。彼女たちが驚いたのには、それなりのわけがあった。その一カ月前の一二月二四日、ソ連のブレジネフ政権が、いきなりアフガニスタンへ武力侵攻を開始したからである。このときの私は、新聞社の特派員として東京からアフガニスタンの首都カブール入りを果たし、一応の取材を終えて帰国するついでに騒然とするタイ・カンボジア国境を見ておこうというものであった。「昨日までバンコクにいたが、そんな情報はない。心配するな」と言い聞かせ、彼女たちの不安を一蹴したことがある。どうも、共産主義に敵対する右翼団体「勝共連合」がソ連軍侵攻説を流すことで、不安感を作ったようである。情報閉鎖社会では、こうしたデマで人間は突飛な行動に出る可能性があるということを身をもって体験した。

程度の差こそあれ、そうした意図的な情報操作によって歴史的には大きな騒動、被害が勃発している。その典型的な例をもう一つ。アフリカ・ルワンダの悲劇である。一九九四年四月六日、その悲劇の幕は切っておとされた。フツ族のハビャリマナ大統領が乗った飛行機が撃墜されたのを機にフツ族強硬派が行った、ツチ族とフツ族穏健派に対する虐殺である。約一〇〇日間で八〇万人から一〇〇万人が殺されたとされ、多数派のフツ族が、少数派のツチ族の完全抹殺をねらった民族浄化であった。ルワンダの人口約八五〇万人に占めるフツ族は八五％、ツチ族は一四％。伝統的にフツ族は農耕、ツチ族は牧畜を営んできた。六二年の独立まで同国を統治してきたベルギーは少数派のツチ族を優遇、対立の根はこの当時に生まれていた。九四年七月、ツチ族系反政府勢力が政権を奪取。報復を恐れたフツ族の約二〇〇万人が隣国のコンゴ民主共和国（旧ザイール）で難民化した。日本が国連平和維持活動（ＰＫＯ）協力法に基づきはじめて難民救援のために自衛隊を派遣したことでも知られる国際的に名の知れた紛争である。

このとき、虐殺に大きく関わったとされたのがメディアである。国連安保理決議で設立されたルワンダ国際戦争犯罪法廷は二〇〇三年一二月、紛争を煽るメディアの責任を厳しく追及し、ラジオ局経営者と新聞社幹部に対し、ジェノサイド（集団殺戮《さつりく》）罪などで終身刑を言い渡した。虐殺時、政府筋に近いラジオ局はツチ族を「ゴキブリ」と呼び、「やつらをせん滅しろ」と繰り返した。新聞は殺害対象の住民の住所や名前を報道した。こうしたメディアに煽られたフツ族の男たちはクワや棍棒、ナタを手に手に、それまで隣り合わせで平穏な生活を営んでいたツチ族の一家を襲ったのである。

最後に、誤報ではないが、メディアの有り様を指摘する、中国人と日本人の血を引くある高校生が朝日新聞に寄せた投書（二〇〇五年五月二一日）を紹介し、まとめたいと思う。

それは、最近の一連の中国と日本の溝についてである。投書は、その理由の一つにメディアの責任を挙げている。「今回起きてしまった両国の対立の元は、歴史認識か、中国の愛国心か、日本政府の態度か。私はおもうに、それらよりこの情報化社会の中で、主にテレビなどで流される映像やネット情報に踊らされたという結果という気がする。そして、深い境界線をつくる結果を生んでしまったのではないか。まず、私は両国の国民が互いを見つめ直し、多少の意見の対立があっても、のみこんでゆく心の寛大さが必要ではないだろうか。そうでなければ、境界線は将来も消えることはないのだ」。

メディアの社会的な責任は大変、重い。意図的なデマを流すメディアはこれはもう犯罪であるが、誤報という意図的ではない情報の流出によってでも思いがけない混乱を生み出すことになる。少なくとも、「コーラン冒涜事件」にしても「アンコールワット発言事件」にしても「裏付け」という当たり前のことをすることで、一連の騒動を防止できたのではないかと思う。加えて言いたいのは、特ダネ意識である。「裏付け」をしてもし事実と違う真相が見えてしまったとき、この〝ニュース〟をあえてキャンセルするという勇気が記者にあるかどうかである。この魅力的な〝ニュース〟を決然としてキャンセルするのは、まさに誘惑の魔手を払うことと同じである。

特ダネ＝出世＝カネ、という根元的な図式がマスコミ界に人権無視の風潮を醸し出してはいないだろうか。何でも自由に報道してもよいということの裏には、責任が伴うことは当たり前のこと。テレビにすれば視聴率、新聞・雑誌にすれば発行部数という金科玉条のような商業主義の絶対的な価値はまだ当分の間、揺るぐことはないように思う。確かに、誤報・人権無視の過熱報道・やらせ問題等々でマスコミが国民から指弾され、世間の耳目に晒されたときは、一様に本来のあるべき姿である「裏付け」を大合唱するのだが、のど元過ぎればまた元の木阿弥になる例が多い。自由主義社会、資本主義社会に与えられた貴重な「報道する自由」という権利に対し、マスコミ人は、「その応分の責任」という義務を、いつも自問自答し続けなければいけない。マスコミといえども過ちはする。しかし、問題はその過ちを率直に認め、謝罪し、社会的に責任を果たすことであることは言うまでもなかろう。

その直後、またまた大手の新聞社で不祥事が発覚した。

二〇〇五年八月三〇日の新聞各社は、「朝日記者　取材メモねつ造」の大見出しで、朝日新聞記者によって衆院選の取材におけるねつ造記事があったことを伝えた。当の朝日新聞も当然のことだが、一面でこの事実を報道、謝罪し、東京編集局長らを更迭した旨を報じている。

事の内容は、郵政民営化法案がらみの衆院解散で、急遽、選挙となったこの年の夏、「新党日本」の結成をめぐる経緯を伝える記事の中で、長野県の田中康夫知事と亀井静香・元自民党政調会長が会談した場所などが事実と反することから、この記事の内容が憶測で書かれたことが判明。執筆した長野総局の記者（二八歳）と両氏はこの取材に関しては一度も会うことがなかったにもかかわらず、大々的にこの憶測記事が朝日新聞紙面に掲載されたというのである。記事を書いた長野総局の記者は懲戒解雇、取材の責任者である東京編集局長、長野総局長を更迭、その他、長野総局など地方を束ねる地域報道部長、政治部長、政治部デスクらを処分した。

この記事を目にしたとき、朝日の先輩として正直、目がくらんだ。「またか！」というため息と、これが元で部数減にますます拍車がかからなければいいのだがという思いが過ぎた。

翌日の朝日新聞の社説は、すぐこの問題を取り上げ、「社内外での競争がもたらす重圧や焦り、朝日新聞という伝統と看板がかえって組織の病を生んではいないか」と自らを厳しく戒めている。そして、「信頼される報道のために」委員会を設置したことを同日付けで読者に伝えているが、その後も世間の風当たりは強く、九月七日には、二〇〇五年六月まで朝日新聞の社長だった箱島信一氏は、秋に開かれる新聞大会が終了する一〇月下旬にも日本新聞協会長の会長職を辞任することを表明した。

私の現職時代に起きた「サンゴ損傷事件」（本書一五〇頁注1参照）が、どれほど朝日新聞にダメージを与えたか、思い出すのもこりごりだ。その後も、マスコミによる大小、さまざまなミステークが起きている。そのたびに読者から厳しいバッシングを受け、責任者が謝罪会見を行ってきた。

ともかく、こうした問題の病巣は深い。

根絶に向け、日々、猛省と持続的な検証が、マスコミに求められている。

＊参考文献

●朝日新聞、読売新聞、毎日新聞
●中野収・早川善治郎編『マスコミが事件をつくる』（有斐閣選書、一九八一年）
●「アエラ」二〇〇五年五月三〇日号

スタッフカメラマンに求められるジャーナリズム精神

宇宙船アポロ13号と兵士の死

私が新聞カメラマンとして生きた二〇世紀末の三〇年間は、日本列島改造論を提唱した田中角栄氏（元首相）に象徴されるように、日本国内も開発一本槍の強いリーダーに引っ張られ高度経済成長を遂げるなど激しく動いた時代だった。そして、アジアもまた激動の時代であった。激動のアジア――それはそのまま戦争を意味した。私は、一九七九年暮れに勃発したアフガニスタン戦争から、カンボジア内戦、ペルシャ湾のタンカー戦争、パレスチナ紛争、一九九〇年の湾岸戦争まで多くの戦争取材を体験した。

新聞カメラマンとしてスタートした一九六九年は、ベトナム戦争が激しさを増していた。一方でアメリカは、宇宙船アポロ11号を人類史上はじめて月面に着陸（一九六九年七月二〇日）させるなど、宇宙計画からベトナムまで、仮想的・ソ連と激しい覇権争いを繰り返していた。

そんな中で矛盾を感じた、忘れられない出来事がある。アポロ13号が故障で地球への帰還が危ぶまれたとき（一九七〇年四月一三日）のことだ。アクシデントから太陽電池が故障し、地球への帰還が果たして可能かどうか。ニュースはアッという間に地球上をめぐった。民族、宗教、国家を超えて誰もが宇宙飛行士の無事の帰還を祈った。ところが、そうしている最中でもベトナムのジャングルでは米兵と北ベトナム兵は殺し合いをしていたのである。日常化したベトナム戦争での兵士たちの死よりも、アポロ13号の三人の乗組員の去就を心配する声のほうが大きいという奇妙な現象を味わった。これは今考えても変だ。

さて、ベトナム戦争がこれほどまでに泥沼化した理由は、ロシア革命（一九一七年）によるソビエト連邦の誕生にはじまった共産主義の芽が中国、東ドイツ、キューバ、朝鮮民主主義人民共和国（北朝鮮）、北ベトナムへとその勢いを増し、ベトナム南部をはじめとするインドシナ全域（ラオス、カンボジア）にもおよびはじめ、いわゆる共産主義のドミノ化をアメリカをはじめとする資本主義陣営が恐れたからである。第二次大戦後の一九五四年、ディエンビエンフーの陥落によってフランスが敗北。撤退した後を受けて南ベトナムを実効支配したアメリカは、傀儡《かいらい》政権を打ち立てることで、共産主義の南下を必死になって防いでいた。資本主義陣営と共産主義陣営が、核という大量破壊兵器を介して軍事的バランスを保っていた、デタントと呼ばれた、いわゆる東西冷戦構造の真っ只中にあった。

戦後世代の私は、学生時代、新聞社に入ることを望み、可能ならベトナム戦争をこの目で見たいと願っていた。戦争とは一体、何なのか。どういうものなのか。この目でしっかりと見届けたいと思っていた。それは当時、中近東ではイスラエルとエジプト・パレスチナ・アラブがたびたび戦争を引き起こし、インド亜大陸ではパキスタンとインドが戦火を交え、さらにはベトナム戦争が日常化していたという事情からに他ならなかった。その中でも、ベトナム戦争は日本にとって身近なアジアの戦争であった。沖縄からは毎日のようにB52爆撃機が発進してゆく。戦場でけがを負った米兵が日本に送られてくる。横田基地には戦死した米兵の遺体を縫い合わせるアルバイトまであった。相模原にある米軍の相模補給廠からは連日のように戦車や武器が横須賀に向けて輸送されてゆく。米第七艦隊の横須賀基地に原子力空母が接岸されるときなどは核搭載の疑惑が流れるなど、ベトナム戦争は日本にとっても、自分にとってもきわめて身近な戦争だった。朝鮮戦争が、特需という日本の戦後復興に大いなる一役を買ったという皮肉な面もあるが、ベトナム戦争もまた日本の高度経済成長に一役も二役も担ったという側面は否定できない。日本の多くの産業界は直接的には武器輸出できないものの後方兵站部門でベトナム戦争に荷担していたといっても過言ではない。

アジアの身近なベトナム戦争――「日本人の目で戦争写真を」

そういった身近なアジアの戦争を日本のマスコミはどう報道すべきか。とりわけ写真報道はどうあるべきか。私が入社する直前の一九六八年、朝日新聞社内部でもいろいろな議論が交わされたという。南ベトナムのサイゴンには記者はすでに常駐していたが、写真報道はずっと外国通信社（AP、UPI、ロイター等々）に委ねてきた。連日のようにサイゴンから送られてくる大量の電送写真に疑問を感じ、日本人の目で写真報道すべきではないか。欧米人の目を通した写真報道にはどこかバイアスがかかっていると見るべきだ、等々。当時、写真部のニュースグラフ面担当デスクだった百々信夫氏（後の写真部長、故人）は、後年になって当時を振り返って、私にこう語っている。

「外国人の目を通したベトナムの写真ではなく、日本人のカメラマンから見たベトナム戦争の写真が今こそ必要ではないか」。

こうした写真映像に対する意識の高ぶりは、数年前の東京オリンピック（一九六四年）をきっかけに新聞紙上における写真の重要性がカメラマンのみならず編集局の中軸である整理部からも持ち上がってきていた。それは、東京オリンピックをきっかけに新聞紙上に連日、写真中心のページを掲載するグラフ面が特設されたことにより、写真に対する意識が大幅に高まったことによるものであった。また東京オリンピックは、それまでの白黒に代わってカラー化に拍車をかけるというテレビ界にとっても大いなるメディア革命を起こしたイベントでもあった。その意味で、東京オリンピックはテレビ全盛時代の幕開けを告げるものだった。好景気に後押しされてカラーテレビは瞬く間に茶の間に吸い込まれていった。そうしたテレビという映像媒体との相乗効果も相まって、新聞におけるニュース写真の重要性は記事中心の新聞社内部に地殻変動のような異変を起こしたのである。しかし、百々氏が声を出すまで、当時はまだベトナム戦争における写真報道の重要性にマスコミの多くが気づいていなかった。

とはいえ、それまでまったくベトナムに朝日新聞のカメラマンが派遣されなかったわけではなかった。一九六四年、作家の開高健氏と朝日新聞出版写真部の秋元啓一氏（ともに故人）が「週刊朝日」から二カ月間にわたって特派され、『ベトナム戦記』（朝日新聞社、一九六五年）を著している。次いで派遣されたのが本多勝一記者と藤木高嶺カメラマンで、一九六七年三月から七カ月間、メコンデルタを中心とする解放戦線側の潜入ルポをものにしている。しかし、この二例はあくまで出張であって常駐ではなかった。

自社カメラマンが常駐し、日常生活をともにする中でベトナム戦争の実態をレンズを通して表現させたいという百々さんの願いがかなったのは一九六八年三月のことであった。最初に派遣されたのは池辺重利氏(故人)だった。着任一〇日後に、あのソンミ村での住民虐殺事件(ソンミ事件)が起きている。そして、池辺氏に次いで派遣されのは梅津禎三氏である。

梅津カメラマンがベトナムに派遣される直前の一九六八年一〇月、彼を送る壮行会で私ははじめて梅津カメラマンに会った。翌年四月に入社するという身で、まだ学生であった私に梅津カメラマンは「いずれ君らが続くことになる。しっかり勉強しておくように」と言った。梅津カメラマンは私より一一歳年上で、当時、若手のエースとして肩で風を切っていた。凛とした梅津カメラマンの「出征」に、私は一日も早くベトナムの地に足を踏み入れてみたいという衝動に駆られたものだった。

単純思考の危うさ――東京で作られるニュース写真のイメージ

――それから四年、一九七二年暮れ。一年間の常駐を終え後任にバトンタッチした梅津カメラマンはすでに東京に戻ってきていた。そして、再び彼の出番が来た。かねてからパリで開かれていた米・南ベトナム・北ベトナム・南ベトナム臨時革命政府の四者会談で、米と北ベトナムとの間でベトナム和平協定が合意を得そうだという空気がにわかに伝わってきた。

ベトナム和平という歴史的な日を、サイゴンで取材させるべきカメラマンを応援に出そうというのである(この半年前、四代続いたカメラマンのサイゴン駐在が廃止になっていた)。それには何と言ってもベテランの梅津カメラマンをおいて他にはいないということになった。私はそのときのことを昨日のようにはっきりと覚えている。なぜなら、自分こそ「ベトナム戦争の最後を見届けたい、行きたい」と心底願っていたからである。

緊急出張を命ぜられ梅津カメラマンは得意げな中にやや興奮していた。それはそうだろう。慣れ親しんだベトナムとはいえいまだに激しい戦火の地である。どんな写真が果たして撮れるのか。多くのスタッフカメラマンの中から選ばれて出張するのは晴れやかだが、もし、ろくな写真しか撮れなかったら、長年築いてきたエースの座は危ういものとなる。エースとしてのプライドが彼が本来もつ攻撃性を萎縮させていたように私には感じられた。和平合意というニュースはそれだけ大きなニュースだったのだ。中国からの何千年にもわたる干渉と紛争。その後、フランス、日本、そして再びフランス、アメリカと泥沼化した戦火を生き抜いた、その悲劇のベトナムに本当に平和がくるのだと思えば、戦後生まれの私ですら興奮しようというものである。

自分が出張する段となったらどうすべきかを考え、私は、梅津カメラマンの手伝いを買って出た。梅津カメラマンは、出張用のスーツケースにフィルムやレンズ、さらには暗室用の現像液などを手際よく詰め込んでゆくのだが、どこか不安を隠せないでいた。

そのときだった。写真部デスクの一人が言った。

「梅ちゃん、当然だけど、和平合意したらサイゴンの民衆の喜びが一面の写真だぞ。そのときは夜中でも何か送って来いよ」。

梅津カメラマンは「うん」と答えたものの、「そんなこと言ったって、思うようにはいかんのよ」とぽつりとささやいた。それは傍らにいた私にだけ聞こえるぐらいの、そんな小さな声だった。出張前から成果を期待されるのは宿命かもしれないが、その写真のイメージまでもが、東京本社で決めつけられるとあってはプレッシャーと言わざるをえない。

パリ和平会談は、年明けになって予想どおりに合意に達し、一九七三年一月二七日、本調印の運びとなった。本調印の模様を報じる一月二八日付朝日新聞朝刊のコピーが手元にある。一面に「ベトナム和平本調印《険しい戦後》開く」の大見出しが躍り、いよいよベトナムに平和が到来するという期待感を満面にした紙面である。しかし、実態は、アメリカ軍が南ベトナムから全面撤退することですぐに戦火が収まり、明日から確実に平和の日が到来するというものではない。むしろ米軍が撤退し、軍事力において空白になった南につ北ベトナム軍が進撃を開始するかという「陣取り合戦」も予想されるのだ。言い換えれば米軍がいなくなった後は内戦の激化が予想され、むしろ米軍が管理していた今までよりもはるかに危険な状態になるということも想定されたのである。

とはいえ内戦がはじまって一二年、米軍本格介入から八年という節目であることには違いない。それにアメリカ・ベトナム双方の戦死者合わせて二三五万人という壮烈なベトナム戦争の一応の区切りであったことは祝うべきことであった。

しかし、それから二年二カ月後の一九七五年四月三〇日。北ベトナムは南を一気に飲み込んでしまったのである。東京の私たちは、共同通信の流すベトナム情勢を聞きながら、あれよあれよという間にベトナム全土が北ベトナム軍によって統一されてゆく様を見せつけられたのだ。北の攻勢はすごかった。各地で南ベトナム軍を撃破し、その勢いはまるで吸い取り紙に水がジワッと染み渡っていくように、北ベトナム軍は南の首都サイゴン目指して南へ南へと進軍してゆくのだった。

「パリ和平協定調印＝すわ平和＝にっこりと微笑むサイゴン市民」という短絡な構図ではなかったのだ。梅津カメラマンを悩ませた、出張直前のあの一言は一体何だったのか。そして梅津カメラマンのあのつぶやきを、私自身、あのとき理解していたのかといえばそうではなかったような気がする。その後、自分がそうした状況に直面してはじめて、彼のつぶやきを理解したものである。

梅津カメラマンは、結局、和平協定調印に合わせて、停戦直前に亡くなった南ベトナム軍兵士の葬儀を取材している。墓前に手を合わせる母と老女の表情に、彼のベトナムへの思いを託していた。

そして、翌日の朝刊だった。梅津カメラマンの、あれっと思う写真が載った。

「喜ぶのはまだ先だ」と叫んだサイゴン市民の声を見出しにした第三総合面（朝日新聞一月二九日付朝刊）は、比較的、落ち着いた記事で埋まっていたのに、写真だけは「よみがえる笑顔」と題して、子どもが体いっぱいで喜びを表している写真だ。まぎれもなく出張間際にデスクが求めたイメージそのものだった。

しかし、それからしばらくたった二月一五日付夕刊「ニュースグラフ」面に、梅津カメラマンの真骨頂ともいうべき写真が載った。「帰ってきた兵士」と題して七段ぶち抜きという異例の大きさだ。写真の主は、一年前、クアンチの戦場で両足を失った青年で、写真には「停戦になったとはいえ車いすでの生活を余儀なくされ、明日からの生活は厳しい」と短いコメントが添えられている。なかなか感動的な写真であった。

アメリカの担保が求められるアジアの大ニュース

私が念願かなって戦場取材を許されたのは一九七九年のクリスマス・イブに勃発したアフガニスタンへのソ連軍の侵攻であった。入社からちょうど一〇年がたっていた。

それは年の瀬のことだった。ソ連軍のアフガン侵攻というビッグニュースは世界中を駆け巡った。一二月二六日、アメリカは「過去二日間にソ連軍がアフガンへ大規模な兵員と兵器の空輸を実施した」と発表した。人権外交を標榜するアメリカのカーター大統領（当時）は、ただちに「主権国家の内政に対するあからさまな軍事介入」と警告を発した。

実はこの情報はアメリカ側の発表の数時間前に、すでにインドのニューデリーで流されていた。朝日新聞の当時のニューデリー特派員がこのニュースをキャッチ。東京に一報を送ったが、ニューデリー発のこの記事の真偽を図り損ねているうち特ダネを逸してしまったという曰くつきがある。当時もそうだが今でも、途上国からのニュースは、なぜかいつもアメリカの発表という保証がなければ報道されないという日本のマスコミの宿命のようなものがある。アメリカが、国際問題としてソ連を攻撃し出したのを機に、朝日新聞をはじめ日本のマスコミもここぞとばかり紙面を展開する。当時、朝日新聞をはじめ日本の新聞各社のほとんどがニューデリーに支局を置いていた。その支局からの情報なのに、本社外報部は慎重さを崩さなかった。「もしそうならアメリカが何とも言わないわけがない」。アメリカ側の担保を求めたのである。

しかし、そのときアメリカをはじめ欧米各国はクリスマスの最中で、浮かれていた。そのため対応が数時間遅れたのである。このとき私は、マスコミまでもが日米外交関係のように追随的であったことを思い知らされるのであった。「アメリカがクシャミをすれば日本は風邪をひく」。これはマスコミにもいえることだったのだ。逆にアジアからの情報に対しては常に懐疑的であるといっていい。

こうした習慣はいまだにそうだ。日本のマスコミの大半は、アジアといったら朝鮮半島と中国が主流と考えている。その他の東南アジアなどは脇役だ。朝日新聞の取材網を例にとれば一目瞭然だ。中国関係は今では本土に四つの支局、それに香港、台北に支局がある。あの狭い韓国にも複数の特派員が常駐する。それに対して、かつて複数が常駐していたベトナムは終戦後、一時期途絶えていたが、今はハノイに支局が置かれているだけで常駐はいない。ラオスにもカンボジアにも常駐はいなく、バンコクのアジア総局がカバーするという体制をとっている。ちなみにアジアの他の国の取材拠点はといえばマニラ、ジャカルタ、ニューデリー、シンガポールに各一人ずつという按配だ。話ついでにアフリカはカイロとナイロビに常駐するだけで、あの広大なアフリカ大陸をどうやってカバーできるのだろうかと不思議な気がする。

こうした現象は、朝日新聞に限ったことではない。他の新聞社も通信社も似たり寄ったりで、そのいずれもが取材体制において欧米偏重である。日本にとって石油は不可欠な資源であるのにイランの首都テヘランを除けばアラブ産油国には一人も常駐していないのだ。支局を開設するということはもちろん相手国との事情もあるのでそう簡単な話ではないが、今のままでは、必然的に欧米偏重のニュース報道になるのは当たり前といえば当たり前だ。

「カラ手形」の紙面獲得

さて、再びソ連軍のアフガン侵攻に話を戻そう。

アフガン入りするにはともかくビザが必要だ。年明け早々、私は東京のアフガン大使館に行き、一応、ビザ取得の手続は取っておいた。そして、はやる気持ちを抑えながら出発に向けて一つ一つ手順を踏み始めた。緊張感がかえって自分を冷静にさせていた。ビザが出なければ、そのときはそのとき。パキスタンでもインドででも取得できるだろうと思っていた。しかし、予想に反して早々にビザが降りた。混乱期のビザがいかに取りにくいかを知っていた私は、少々意外に思えた。理由は、ソ連による傀儡政権がカルマル新革命評議会議長の初会見に向けて、西側諸国にビザを乱発したのだった。一日でも早く新しいリーダーを紹介することでアフガン新体制を世界に認知させようというソ連の目論見であった。しかし、クーデター後もしばらくの間、カルマル議長は国民の前に顔を出さなかった。それは、後になってわかったことだが、クーデターのときには、カルマル議長はアフガン国内にいなかったからだ。クーデター成功の報とともに、カルマル議長はソ連軍機によってプラハから急遽、帰国の途についたのであった。そのため数日間というものクーデターの首謀者の顔がテレビに登場することはなく、アフガン国民はただラジオを通じてのみ、カルマル氏が新しいアフガンの権力者になったということを知らされたのだった。このラジオ放送もあらかじめ国外で録音されたものだったという。

そのカルマル議長がいよいよ世界のマスコミの前に顔を出すというではないか。私は正月明け、成人式の一五日に単身、アフガンに向かった。

その出発間際、戦場に向かう気持ちと、スムーズにカブールに潜り込めるかどうか、たとえ潜り込めたとしても、ソ連軍の戦車だらけのカブール市内で果たしてどんな写真が撮れるのか。緊張する私に追い討ちをかけるようにデスクの一言が私を押しつぶしそうになった。

「マッチャン、二六日の夕刊三面『にゅーす・らうんじ』面を全面もらったから。それに間に合うように（写真と記事を）送ってよ」。

新聞というのは、突発的な大きなニュースならどんなものでも蹴散らかして一面トップにまでゆく。しかし、今、連日のように一面トップを飾っているアフガン事件でも十余日後ともなると扱いはどうなるか保証はできない。ほかに大事件でも発生すればアフガンのことなどはしばらく忘れ去られてしまうに違いないからだ。熱しやすく冷めやすい新聞の性格を考えて、デスクは出発前から紙面を獲得しておく必要があると考えたのだ。

経験上、大体の日数を考えて「カラ手形」を切って、このあたりなら原稿も届くだろうと予想して紙面を確保しておく。良いデスクというのは、こうした見切りができる能力を持った人である。出張に出したのはいいが、いつ写真が到着するかわからないからと紙面を確保しておかないデスクは無能としか言いようがない。それは限られた紙面を出稿各部が毎日しのぎを削って、言葉は悪いが「分捕り合戦」をしているという現状がある。だから、突然、現場から写真・記事が送られてきても掲載面がなければ何もならない。とくに写真を掲載するには大きなスペースが必要となり、一面全面を潰すということも想定しておかねばならないのだ。それにニュース写真は生もので、日がたてば鮮度が落ちてしまう。出張と同時に紙面を確保するというのはデスクの当然の仕事であり、野球で言えば「キャッチングは俺に任せろ」とキャッチャーミットをピッチャーに向けて自信のあるところを見せつけるようなものである。

そうした事情をすべて飲み込んでカラ手形の紙面確保をするデスクはデスクで、それなりのリスクを背負う。もし約束の日に紙面化できなかったらそのデスクの面子《めんつ》は丸つぶれで、紙面を管理する整理部の信用を一気に失ってしまうからだ。だから、そういったことを予測して、できるデスクというのは出張者にはわからないように（わかってしまうとやる気力が萎えてしまう）、別の誰かに原稿を密かに用意させておくものだ。それぐらいの手当をしておかなければ、整理部からの信頼は得られない。また、整理部は整理部で、そんなときのことを考えて、やはり別の出稿部に紙面のバックアップを匂わしておくものだ。そういう保険に保険をかけながら、アフガンからの生ニュース写真を待つのである。

だから、デスクは必然的に失敗の可能性が少ないベテランカメラマンを出そうとするのはある意味においては至極当然のことなのである。自分の責任において良い紙面を作ろうとするなら、真剣に取材者と事前に綿密な打合せをするだろう。その結果、場合によっては取材者にヒントを与え少しでも楽にしてやろうと、イメージを先行させるニュース写真を要求するというお節介なことが生まれることにもなるのである。しかし、こうした一連の仕事を通して、ピッチャーとしてのカメラマン、キャッチャーとしてのデスクとの間に、太い絆、信頼感が生まれ、絶妙なコンビネーションとタイミングによっては、紙面を大いに沸かせるニュースを連発することもあるのだ。

さて、アフガン出張間際に話を戻そう。

まだ東京にいるというのに紙面の日にちだけが決まってしまった。「もし写真が来なければ紙面は真っ白だよ」などとデスクに脅され、そのたびにプレッシャーが肩にぐいと食い込んだ。本当に、もしカブール入りが果たせなかったらどうしよう。仮にカブールに入り込んだとしても、期待どおりの写真が撮れなかったらどうしよう……。梅津カメラマンがつぶやいた一言が脳裏をかすめた。だが、開き直るしかなかった。やるだけのことをやってだめなら仕方がない。今はくよくよしていても仕方がない。当たって砕けろ。こんな気持ちでいたら負けだ。早く気分を切り替えることで自分に自信を持たせるのだ。私は、結構、気持ちの切り替えが早いほうだったからか、その後の取材でも大きな失敗もなく、やり通せたように思う。

アフガンの取材は順調にゆき、一面トップを飾る記事・写真から何度かのグラフ面をつくった。カブールからはテレックスによる記事送稿はできても、このときは電話による写真送稿はできなかった。写真はニューデリーに出るインド人商人を通じ支局に運んでもらい、ニューデリー支局から東京に電送してもらうなど苦労したが、出発前の悩みはすべて杞憂に終わった。

その後、ソ連軍の撤退（一九八八年）、ムジャヒディン（ゲリラ）政権樹立（一九九二年）などで数度にわたってアフガン入りしたが、その都度、取材環境が違い、写真送稿が可能だったとき、不可能だったとき、ケース・バイ・ケースで臨機応変に対応するほかなかった。

ともあれアフガンでは、一九七九年のソ連軍侵攻から撤退、ゲリラ派閥同士の内戦まで十数年間で、約五〇〇万人の難民、一〇〇万人以上の戦死者を出している。アフガン内戦は、別名「兄弟殺しの戦争」とも言われた近年最悪の戦争であった。

ソ連軍の撤退後、アフガン問題はマスコミの世界では国際問題ではなく地域の問題として扱われ、しばらくの間、日本の新聞紙面にもほとんど登場することはなかった。その間、アフガン国内では次第に隣国パキスタンで教育された「タリバン」と呼ばれるイスラム原理主義組織が、時代に逆行する保守的なイスラム社会を目指して勢力をのばしていた。その間隙をぬって入り込んだのが国際的テロ組織「アルカイダ」である。アルカイダは、タリバンを軍事的に支え、次のテロの標的として選んだのが九・一一事件（二〇〇一年）のニューヨークであった。そして、アメリカは、アルカイダを保護するアフガンへ侵攻。タリバン政権の崩壊へと連なっていったのである。

スタッフカメラマンは何を考えたのか

話は少し戻って一九九〇年八月二日。突如としてペルシャ湾がきな臭くなった。イラクが隣国クウェートに軍事侵攻したのである。合わせてクウェートやイラク国内にいた邦人数百人、西欧人ら数千人が人質としてイラクからの出国を拒否された。侵攻の理由は、クウェートやアラブ首長国連邦などがメジャーズ[*1]の注文に応えて石油を増産したため価格が崩落し、イラクは多大な損害を被ったというものだった。さらにクウェートは国境付近のルメイラ油田からイラクの石油を盗掘しているとイラクは牙をむき出しにしたのだった。

この「湾岸危機」が勃発したとき、私は中国シルクロードのトルファンにいた。ユネスコの主催する「シルクロード砂漠ルート隊」に同行取材している最中だった。それから一カ月後に帰国し、あわただしくイラクへ向けて旅立つのだった。

イラクのサダム・フセイン大統領（当時）は、アメリカの出方を読み違えたといっていい。クウェート侵攻に対し、アメリカは黙認するであろうと読んでいたが、こと石油利権に関してはアメリカのブッシュ政権はサダムの暴挙を許さなかった。アメリカは、ただちにイギリスと組んで国連安保理にはかり多国籍軍を編成、イラクにクウェートからの撤退を要求した。が、サダムはこれを最後まで拒否。結局、イラクとアメリカの駆け引きは不調に終わり、翌年一月一七日未明、多国籍軍はイラクに対し軍事行動に出る。湾岸戦争の勃発である。結果は、サダムは多大な被害を被って二月二六日、イラク軍のクウェートからの撤退を表明。二八日に終戦となった。これが第一回目の湾岸戦争の概略である。

私はこのとき、四カ月間にわたって現地で取材を続けた。その多くがビザ問題とイラクとの地理的な関係でヨルダンの首都アンマンを拠点にし、バグダッド、エルサレム、エジプトなどを回った。イラクへは、開戦前に二度にわたって入った。

このときの湾岸危機・戦争を通じ、新聞社から派遣されたスタッフカメラマンとして、取材上のさまざまな問題点をここに記してみたい。

カメラマンにとって、戦争取材のうえで結構つらいのは、「開戦」「終戦」といった節目である。米軍の空爆、ペルシャ湾からのミサイルによる攻撃がはじまったとき、バグダッドには朝日新聞の記者、カメラマンは一人もいなかった。前日までに、本社からの指示で全員が隣国ヨルダンのアンマンに引き揚げていた。生命の保証ができない戦争取材に対しては、やむをえないこととしてよく行われてきた対応である。しかし、一九七五年のベトナム・サイゴン陥落のときは三人の記者が残ったが、東京から応援のカメラマンらはタイのバンコクに避難した経緯がある。今回も記者は残らない代わりにイラク人ジャーナリストを急遽、採用して、戦時下のバグダッドの状況を逐次、電話取材し、カバーしようという手だては講じていた。

しかし、そこに行き着くまでには東京本社との間で、さまざまな議論が交わされた。

「いざ開戦」というときに、自社カメラマンや記者は本当にいなくていいのか、という問題である。開戦直前までバグダッドにいた朝日新聞のメンバーはカメラマン二人と記者二人だった。四人は東京本社から、「早くバグダッドを脱出せよ」と何度も催促を受けていた。「もう戦争は避けられそうにない。危険だから早くイラクから外に出ろ。命の保証はないのだ」というやんややんやの催促に、籠城を決め込んでいた四人もさすがにバグダッドを離れるしかなかった。

このとき、私は隣国ヨルダンにいた。そして、ベトナム戦争で梅津カメラマンが味わった一五、六年前の苦悩を思い出していた。サイゴン陥落のことだ。北ベトナム軍と南ベトナム臨時革命政府軍が、いよいよサイゴン近郊にまで進軍し、南ベトナム政府は崩壊寸前にあった。サイゴンは大混乱に陥り、アメリカ大使館の庭からは政府関係者、米側に荷担した民間人らが軍用ヘリで脱出する様が、連日のようにテレビのニュースで流された。大きな荷物を抱え同大使館に入り込もうとする者や、挙げ句にはヘリのスキットにまでしがみつき必死になって脱出を試みる者。一つの国家、一つの権力が崩壊するときというのはこうしたものなのか。私は、この歴史的な出来事を東京の本社で、連日見入っていた。こんなときこそ、自社のカメラマンの写真で紙面を飾るべきではないか。朝日新聞では、サイゴンの混乱ぶりは、もうこの段階ですべて外電写真に頼らざるをえなかった。なぜなら、その幾日か前にベテラン記者だけを残して梅津カメラマンらはタイのバンコクに避難していたからである。

私は地団駄を踏んだ。そして、しばらくして帰国した梅津カメラマンに激しく迫った。

「ジャーナリストとして、カメラマンとして悔しくなかったのか。僕なら本社が何と言おうと残った。梅さんは本社の指示を理由に腰を引いたのだ」。

今思えば、恥ずかしい言葉である。若気とはいえ思い上がった自分に今でも辟易《へきえき》する。よく考えれば、長年、ベトナム戦争を撮り続けてきた梅津カメラマンにとってサイゴン陥落という歴史的な瞬間こそ自分の目で見届けなければという思いが人一倍強かったであろう。「敵前逃亡」のようにサイゴンを離れたメンバーは、それぞれが複雑な思いでサイゴンからの離脱をせざるをえなかったであろう。その行為を誰も責められるはずはないのだが……。若い私は、一人憤慨していた。

ちなみにこの脱出云々が取りざたされていたとき、産経新聞サイゴン特派員だった近藤紘一記者は、後に著した『サイゴンのいちばん長い日』の中で、こう記している。

「『三〇日予定の日航機を待たずに、その他の民間機、米軍機などあらゆる方法をさがして、即時避難せよ。切符が無くても空港でキャンセル待ちを試みよ』。ごていねいに、『編集局長厳命』とある。冗談じゃない、この暑いのに空港にムダ足を踏めるものか。だいいち、日本人記者の大半はまだ残留している。これだけの戦争について書きたい放題書いてきて、その最終段階に一人でも特派員が居合わせなかったら、新聞社の恥さらしではないか。紙切れに、『了解。万一のさいは記者団の大多数と同一歩調を取るから安心されたし』とローマ字で書いて、オペレーターに東京への打電をたのんだ」。

近藤記者と同じようにサイゴン残留を決め込んだ日本人記者は結構いた。朝日新聞も三人のベテラン記者を残した。しかし、朝日新聞をはじめ日本人スタッフカメラマンの多くが国外に脱出したため、歴史的なサイゴン陥落を見届けることはできなかった。このとき意を決して残留したフリーカメラマンの楠山忠之氏は、サイゴン陥落を目の当たりにした数少ない日本人ジャーナリストである。

求められるジャーナリスト精神

――湾岸戦争は一九九一年一月一七日にはじまった。このときの模様を私は日記に詳細に綴っている。日記は、その後『仕組まれた湾岸戦争』（人間と歴史社、一九九一年）として出版しているが、その日をここに再現してみる。

「うとつ、としていた。遠くで誰かがドアをたたいている。ドンドンドン……、ドンドンドン……。反射的に私は飛び起きた。そして枕元の時計を見た。午前三時一五分だった。パジャマのままドアに一直線に向かう。ドアの向こうに松本（仁）中東アフリカ総局長が立っていた。『始まった。今四波の攻撃中だ。いやー、いい時に帰ってきた。危なかった』。昨晩、飲んだアルコールのせいかまだ頭がボーッとする。私は、『戦争が始まったんですか』と聞き返しながら、総局長の次の言葉に体が勝手に反応していた。『まだ夕刊に間に合うから何かアンマン市内の写真を入れよう』」。

仲間を起こし何組かに分散して、アンマン市内に散った。だが、何せ真夜中である。人の動きはほとんどない。アンマンはまだ眠りの中にいるのだ。しかし一方では、東京の夕刊締切りが刻一刻と近づいている。何を撮れというのだ。焦りとも苛立ちともいえる気持ちがヨルダン人のタクシー運転手にも伝わったのか、彼はあちこち精力的に動き回ってくれるのだった。そんなとき、真っ暗闇の中に煌々とライトを灯した店が目に入った。パン屋だった。そして、店前にはパンを求める人たちで長蛇の列ができていた。買いだめの列だったのである。私は数カットだけシャッターを押してその場を離れ、近くにあるガソリンスタンドに向かった。案の定、ガソリンスタンドは燃料を求める車、車、車で埋まっていた。

結局、この日の夕刊一面は、バグダッド市内への多国籍軍の攻撃に応戦するイラク軍の激しい対空砲火の外電写真が掲載され、私たちの写真は特設グラフに収容された。

時差などお構いなしのこの手の取材は本当につらい。攻撃を開始したアメリカは前日一六日の夜八時で、テレビ各局が食事を終えたばかりの茶の間に向かって多国籍軍がいよいよ攻撃を開始した旨を伝えているとき、日本は通勤ラッシュが一段落した午前一〇時。しかし、肝心要の現場であるイラク、ヨルダンは真夜中なのである。しかし、何かを発信しなければならないのが現場に送り込まれているカメラマンの苦しいところだ。記事は何とでもなるが、写真だけは如何ともし難いのだ。

ところが、そんな愚痴にも似た甘っちょろい思いを吹っ飛ばすことが東京からの電話で知らされた。

「NHKはバグダッドにスタッフを残したぞ。柳沢（秀夫）記者がバグダッドから生中継しているが、その後方を米軍の発射したミサイルが飛んでいた」というのである。日本のマスコミは全員脱出したと聞いていたが、実はNHKだけは開戦までいて遅れて陸路脱出したのだった。しかし、その後はバグダッドからの中継はCNNの独壇場となった。


さて、その湾岸戦争から一二年後。二〇〇三年、アメリカは再びイラクに大量破壊兵器が存在するという理由で、イラク戦争を引き起こす。この第二次湾岸戦争ともいえるイラク戦争は、第一次に比べ、さまざまな点でカメラマン、記者たちの戦争取材の有り様を変えた。

第一と第二の一二年もの間に画期的な変化が生まれたのは通信機器のデジタル化である。カメラマンについていえば、それまでのフィルムを使った銀塩写真からデジカメ（電子によるデジタルカメラ）になったおかげで、フィルム現像をする必要性がなくなった。デジカメで撮った映像は瞬く間に携帯用のパソコンで処理され、携帯電話でアッという間に東京に送信される。私の現役だった銀塩時代には、暗室セット、電送機など総量三、四〇キロほどの大荷物を抱えての出張だった。第一次湾岸戦争のときなどは、それにインマルサット衛星を利用したパラボラ型の通信機器（総重量六〇キロ）をロンドンから取り寄せてバグダッド入りしたのである。この一二年間のメディアの進歩は、まさに夢のような隔世の感ある映像革命だ。

こうしたメカニックの進歩は、それまでリアルタイムのニュース写真を追うためには大がかりな電送送受信システムを持っている新聞社や通信社しかチャンスがなかった環境を、フリーのフォトグラファーにもチャンスを与えることとなった。デジカメ、携帯電話、インターネットというメディア革命により、どこにいても写真を世界中に送信できるという状況が、フリーの人たちにも新しい出番を与えたのだ。

それは写真という静止画像のみならず、デジタルビデオの登場で動画の世界にも、従来の大手テレビ局の独占ではなくフリーの参入を許すこととなった。そして、撮影からレポート、編集、通信まですべてを一人でやりこなす新しいタイプのビデオジャーナリストを誕生させたのである。それまでのマスコミの既得権益から解放されたフリーのカメラマンやビデオジャーナリストたちは、デジカメやビデオカメラ、パソコン、携帯電話を手に、身軽に世界のあちこちに飛ぶことが可能になった。繰り返すが映像革命は、それまでマスコミが独占してきた取材現場にフリーのジャーナリストたちが参入することを可能にしたのである。その結果、イラク戦争では、大手テレビ局と一時契約した多くのフリー・ビデオジャーナリストが登場。お茶の間に生々しい現場の映像を送り届けたのである。それは、日本のサラリーマン・カメラマン（記者）による戦場取材の限界という隙間を突いたものといってもいい。言い換えれば、映像メカニックと通信の飛躍的な進歩が、旧来からのマスコミの独占的な立場を否定し、スタッフとフリーの垣根を壊したともいえる。

スタッフは会社の命令で危険地帯から避難し、マスコミと一時的な契約を交わしたフリーがスタッフに代わって戦場に赴くという構図である。こうした構図について、フリーのビデオジャーナリスト集団を主宰する野中章弘氏は、朝日新聞「オピニオン」（二〇〇三年六月六日付朝刊）で、「（戦場となったバグダッドに）新聞記者がなぜいないのか、という素朴な疑問に紙面でこそ答えるべきだ。欧米メディアではフリーでなくてもバグダッドに残った記者がいた」と、本社側に迫っている。野中氏はその当時、朝日新聞社からの依頼を受けて紙面審議会委員をつとめていた。

それに対し本社側の亘理信雄外報部長（当時）は、「記者の安全を第一と考えた。欧米は契約社会であり、自己責任の一方で報酬は大きいといったシステムをとっていることもあるのではないか」「取材プロセスをどこまで書くかはこれからの課題だ」と答えている。補足するように君和田正夫編集担当専務（当時）も「従軍記者については、契約や補償など人事制度そのものを見直さないと外国メディアのようには動けない」と語っている。

さらに、野中氏が問題にしたのは、四月九日にバグダッドから送られてきた「倒されたフセイン像」などをめぐる一連のテレビ映像についてであった。この「倒されたフセイン像」は翌日の各紙朝刊にも大きく掲載された。しかし野中氏は、「朝日新聞が掲載した一〇枚の写真はいずれも体制崩壊を喜ぶトーンだった。だが、バグダッドにいたジャーナリストには大いに違和感があった。五〇〇万都市で約二〇〇人がフセイン像引き倒しの現場にいて『市民は歓迎』と言えるのだろうか」と、現地バグダッドと東京とのニュース感覚、意識の落差を指摘している。つまり、「フセイン像引き倒し」はやらせではないか、仮にやらせではなくても米軍の意をくんで、ある一部の市民がやったことを表象的な出来事として扱ったことに対する疑義であった。

対し、亘理外報部長は「外国通信社、テレビ映像、日本のフリージャーナリストからの情報を総合して報道した。アメリカのテレビは『フセイン像引き倒し』を『ベルリンの壁崩壊』のように繰り返し放映したが、我々はそれには疑問を持って迎えたつもりだ」。また、花井尊映像本部写真セクションマネージャーは「あの日はイラク関係だけで一〇〇〇枚以上の写真が配信された。フセイン像の写真は、編集局内で議論しながら、あの日の象徴だろうと考えて選んだ」と掲載理由を語っている。

それに対し、野中氏は「米兵に抗議するバグダッド市民の写真はなかったのか」と詰め寄っているが、このやりとりを紙面で読んで、私はかつて自分が取材者であったときと、東京でデスクとして紙面作りに振り回されていたときとをダブらせながらいろいろな思い巡らせるのだった。

湾岸戦争前夜、ビザの関係でイラクに入れないでアンマンに居ざるをえない状態のときだった。イラク寄りのヨルダンでは、パレスチナ人たちが連日のようにアメリカの強圧的な態度を批判するデモを繰り返していた。私は何度もそのデモ行進の写真を東京に送ったが、まともに掲載されたことはなかったように記憶している。それどころか「なぜ扱わないのか」という私の詰問に、東京本社の写真部デスクは、東京のそのときの編集局の空気をこう伝えてくれた。

「松本さんには理解できないでしょうが、東京はアメリカ一辺倒なんですよ。とにかくサダムが悪いんです。それを支援するパレスチナ寄りの写真はなかなか扱いづらいですよ」。

「戦争報道」と一括りにしてしまうと特別な取材活動と見られがちだが、どんな事件でもカメラマンたちは現場を這い回りながら、はるか離れた東京とのニュース感覚のギャップを肌で感じてきた。一九九一年三月、湾岸戦争から帰国後、しばらくして私は一冊の本を著した。この本の出版を記念して国内のあちこちで講演を行った。その都度、私は、「決してサダム（元フセイン大統領のこと）は戦争をしたくてしたのではない。イラン・イラク戦争ではアメリカに利用され、アメリカは自分の味方だとばかり、アメリカの威を借りたつもりでアラブ世界で一気に覇権を握ろうとした。そして、ペルシャ湾の石油を自分が支配しようなどと大それたことをしでかした。そんなサダムに危機感をもったアメリカは、クウェート侵攻という愚挙に出たサダムをこの際、一気に潰してしまおう、と決めた。結局、サダムは、アメリカに良いように利用され、捨てられたんですよ。半世紀前の日本も、サダムのように追いつめられ、外交上にっちもさっちも行かなくなって、戦争へ突入となったんでは……」とやや暴言に近い、しかし、本質を突いた話をした。ところが、聴衆の何人かから「松本さんはフセインの味方なんですか」と言われたことがある。その一瞬、そのときの日本の多くの人たちから自分がどう見られていたかがわかった。

聞くと、私が湾岸戦争で四カ月もの間、日本を離れているうちに、日本のマスコミのほとんどが「サダムは大悪党」「アメリカは正義」という世論一色に染まっていったというのである。アンマンにいればパレスチナ情報が山とあり、東京にいれば、周りはアメリカ側の情報で満ちあふれているのである。マスコミがそうした情報を使って世論を形成し、挙げ句その世論にマスコミは振り回されるという皮肉なサイクルだ。

新聞記者がなぜ世界各地に散っているのか。たとえば九・一一事件のようにアメリカで大事件が起きたとき、アメリカ以外の地ではどのような反響を呼んでいるのか。大事件に対するそれぞれの地における意識はどうなのか。どんな気持ちを抱いているのか。一つの事件をめぐってもその地その地でさまざまな見方がある。「鳥の目、虫の目」とよく言われるように何事においても多様な見方、意見があるはずだ。世界各地に自社の記者が常駐している理由には、そういった各地に生きる多くの人たちの考え方の「違い」を紹介するためでもある。メディア大国アメリカはイラクに比べ、情報発進力においては天と地ほどの差がある。アラブ諸国とイスラエルを考えてもそうだ。私が勤めていた新聞社でカイロの支局長を経験した先輩（故人）が、あるとき、私にこんなことを言ったことを忘れない。

「自分としてはずっとアラブにシンパシーを感じているのに、彼らは本当に情報操作が下手だ。それどころかつっけんどんで冷たく友好的でないから、ついつい広報体制がしっかりしているイスラエルの手口に乗ってしまうんだよ」。

アラブ通と言われベテランだった彼《か》の先輩ですら、幾度となくこうした状況に陥ったという。難しいことを承知で言うが、ジャーナリストと、ジャーナリストを志す人間なら、情報の多少によって真理が左右されるようであってはならない。情報が多いということは、そこになにがしかの操作が働いているのではあるまいかという警戒心を持つべきだろうと思うが、どうだろうか。

＊注

1　国際石油資本。最盛時には、エクソン、モービル、テキサコ、BPなど七社にフランス石油を加えた八つの世界規模の石油会社が、世界の石油の宝庫、中東で九九％の石油生産を一手に掌握してきた。しかし、その後、イラン、イラクなどが石油資産を国有化し、原油の直接支配力はなくなった。しかし、資金力、技術力、取引力は強力で収益力は抜群である。現在、石油需要の低迷などで、メジャーズ内部での再編が進んでいる。

＊参考文献

- 石黒重光『新聞写真に見る戦後五〇年――朝日新聞カメラマンの軌跡――』（朝日新聞社総合研究センター研究報告240、二〇〇一年）
- 『朝日新聞報道写真集1974』（朝日新聞社、一九七四年）
- 近藤紘一『サイゴンのいちばん長い日』（文春文庫、一九八五年）
- 松本逸也『世紀末亜細亜漂流』（人間と歴史社、一九九四年）
- 岡村昭彦発見の会『シャッター以前　岡村昭彦発見　No1』（岡村昭彦発見の会、一九九〇年）
- 朝日新聞縮刷版（一九七三年一月、一九七五年四月）

第２部

対談

「分断」は克服できるか

過熱するマスコミへの警鐘として

対談

「分断」は克服できるか

過熱するマスコミへの警鐘として

松本逸也（まつもと・いつや）

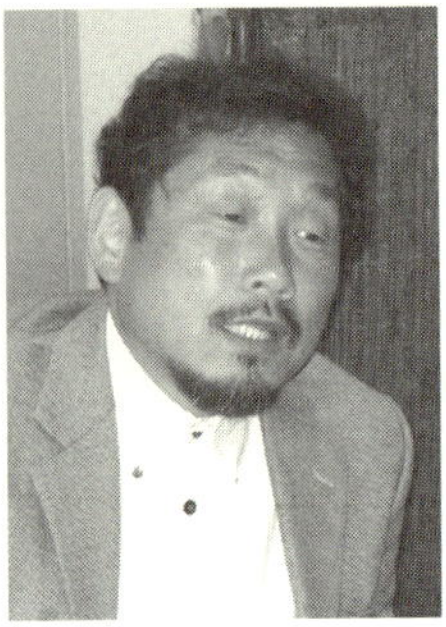

野中章弘（のなか・あきひろ）

一九五三年、兵庫県出身。ジャーナリスト、プロデューサー。アジアプレス・インターナショナル代表。インドシナ難民、朝鮮半島問題、イラク戦争など、アジア各地を取材。二〇〇本以上のニュースリポートやドキュメンタリーを制作。第三回「放送人グランプリ特別賞」受賞。編著書に『沈黙と微笑』（創樹社）、『ジャーナリズムの可能性』（岩波書店）など。現在、目白大学、早稲田大学などの非常勤講師。

過熱化した時代背景

――今日は『「分断」は克服できるか』というテーマで対談をしていただきます。「分断」には、市民のマスコミに対する不信という意味を込めています。

さて松本さんは現在、「過熱するマスコミ報道」をテーマに研究されていますが、記者経験も含めて実際、いつごろから過熱してきたと思いますか。また、過熱の背景には何があるのでしょうか。

松本 年代で言えば六〇年代の終わりから七〇年代が、マスコミの過熱がスタートした時期と言えるでしょう。僕が新聞社に入ったとき、朝日新聞が五〇〇万部ぐらいでした。それが七〇年に入ると六〇〇万部、七〇〇万部とものすごくマス化していったんです。拍車が掛かっていったのは、やがてバブル経済と呼ばれるようになる好景気のスタートラインとなった万博あたりからで、マレーシアのマハティール首相（当時）がルック・イーストと日本経済を賞讃した、そういう時代背景があったと思います。人員も新聞社に五〇人、一〇〇人という単位で採用されていった。新聞も一六～一八ページだったのが二四ページになって、今では三二ページとか場合によっては四〇ページというページ数になっていく。その背景には印刷技術の発達、つまり活字からオフセット印刷になって大量印刷が可能になった一方、ファクシミリというようなメカニック技術においてもどんどん進んでいった。それが七〇年から七五年、八〇年にかけてです。

実はこれは、経済の成長と一致すると思うんです。地方の時代が終わり、東京に一極集中化していく時代になった。朝日新聞に関して言えば、昔は東京、大阪、名古屋、西部（九州）の四本社に北海道という一支社が、それぞれ独立した新聞を作っていたけれども、すべてが東京に集中した。ニュースの配信も東京からになり、大阪でも六割、名古屋に至っては七〜八割も東京のニュースが入っていく。九州も同じようになりました。国会は東京にしかない。東京へ行かないと何もならない。僕はそこに、過熱のスタートラインがあったと思う。そのきっかけは一九六四年の東京オリンピックでしょう。そして、それに間に合わせるように直前に開通した東海道新幹線が、それまでの私たちの生活時間軸を大きく変えたといっていいでしょう。その他、東名高速道路の開通など交通網のインフラ整備など、もっと多様な要素が絡み合った結果だと思うのですが、三一年間新聞記者をやった中で今思うと、過熱のスタートは七〇〜八〇年だったなと思います。

ついでながら一番わかりやすい現象面を言うと、あまりいい言葉ではないけれども、たとえば当時、容疑者を逮捕して連れていく「引き回し」というのがあったんです。カメラマンはそのときに警察に行って、容疑者が来るのを撮るわけですが、カメラマンは一つの新聞社に大体一人か二人でした。テレビも一社あたり、音とりが一人と後ろでコードを引っ張っているのが一人、それにカメラマンのせいぜい三人がクルーになってやっていたんだけれども、瞬く間に二クルー、三クルーとなってきた。容疑者の表情を撮ろうとしてもカメラマン同士が邪魔し合ってしまい、現場はゴチャゴチャに混乱し、たとえばカメラのレンズにしても、当初は三五ミリで十分だったのに、二四ミリでやっとという状態だった。そうしなければ画面に入らないという状況にアッという間になりました。場合によっては一つの現場に五〇人から一〇〇人も集まるようになり、それがメディアスクラムという名の過熱化の始まりだったと思います。

野中　僕はインディペンデントのジャーナリストで、一九八〇年ぐらいから本格的に仕事を始めました。最初は写真と文章という形でスタートしたものですから、朝日新聞に写真や記事を載せてもらったりしました。松本さんとは二五年の付き合いになります。

九〇年あたりから、小型ビデオが発達したことによって「ビデオジャーナリズム」という言葉が出てきたんですが、僕もテレビのドキュメンタリーやニュースもやるようになってきました。ですから、いちおう活字媒体から放送媒体まで、おそらくアジアプレス自身は、日本で一番横断的にメディアの仕事をしてきたと言えます。

僕自身も、たとえばイラクに行っても、自分の取材の内容は新聞にも雑誌にも発表するし、テレビでもやる。それから今は、インターネットでも発表していきます。ですから、松本さんとはちょっと角度を変えて、メディアを横断的に見て、しかもマスメディアで仕事はしているんだけれども、組織ジャーナリストではない視点というのを今日は話していきたいですね。

そういう立場から言うと、過熱取材の大きな背景としてあると思うのは、やはりメディアの取材力が落ちてきているのではないかということです。つまり、本質が何かをきちんと打ち出してくるようなメディアであれば、表層的なニュースをずっと追う必要はないわけです。本書に収められている松本さんの論考にもたくさん例があるけれども、たとえば北朝鮮から帰ってきた人たちの報道の仕方。今日は誰々が飯を食ったとか、運転免許を取りに行ったということを堂々とニュースでやっているのを見て、本当にあほくさいと思いました。だけれどもそういう表層的でつまらないことであっても、どこが一番最初に発表したかが大事になっている。だから現場でどんどん競争が激しくなっていく。

本質が何かということに力点を置いて取材に取り組んでいけば、そんな表層の瑣末《さまつ》なことを競争しなくても、どこが一番ポイントを突いた報道をしているのかは、視聴者や読者はちゃんとわかるはずです。だけれども報道する側自体が、何が本質なのか見えなくなってきている。それは裏返して言えば、メディアの側に本質報道を行っていく力の衰退が起きているということです。

テレビを例にして言うと、この原因の一つには、やはりテクノロジーの発達があると思うんです。一九七五年にベトナム戦争が終わりましたが、その前後の時代はまだビデオも一般化してなかった。だからNHKが戦争の現場を撮っても飛行機か何かでフィルムを送って、現像して放送するという時代でした。つまり、ライブ的なことはできなかった時代です。僕は一九八〇年、カンボジア難民の取材からジャーナリストの仕事をスタートしたけれども、そのときに、たとえば朝日新聞のバンコク支局に行くと、まだテレックスを使って、ローマ字で原稿を打っていました。原稿を書くときも、急いで送るときは電話でやるわけだけれども、申し込んでもいつつながるかわからないのでオペレーターからの返事をじっと待っているわけです。ダイヤル直通なんてありませんでしたから。そうすると、取材をしてから送稿するまでにある程度の時間が置かれるわけです。つまり、自分たちが行ってきた取材をどう加工してどう見せていくのかを、いったん立ち止まって考える時間があったわけです。

ところが八〇年代半ばごろから、たとえば一九八六年二月、マルコス政権が倒れるという政変があったとき、フリーランスも含めて、多くのジャーナリストがマニラに行きました。あのときはテレビの取材力が圧倒的だったんです。僕は中国から帰ってきたばかりで、このときは日本でNHKをずっと見ていたんですけれども、NHKとNHKが提携をしているアメリカのABC放送の取材陣を合わせると、二〇〇人以上が投入されていたそうです。しかもライブでどんどん情報が入ってくる。あのときに僕は、これはもう一匹狼的なフリーランスの時代ではないと思ったんです。迫真力、取材力、組織力……総合的に見てテレビの力というのは圧倒的だったわけです。

なぜテレビが国際報道の最も先進的で重要な部分

を担うことができるようになったか。やはりこれはテクノロジーの発達です。それは急速に進んできました。それから五年後の九一年の湾岸戦争も、われわれは戦争の現場の映像を見てはいないけれども、いわゆるテレビゲームみたいな形での映像は強烈にインプットされているわけです。それから、今度のイラク戦争でもそうだけれども、テレビメディアがわれわれの戦争観をものすごく規定するような役割を果たした。つまり、戦争の現場から生で映像が入ってくるという時代になってきた。松本さんが言ったように、ここ二〇~三〇年は、テレビの分野でもそういう取材の現場におけるテクノロジーが最も発達していった時代だったんです。

松本　ビデオ化の時代ですよね。フィルムからビデオになったということは、要するに世界各地から通信網にのせて送信できるわけだから、時間がかなり短縮された。そのために、考える余地がなくなってきた。昔はものを送って編集してという間の時間差を、どうやって埋めるかという独自性をニュースの中に盛り込まないと意味がなかった。今で言えばNHK特集みたいなものがニュースだった。ニュースの中にそういう部分がすべて入り込む。

今は現場からといってもレポーターによっては話すのが下手くそでつっかえつっかえやるので聞いていられない。中継といっても状況を垂れ流すばかりで、もう少し編集したほうがいいと思うことがある。

野中　そうです。だから垂れ流しで何も考えずに、起きたことを右から左に流していく。それが何かビビッドなニュースであり、視聴者あるいは読者が求めるニュースだというふうに、メディアの現場もそれで良しとするような錯覚を持っている。

平均化したニュース感覚

松本　新聞もテレビも同じなんだけれども、なぜニュース価値が変わってきてしまったか。新聞の歴史を紐解くと、明治一〇（一八七七）年の西南戦争あたりを機に全国に新聞が生まれてきたんですが、当時は「大《おお》新聞」と「小《こ》新聞」というのがありました。朝日新聞は小新聞の典型で、猫が隣の猫とできたとかできないとか、犬が人間にかみ付いたとかという、まったく市井の話をやった。毎日新聞に代表される大新聞は、自由民権運動はどうだとか、政治はどうだとか、正論をはいた。つまり、大上段に構える国家を論じる大新聞と、庶民の側に立った小新聞が棲み分けていたわけです。読者も分かれていて、小新聞の読者は庶民で、ルビが振ってあったから漢字を読めなくても平仮名で読めた。大新聞はだいたい貴族階級、つまり当時、税金を納めていた人たちです。そういう二つの階層があったわけです。それがだんだん、民主化という名の平等性を求めるようになってきて、大新聞と小新聞の中間、「中新聞」になった。つまり、大新聞にも小さな市井のニュースが載っている。小新聞も政治の動きを載せなくてはいけなくなった。

朝日新聞だって僕が入社したころは、プロスポーツといえばプロ野球を載せるくらいでプロレスなんて絶対載せなかった。甲子園大会のアマチュア野球はすごく大きかったけど、プロ野球はどこが優勝しようが、一面に行くことはなかったんです。ところが今なんか堂々たるものです。そして今やＫ１まで堂々と載るようになってきたということは、いろんな意味で大衆に迎合しているわけです。大衆はこれも知りたいだろう、あれも知りたいだろうということで、みんな載せてしまう。共産党の機関紙である赤旗だって今はプロ野球が載っています。赤旗は共産党の考え方だけが載っていればいいんじゃないかと思うんだけれども。

そうなると、みんな価値観が同じになる。価値観が同じになってみんな同じように育てられてくると何が起きるか。メディアでは、自分だけ抜かれたらどうしようという「特落ち」を一番恐れるようになる。特落ちに対する恐怖観念が、現場にも、デスクにも、部長にもある。社長にもある。

そういったサラリーマン気質によって、私もそうだったけれども、ニュースの価値をあまり考えなくなってしまった。こんなものはニュースではないんじゃないかと考えている暇もなく、思考を停止して、とにかく送れば後はデスクが判断する。デスクはデスクで、来た以上載せなくてはまずいだろうと思う。そういうもののしわ寄せが、上へ上へと行く。編集局長は当然、現場から離れているから現場感覚が薄く何も知るわけがない。送られてきたものを〝使え〟ということになる。整理部長だって同じです。そして、そういうことを繰り返した人がデスクになり、部長になり、編集局長になっていくわけだから、絶対に変わりません。

だから、新聞全体の流れを見たら、すべてが平均化してしまうところにきてしまった。そういうマスメディアを作ってきた日本人の性質というか、そういう体質が、ニュース感覚が平均化してきたというところに色濃く反映していると思うんです。

野中 紙面が平均化していくという背景には、やはり「何を伝えるべきか」というジャーナリズムの優先順位が、ものすごく平べったくなってきていることがあると思います。たとえば、読売と朝日は物事の見方がだいぶ違うのだけれども、紙面作りで言うと、扱うニュースの項目などはものすごく均質化してきているわけです。

僕はクオリティペーパーとしての朝日新聞がスポーツの記事を一面に出すのを反対しています。スポーツはスポーツでまとめて、別刷りかなんかで出して読みたい人だけが読めばいいし、スポーツ新聞もある。結局、「大衆」の好みに合わせた紙面作りになっているのです。たとえば戦前、一九三一年に満州事変が起きて、朝日新聞を含め、ほとんどすべての新聞が体制翼賛に変わっていったのは、いわゆる言論弾圧が進んだからという理由は当然ある。しかし、細かく見ていくと、戦争を応援する記事を載せることで新聞が売れたという側面があるわけです。戦争に反対すると、たとえば在郷軍人会《ざいごう》が新聞の不買運動をやったりして、部数が落ちていくという非常に即物的な原因があったわけです。言論の弾圧が本当に厳しくなるのはもっと後の時代で、実は言論弾圧以前から部数を維持するために、行け行けどんどんで書いていたんです。朝日新聞の歴史を見ても、あのときはものすごい数の従軍記者が行っていたでしょう。

松本　戦争ごとに部数は間違いなく増えています。写真の歴史も同じで、新聞写真の第一号は日清戦争でした。まさしく野中さんが言うとおりで、新聞は今でもそうだけれども、マッチポンプ式に、それを報道することによって煽っていったわけです。新聞は確かにそういう性格を持っている。

部数というのは経営的には当然必要なことです。ただ、部数が一〇〇〇万部とか八〇〇〇万部なんていうのは、どこかの国の党や政府の機関紙じゃないんだから、普通はありえない。でも、それを作ってしまった日本というものが、ある意味においてすごいと思うんです。そういう意味で、日本の中でマスコミが本当に「マス」化してしまったために、自分で自分の首をしばってしまっている。ある種、矛盾を抱えつつ肥大化していった。

「質」か「部数」か

野中　そう。だから、部数と質の両方を維持しようとするところに、今のマスメディアの根本的な矛盾があると思う。部数を維持しなければ、朝日新聞社七〇〇〇人の社員を養うことはできない。ところが、これは雑誌もそうだけれども、大体四〇万部から五〇万部以上を売り上げようとすると、質を落とさないといけないわけです。

松本　それはそうです。

野中 岩波の「世界」は一万数千～二万部前後、「週刊金曜日」は一万数千部しか売れていない。それはそれぐらいのパイしかないということです。結局、マスを維持しようとすると必然的に質を落とすことになるし、これを読んでくれる人たちだけに読まれればいいとすれば、今度は部数が落ちてきて会社が存続していかない。ここの矛盾を克服できていないわけです。

松本 新聞社が大きくなったというのは、政府や軍部などの権力の弾圧に抗しきれず潰されたり、新聞社同士が合従連衡してできあがったという背景もあります。だから基本的には妥協という矛盾を抱えつつ大きくなってきている。どこかで政府や権力と妥協して生き長らえてきたわけです。それは新聞の経営者はみんな知っている。矛盾もあるこの肥大化したものを、どうしたら名実共に安定させて、いい新聞になるかを考えているのだろうけれども、今ちょうどつらい時期に差しかかっていると思います。

野中 だから、実は本当の意味でのクオリティーペーパーを作ろうとすると、部数はダウンする覚悟をしなくてはいけないと思うんです。世界的なクオリティーペーパーであるニューヨークタイムズとかワシントンポストにしても、人口もアメリカのほうがはるかに多いけれども、数十万部からせいぜい百数十万部で八〇〇万とか一〇〇〇万部なんてないわけです。日本は朝日新聞、読売新聞、毎日新聞と全国紙体制ができていますが、これがかなり時代とそぐわなくなってきていると思うんです。必要とする情報が細分化し、専門化してきているから、全国紙という形では読者のニーズとのズレは拡大する一方です。

数十年前、僕がまだ子どものころは、新聞が最も信頼できるメディアで、テレビはどちらかというと娯楽だったわけです。だから、必ず新聞は一軒で一部は取って、お父さんが読んだら子どもが読むということで、一部の新聞に何人も読者が付いていたわけです。ところが、今は学生もほとんど新聞は読まないし、自分の家でどの新聞を取っているのかすらほとんど意識していない時代になってきている。

松本　新聞離れの理由の一つに新聞が飽きられたということは当然あるんだけれども、それだけではない。目的意識というか、情報を得ることによって前向きに生きていこうという意欲が社会全体、とくに若者に感じられない。新聞離れはそういうものもあって相乗的に起きていることだと思う。だから、新聞が面白くないと言い切れるかどうかは、僕にはまだちょっとわからないな。

野中　そういう状況で、新聞のジレンマはますますはっきりしてきています。つまり、部数を維持しなければいけないから、たとえばスポーツの記事を一面に出してくる。しかし、そういう記事はほかでもいっぱい出ているから、新聞の独自性がどんどん薄まってきている。ということは、逆に自分の首を絞めつつあるという状況が進行していると思うんです。

読者任せ

松本　今は、たとえば昔はありえなかった大きなカラー写真が一面に載る。デジタル時代ですから、アッという間に太平洋を越え、瞬時に写真が送られてくる。写真は紙面を軟らかくする、簡単ですごい表現なんですよね。新聞を作っている側の人間も、「写真がないと読まれない」という意識です。確かにデザイン的にも、写真が大きく入ったほうが読まれやすい。そうするとどんな写真を入れるかという判断が必要になってきます。遺体写真でいいのか、イラクが襲撃される写真でいいのか。何でも載せるわけにはいかない。そうするとスポーツの写真になる。そこにある種の……紙面の均質化が生じる。

逆に言うと、新聞が読者よりも一歩に先に行くのか、読者に付いていくのか。二〇〇〇年六月、日本新聞協会は五四年ぶりに新聞倫理綱領を改定した。新綱領には「国民の知る権利」を新たに明記したほか、「読者との信頼関係をゆるぎないものとする」などと盛り込んだもので、簡単にいえば、松本サリン事件などによるマスコミの人権無視の報道に対する世間のバッシングを受けて、マスコミ側が反省し、〝読者とともに歩む新聞〟と変わったわけですよ。こんなことは昔なかったです。「新聞は社会の木鐸《ぼくたく》」なんていって、〝黙って新聞の言うことを聞いていろ〟というすごく高い位置からの情報伝達だったんだけれども、今は〝読者とともに〟歩むという、これはある意味においては当たり前なのだけれども、悪く言えばものすごく迎合したんです。

野中　それはやはり、読者が知りたいことを伝えるのか、それとも知らせなくてはいけないことを知らせるのか、ここの違いです。同じようなことを言っているようで、実はかなり違うわけです。

たとえば今、「読者が知りたいこと」は何かとアンケートを取れば、「トリノオリンピックの記事を読みたい」となるわけです。荒川静香さんがフィギアスケートで金メダルを取った。これは確かに喜ばしいことだけれども、しかし世界でさまざまなことが起きている中でニュースの順位を比べてみると、必ずしもそれを一面トップで扱わなくてはいけないということはないと思います。

松本　よしんば〝荒川さんが金メダル〟でもいいけれども、金メダルを取った背景を独自の取材で報道してほしい。曲目を直前に変えたということはどこも報道している話であって、独自ダネでも何でもない。金メダルを取った背景、つまり私たちの人生にとってすごくプラスになるような、あるいは、こうしてはいけませんよという道しるべになるものがそのニュースに入っていれば、すごいニュースだと思う。「金メダルおめでとう」というのは一行でいい。

野中　僕もスポーツは好きだし、スポーツのニュースが、たとえば政治のニュースよりも価値が劣っているとは思わないんです。人間は多面的な生き物だから、毎日政治だけを考えている人間は偉いかというとそうではなく、単なる偏屈者です。やはりスポーツや音楽も楽しむ気持ちがないと豊かな人間と言えないわけだから、それに新聞が応えることは十分いいんです。ただ問題は、松本さんが言ったように、中身の問題です。僕は「ああ、これで朝日新聞も駄目になった」と今でもよく覚えているのが、相撲の貴花田と宮沢りえが婚約したという記事が一面に出たときです。「婚約したというだけで一面に出すかな」と思ったわけです。ゴシップ程度の話ですから。ああいうことをやっているということは、実はどこかで何かがどんどん崩れてきているのではないかと僕は思ったんです。

やはり同じスポーツの記事でも、朝日新聞にしか出せないものを出していくべきであって、女性週刊誌と同じようなレベルの記事は、別に朝日新聞で読みたいとは思わない。そういう危機感みたいなものが、新聞の中に本当に果たしてあるだろうかと思ったわけです。

松本　「ナンバーワンじゃなくてオンリーワン」だとよく言うじゃない。新聞は部数が巨大化したために、ナンバーワンやナンバーツーを維持することが経営にとって大事だということになった。かわいそうだけれども、経営者はお金に振り回されてしまっている。これは新聞だけではなくて出版の世界も同じだし、テレビも視聴率というマジックに振り回されている。視聴率イコール金ですから。だから、冷静な判断ができなくなっている。

新聞社にしたってテレビにしたって、そこの社長は経営者と言論人という二つの顔を持っているわけでしょう。営業の人ではなく、大体が言論の現場にいた人間が社長になっていく。ところが経営者になった瞬間に、今度は完璧な経営者になってお金だけになってしまう。そこに躊躇《ちゅうちょ》がないというのが、僕はやはりちょっと悲しい。

野中　僕もそう思います。巨大になりすぎている面がある。朝日新聞にもＮＨＫにも、一人一人の記者やディレクターを見ていくと良心的な人はたくさんいるけれども、彼らが組織の中にどんどん埋没してしまってきているんです。また、巨大になればなるほど、どうしても一人一人は駒にならざるをえない。組織が小さければ一人の能力は、割と横断的に発揮できるけれども、大きくなれば領分が細分化されて、自分の所属する部を越えた仕事がしにくくなるわけです。新聞社が巨大化するということは、もちろんいい面もある。新聞の公共性を考えたら、東京の人間も離島の人間も同じものが読めるというのは、確かにそれ自体は素晴らしいことです。だけれども、そういうことを維持するために巨大化してきて、内部で自己矛盾をどんどん拡大させてきている。それをどう克服していったらいいのか、今の朝日新聞を見ていても有効な手を打ててないのです。この間「ジャーナリスト宣言」なんて言って……。

松本 今までジャーナリストじゃなかったのか(笑)。

野中 そう。あれは百数十年の歴史がある新聞社が言うことではないと思うんですけどね。

松本 そうなんだけれども、あれは単なるキャッチフレーズだから。

野中 あれは電通に頼んで一七億円使ったという話ですよね。だから僕は「一七億円のうち、五億円はジャーナリズム基金を作ってフリーランスを応援し、残りの十数億円で、たとえば一つの調査報道に一億円かけてきちんとやって、半年後には一〇連発の調査報道が出てくるという、そういうことこそ本当の信頼回復につながるのではないか」と朝日新聞の幹部にも言いました。でも、そういうふうには意識が向かない。

松本 まったくそうだと思う。ただ問題は、今のところどこかで新聞社は、読者に悪い意味ではなくて迎合しようとしている。でもそれはある意味においては読者任せであって、自分たちの主体性をなくすことにもなる。それと同時に、読者を変えようというかつての啓蒙思想は、今ではおこがましいことと思っている。変に自信を失っているわけです。

だけれども、新聞は一メートル先か二メートル先かわからないけれども、どこかで時代の先を照らしながら歩いていかなければ。読者と一緒に歩いていったら、読者が落っこちたら自分も落っこちてしまいます。

野中　そうそう。学生を教えていてもそうだけれども、今、社会とか政治に関心を失いつつある。これは社会全体の傾向です。〝読者とともに〟と言ったときに、どの読者をイメージしているのか。読者が政治・経済からエンターテイメントに流れていったときに、新聞はそれとともに流れていくのか。そうなっていくことによって結局、クオリティーはどんどん落ちていく。地盤沈下する。

ニュースの価値づけが求められている

松本　さっき言った貴花田の話は、いい意味でみんなが喜ぶニュースかもしれないけれども、長い目で見て地盤沈下の始まりであったかもしれない。

野中　そうなんです。僕はあれを象徴的な紙面として覚えているのです。

松本　ある意味においてはポピュリズムなんだよ。大衆迎合という名の思考停止になっているんだと僕は思うんです。けれど、オスマントルコから新生トルコになっていくように、一度巨大化した組織が小さく安定したものになっていくというのは、すごく難しいんです。理屈どおりのものになっていくかどうか、なかなか難しい。そのとき読者というか、世の中の意識もあわせて変わってほしいという希望もある。つまり、こういう新聞を読んでくれる読者層が増えてくれるといいと思うのだけれども、なかなかそうはいかない。だけれども、卵が先か鶏が先かと同じで、それを生み出してきたのは、紛れもないマスコミを中心とする日本の今の社会です。

六〇年代、つまり、まさしく全共闘世代の僕らは、新聞を食い入るように読んでいた。それと同時に、流行だろうが何だろうが「朝日ジャーナル」を持って歩いていた世代でしょう。無知でありながらも意識だけは高ぶっていた。まったくそれと同じ時代に戻れとは言わない。でも、もう少し新聞を読まないと絶対にわからないことがある。一次情報としてのインターネットだけでは、ニュースの価値観がわからない。新聞では見出しが大きいということは、それだけ大きなニュースであるということを読者に伝えているんだけれども、平板な作りのインターネットでは、それが絶対にわからない。

野中　僕らが新聞に期待するのは、ニュースの価値付けなんです。つまり、朝日新聞を一面から見ていったときに、知るべきことが順番に並んでいるということなんです。僕もいろんなことを取材しているけれども、一人のジャーナリストが全体をカバーするなんて絶対に無理です。全体のことはわからない。だから、やはり巨大な装置が要るわけです。それが新聞社なわけです。毎日毎日、何千、何万、あるいは何十万というニュースの中から、「今、これを知らせるべきだ」ということのいくつかをピックアップして出してくる。そのニュースを選り分ける目の確かさが、新聞に対する信頼感になっています。

僕たちも今、インターネットマガジンをやっています。でも、やはりまだインターネットの領域では、ジャーナリズムは成立していない。ヤフーにしてもライブドアにしても、全部どこかが取材した情報をそのまま羅列して流しているだけです。つまり、何が大事で何を伝えなければいけないのかということ、編集機能やニュースを取捨選択する機能は、ライブドアにもヤフーにもまったくない。あそこで働いている人たちは、コンピューターの専門家たちであってジャーナリストではないわけです。だから、あそこで行われていることは情報サービスであって、ジャーナリズムではないのです。

僕たちが新聞とかテレビに期待しているのは、つまり、そういうジャーナリズムの機能なんです。その機能が弱くなってきている。それはさっきの過熱取材もそうだけれども、なぜ過熱化していくかとなると、結局、そういう表層的な面でしか競争ができてないからです。

たとえば、NHKの放送文化研究所が、NHKがどういうふうにイラク戦争を報道したかという検証の報告書を年次リポートの中で発表しています。この研究員が世界の主なテレビ局のニュース番組を全部チェックして、たとえば一〇分なら一〇分のニュースの中でどういう項目が何分報道されたのか、つまりアメリカ側のものなのか、イラク側の被害のものなのかという形で全部調べてあるわけです。その調査はよくできているのですが、NHKはNHKで放送されたイラク戦争報道の検証番組の中で、「われわれはイラク戦争を非常に多角的に報道した」と言ったわけです。その理由として、「世界三十数カ国の七〇以上のチャンネルから映像を集めて流した。それがNHKの報道を多角的に、あるいは中立的なものとしている」みたいなことを言い、自画自賛しています。しかし、放送文化研究所の研究員が、アメリカでの集会でNHKがいかに公平・中立に多角的に報道したかという例として世界中から映像を集めて放送したと言ったら、アメリカのジャーナリストが、「それは単なる羅列ではないか」と（笑）。

松本　本当にそう。それがどうしたの、テレビとしての目（視点）がないの、ということなんだ。

野中　たくさん集めて報道することが多角的だと思っているという、この勘違いというものがね。

松本　情報を集めるのはいい。それに基づいて、どのように報道したかどうかが問題です。

野中　少なくとも日本の中で最も信頼されているとされているNHKの報道現場で起きていることが、そういうことなんです。

松本　新聞社に入社したときに、「一を知ったら一〇を知れ。一〇を知ったら一を書け」と言われました。つまり、勘を働かせなさい、いろいろな面からしつこく取材しなさいということだ。でも、たとえば一〇を知ったら一書きなさい。決して取材したすべての一〇を書くなよという意味です。また、たとえば一回の海外取材に、場合によっては一カ月ぐらい行くわけです。そのときある大先輩に「新聞はそれでいい。あなたはその裏で一冊本を書きなさい」と言われた。つまり、一冊本を書くつもりで行けば、必ずあなたの一ページの新聞にはそれだけのものは入ってきます、ということを言っているわけです。

だけれども、僕らの時代に今言ったような紙面の平均化や過熱化の問題が起きているから、僕らの中にももちろん病根があるんだろうとも思う。さっきからずっと話してきたように、肥大化させることによって矛盾を抱え、なおかつ平板化してしまう。価値観を統一化して一般化してしまう。ナンバーワンばかりを求めていってオンリーワンという独自性をなくしてしまう、ニュースの価値観というものをいつの間にか忘れてしまう。

深化するマスメディアの官僚化

野中　いろいろな過熱の問題は、日本のジャーナリズムが持っている矛盾とか病根の一つの典型的な表れだからこそ、松本さんもそれに焦点を当てて、そこからメディアを見ようとしていると思うんです。そういうふうに見てくると、やはり外から新聞とかテレビを見ているときには見えなかったんだけれども、中に入ってくると、マスメディアの官僚化がここ二〇年でものすごく進んできたと感じます。個性的な記者はどんどん中ではじかれていっちゃうし。

松本　それは教育現場も同じです。今はだんだん違ってきているけれども、ある時期の「先生にでもなるか」という「でもしか先生」と同じように。財務省を落ちたから新聞社にというような価値観だから、新聞社にそぐわないはずなんだけれども、入った以上は社長になりたい、偉くなりたいという志向しかない。世渡りさえうまくやって、ときどき原稿を書いていれば何とかなるだろうという、妙な、古い意味でのエリート意識がある。

だから新聞社でもヒエラルキーがあるわけです。政治部、経済部からは社長が生まれるけれども、写真部、運動部からは生まれない。ある種の差別的構造の中で、大新聞が成立している。政治部の人間はいつの間にか政治家みたいな顔をして、態度まで大きくなって、人を呼び捨てにするようにもなる。新聞社には本来、そういうものを打ち消す、そういうものを一番否定してきたはずの人たちが集まっているると思うのだけれども、なかなかそうした人材ばかりが集まってくるとは限らない。

野中　たとえば、さっきも朝日新聞が「ジャーナリスト宣言」したと言ったでしょ。なぜ僕らがそれをジョークと思っているか。まだ日本のマスメディアは、自分たちの役割について「権力のチェックだ」という言い方をします。しかし本当にチェックしているのか。チェック機能はものすごく衰えてきている。いろんな取材をしていると、マスメディアが報道していないことがよく見えてきます。

たとえば去年、僕は竹島に上陸したんです。なぜ竹島に上陸をしてルポを書こうと思ったのかというと、島根県が制定した「竹島の日条例」で激しくもめたように、日本と韓国や中国の間にはいろんな摩擦があるけれども、領土問題は摩擦の大きな一つの焦点だったわけです。ところが、新聞を見てもテレビを見ても、竹島に行ったというルポもなければ、その周辺の韓国の島の人たちのリポートもない。あそこの近くにウルルンド（鬱陵島）という島があるんだけれども、そこの漁民たちは竹島近辺で漁をしたりする人たちであって、歴史的に最もつながりが強い島なわけですけれども、そういうところのルポが出てこない。

それで去年、ソウルに駐在している全国紙の特派員に、「どうして新聞に竹島のルポが出ないんですか」と聞いたわけです。そうしたら「大使館からあまり取材をしないでくれと言われている」と言うのです。その理由はというと、日本政府が「竹島は日本固有の領土である」と言っているのに、韓国側から入って取材するとは何事だ、と。要するに「国」の面子《めんつ》の問題ですね。それでさらに、「もしあなたが竹島に行ってルポを書いたとしたら、どんな不都合が起きますか」と聞いたわけです。そうすると彼は、「大使館は大したことはない。しかし、新聞記者が竹島に行って記事を書くと、『ＳＡＰＩＯ』とか『週刊新潮』に叩かれる」と言うわけです。叩かれるということはそれだけインパクトがあるということで、むしろ望むところじゃないかと僕は思ったわけですが、そういう理屈は通らない。ほかにも理由はあるのかもしれないけれども、ほかの日本のマスメディアも横並びで行かないわけです。

松本　嫌らしい言い方をするけど、大新聞だからできることと、大新聞だからこそできないものがある。現実に昔、僕が朝日新聞の記者として中国に取材に行きたくても、ビザが出なかったことがある。プライベートであればいくらでも行けるわけです。

野中　二一世紀になってから、日本にとっても非常に重要な国際的な問題がいくつか起きてきた。その一つは九・一一以降に起きたアメリカによるアフガンの報復攻撃だとか、イラク戦争ですね。それから北朝鮮の問題、竹島の問題とか北方四島をめぐる領土の問題もあるわけです。これらの問題についてはアジアプレスも取材はしてきました。

たとえば、二〇〇二年五月八日に、北朝鮮の脱北者が瀋陽の日本総領事館に駆け込むという事件がありましたが、僕らは何日か前から、駆け込むということは知っていたわけです。脱北者の関係から取材して記録を残して欲しいという要請が来たんだけれどもアジアプレスでは対応できないので、北京にいる共同通信が行くことになったんです。瀋陽の事件は、総領事館側が脱北者を中国の公安に引き渡すということがあって大きな事件になったわけだけれども、そのときに、ニュースを扱っているほとんどのテレビ番組から、「脱北者の映像が欲しい」という要請がアジアプレスに来ました。なぜかというと、瀋陽の事件があれほど大きくなってしまったので、当然その脱北者とはいったい何なのかということを報道しなければならなくなったのです。ところが、日本のテレビ局は自分たちが取材した脱北者の映像をほとんど持っていなかったわけです。なぜ持っていないのか。

松本 それは行けないよね。

野中 行けないです。なぜかというと、中国政府の意向を慮って行かないわけです。さっき松本さんが言ったけれども、朝日新聞もNHKも中国総局というのがありますが、中国政府の機嫌を損ねるような記事を書いて、ほかの取材に影響が出ることを怖れたというわけです。

松本 中国は、〝朝日新聞＝日本政府〟と思っています。われわれが人民日報を中国の手先と思っているのと同じようなもので、朝日新聞にしろ読売新聞にしろ、多少考え方は違うにしても、〝日本のマスコミ＝日本の代表〟だと思っているわけです。とくに中国はそうです。だから、自主規制してしまわざるをえない。野中さんの立場になれば僕もまったく同じことを言うと思うんだけれども、逆に新聞社に長くいた人間として言えば、これは僕でも絶対できません。なぜできないかというのは今、言ったとおりの話です。じゃ、今後やるのかといったら、今度もできないでしょう。たとえば竹島に渡ってルポしたほうがいいとは思っているんだけれども、大使館なり韓国政府なり日本のいろいろな政治団体なりのバランスを考えると、竹島に渡ってその信用を失うよりは、竹島は見捨てたって大したことはないと思っているわけです。

野中　そういうことです。だから、そこが日本のジャーナリズムを考えるうえで大事なポイントになる。ＢＢＣとかＣＮＮは、みんなが言うほど素晴らしいとは僕は思っていないんだけれども、少なくとも現場で働いているスタッフの中には、「ジャーナリストである」という意識が非常に強くあるわけです。

ちょうど瀋陽の事件と同じころに、ＢＢＣが中国の法輪功のドキュメンタリーを作った。法輪功については日本の新聞は中国当局を批判するような記事は絶対書けないです。これはもっとも触れてはいけないことの一つですから。そういう中でＢＢＣが法輪功のドキュメンタリーを流した。そうすると、中国当局は激怒したわけです。ところが中国当局の報道担当者は、「さすがＢＢＣだね」と言ったそうです。これはある特派員から聞いた話です。なぜ日本のテレビはやらないのか聞いたところ、その特派員は、「我々は中国総局を守ることを優先しなければいけない」と僕にはっきり言った。結局、そこで何が透けて見えるかというと、中国当局が「ＢＢＣとかＣＮＮはけしからん」と思っているわけだけれども、やはりジャーナリズムとしては認めているわけです。その一方、日本の外務省とか日本のマスメディアは、脅せば屈すると思っているわけです。そういうふうに、右翼の人たちが言うのとまったく違う意味で、中国当局に完全に日本はなめられているわけです。

松本　それと日本はお上意識が強いんです。独立系の新聞は、ある意味において形は政府から独立しているけれども、国家と国家というぶつかり合いになったときには日本の国家の中に入ってしまう。それは逆に言えば、非常に失礼な言い方だけれども、賢い選択なんです。それが生き長らえる選択で、大きな新聞社になってきたわけです。

野中　僕が一番言いたいことは、これは自省も含めてだけれども、いったい何のためにジャーナリズムがあるのか。誰を向いて新聞が発行され、放送がされなければいけないのか。その原点をきちんと見なければいけないということです。
　去年の七月ごろ、マスメディアが政府のお膳立てでイラクのサマワにいる自衛隊を取材する予定がありました。あれだけ大きなニュースであるにもかかわらず、マスメディアは取材していないということで、防衛庁の記者会が「取材させてくれ」と頼んだ。外務省は反対だけれど、防衛庁はむしろ逆に見せたかったりするわけです。それで、「行こう」という話になったらしいんだけれども、結局ぽしゃったわけ。行けなかった。安全性の問題やいろいろあったんだろうとは思うけど……。そのとき、新聞記者が「自分たちは行きたかったのに、行けない」とブツブツ言うわけですよね（笑）。僕らから言わせれば、「本当に行きたいんだったら自分で行けばいいじゃないか」。別に何も政府がお膳立てして、みんなで行かなければならないことはない。

松本　僕は野中さんと同じことを言ったことがある。ブッシュのお父さんのときの湾岸戦争、一九九一年一月末です。戦争になってしまったときに、僕はアンマンにいました。そのときに一緒に行った記者が酒を飲みながら、「東京本社に電話して『戦争だからイラクに行かせてくれ』と言ったら断られた。けしからん」と怒っている。僕は「行きたきゃ今のうちに消えろ。俺が編集局長でも、お伺いを立てられれば『行くな』と言うに決まってるじゃないか」と言った。だって、それはそうだ。命がなくなるかもしれないのに、命を誰が保証するんだ。それだったら黙って消えろというんだ。行きたきゃ黙って行く。それが相手に対する思いやりなのよ。

野中　聞かれたら、それは「行け」とは言えないですよね（笑）。

松本　ＮＨＫはちゃんと残って、トマホークが飛んでくるのを見ているわけです。そのときに、「ああ、あいつ、残っちゃった」とみんなびっくりしていた。自己責任で残ったんです。それができないくせに、「行かせてくれない」とぐじぐじ言っている。要するに、そいつはもともとやる気はないんだ。だから、僕はそんな愚問を言うような人間にジャーナリズムなんてやってもらいたくないと思っている。

天皇報道の過熱ぶり

――現場では過熱しているという意識はあるのでしょうか。

松本　ここ五年ぐらいは現場を離れていますけれども、それはもう、過熱していますよ、間違いなく。現場にいる記者も、過熱しているという意識はもちろん持っています。カリカリしています。

具体的な例を出すと、まず思い出すのは昭和天皇崩御のころです。はじめに天皇が危ないといったときに、僕は半蔵門へ行きました。あのときは一度家に帰って、喪服まで持ってきたんです。それからどんどん人が増え、そのうちロープが張られてきて、お互いに押すな押すなという状況でした。そのうち車内で、そしてテントで泊まるようになる。いつのまにか部落みたいなのができてしまう。そういうものすごい、日々過熱の状態です。

あのときは全国の支局から若い人が応援に来て、乾門だとか外庭東門だとか半蔵門だとか二重橋の所とかで「○○番」というのができました。宮内庁の中で、僕は交代でキャップもやりました。朝日新聞はカメラマンだけでも十数人、記者も入れればその二～三倍という数でした。全部の新聞社やテレビ局がそういう状態でした。実にくだらないんです。だから僕は「くだらない」と言ったけれども、「くだらないとは何だ」と怒られたことが何度もあった。でもはっきり言って、天皇が亡くなったからといって、そこで天皇の写真が撮れるわけでも何でもない。もちろんより取材対象に対して一歩でも近付こうという努力は必要だけど、ただ各社いるから「いろ」と言う論理は、結局は横並びなんだ。でも矛盾するけど、冷静に考えて今、僕がデスクでも多分「いろ」

と言うだろうね。そういう相乗的な状況がどんどんフィーバーしていく。現場は「いたってしょうがない。何をしようというんだ」と矛盾が満ちてくるけれども、いなければならない。二四時間、四カ月半ぐらいいました。今でも覚えていますけれども、そのとき、ちょうどカンボジアのヘンサムリン政権ができて一〇周年だったかで、馬鹿馬鹿しいからカンボジアに逃げ出しました。カンボジア政府から招待されたものですから。僕は、それこそ独自性で、自分の目で新生カンボジアを見たいと思ったから行ったわけだけれども、社内では非常に冷たい目でした。「何でお前だけ。裏切り者」と。

　ロッキード事件[*1]の過熱ぶりもすごかった。飛行機の受注をめぐる日米の汚職事件で時の総理大臣（田中角栄氏）を巻き込んでの大事件だったが、日本側のフィクサー(黒幕)だった児玉誉士夫氏の家の前で、雨が降っても風が吹いても、「児玉番」と称してずっといた。「天皇番」、「児玉番」、八〇年代は「番」ばっかりでした。政治家のところに行く「番記者」とは違って、われわれの場合は門番みたいなものです。

　連合赤軍浅間山荘事件は一九七二年だったか、あのときもそうです。軽井沢にわっと行く。朝日新聞のカメラマンだけでも一〇人ぐらい、各社みんなそのぐらいいたので立錐《りっすい》の余地もない状態でした。赤軍のほうは本物の銃で撃ってくるけれども、われわれは峠の所で隠れながら写真を撮っていた。私の隣にいた信越放送の人は撃たれてしまいました。リンチ殺人事件[*2]でも同じように群馬県内を集団で移動するわけです。群馬県警の捜査一課長が「〇〇で死体が出ました」と発表すると、各社黒塗りの車が一斉にその場所に行く。マスコミの車が二〇台ぐらい数珠繫ぎになるから、トラックの運転手は頭にきて、間を縫うように追い越していく。こっちも警察の車を見失わないように、必死に付いていかなきゃならない。そんなのも何度もやりました。今思えば、それに何の意味があるのかと思う。でも、現場の人間はやらなきゃならんのですよ。

野中 天皇報道では、天皇が亡くなったときに全部同じ紙面になったでしょ。僕が聞いたのは、一つだけ違った紙面を作った新聞があって、それは大阪スポーツだった。大阪スポーツのその日の一面トップは「猪木血まみれ」ってやつだった（笑）。どこまで意識的にやったのかわからないけれども。それ以外はスポーツ新聞も全部、天皇の崩御が一面に来たわけだけど。

松本 天皇が亡くなったのは、僕がカンボジアに行ってすぐのことだった。帰国すると「罪滅ぼしでお葬式をやれ」と言われ、しょうがないから崩御のお葬式取材のキャップをしたんだけど、そのときに僕はいろんなことを聞きました。世の中で一番繁盛したのがレンタルビデオ屋だった。天皇が亡くなって数日間というのは、どこのチャンネルを回しても全部天皇崩御の放送で、レンタルビデオはほとんどなくなったと。大げさかもしれないけれども。そのくらいみんなテレビが馬鹿馬鹿しくなってビデオを借りて観たと。新聞も全部同じ。大阪スポーツのことは僕は知らなかったけれども、九九・九％天皇報道一色だったのでしょう。

不可解な責任体制

——本書で松本さんは、過熱報道の原因を検証していますが、この問題について議論しましょうか。

松本 僕がこの一連のマスコミの過熱報道について何を書いたか一言で言わせてもらえば、マスコミがもう少し成熟して、独自性というか、ニュースの価値観というものをちゃんと見出していれば、過熱はともかく、本当の意味で読者のニーズに応えられるようになっているのではないかということです。横並びになってしまうというところは、しょうがないということはしょうがないんでわかるんだけれども、それではこれからはやっていけない。何度も言っているけれども、やはり価値観を変えなければ新聞の将来はありえない。

　たとえば、危険運転致死傷罪として扱われるようなよっぽどひどいものでなければ、今では交通事故はニュースにもなりません。自殺者が三万人いても〝全国自殺者数は三万人〟と、数字だけです。三万人というのはものすごい数字なのに、三万人の中身になるとときどきしか載らない。

　僕が新聞社に入社して「変だな」と思ったのは、学生が山へ行って遭難すると大ニュースになるのに、北の海でサケ・マス船団が引っ繰り返ったりしても小さな扱いだったことです。生活そのものがかかっている人たちに対する扱いが本当に小さい。若者たちの山へのロマンだとか、学生には将来があるとかいうのもわかりますが、やはり何か感覚が違う、本当に庶民を考えた新聞なのかなと思ったことがあります。新聞がおかしくなったのには、そういったものが積み重なってきているような気がします。

野中　さっきから松本さんが言っているように、成熟という問題は非常に大きな背景として僕はあると思うんです。正直に言って、日本のテレビ、新聞に対する、いわゆるマスコミ批判をしようとすると、僕は三日三晩しゃべるぐらいのことはある（笑）。
松本　私もあるけどね（笑）。
野中　そうでしょう。ただ一方、この社会は自分の頭で考えて答えを出すということがあまりできなくなってきている。だからこそ、「マスコミがこう言っている」となるでしょ。でも、テレビも新聞も欠陥だらけなんです。日々、何十も何百も誤報を出しているわけです。これは現場にいればわかるけれども、ある意味で避けがたいことなんです。システムとして七時のニュースに間に合わせなければいけない。五時に事件が起きたら、裏を取っている暇はない。とりあえず第一報を出さなければいけないということでしょ。新聞だってそうなんです。だからむしろ、僕はいつも言うんだけれども、メディアリテラシーがすごく大切だと思うのは、新聞もテレビもそういう存在、つまり間違いがあるということを踏まえて付き合わなきゃいけないということなんです。

松本　それにプラスすれば、メディアは間違えたら謝るということと、正すということだよ。

野中　そう。実は、謝らないから訳がわからなくなってきている。

松本　でもそれは新聞だけじゃない。世の中全体の問題、全部リンケージ（連鎖）している話です。

野中　そう。だからこそ朝日新聞も毎日半ページぐらいは、今週の間違いとかお詫びとかをちゃんと全部出せばいいと思う。

松本　昔は、「今週の訂正」というのがあったんですよ。

野中　最近はあまりないですね。訂正だけでなく、〝これは書いたけれども、まだちょっと詰めきれていない〟とか、たとえばそういうことを含めてね。

松本　もちろん朝日新聞が先鞭を付けるのが一番いいんだけれども、もし謝ってしまったら何か責任を取らされるような、そういう世の中の体質がある。

野中　その点に関して言えば、「末端の」と言ったら語弊があるけれども、いわゆる一記者が犯した誤報とかに対して、社長まで責任を取るという体制があるでしょう。僕はあれはどうしても理解できない。朝日新聞に七〇〇〇人いたら、変なやつも一人くらい入っているでしょう。しかもその責任の取り方がいい方向に作用していればいいんだけれども、部下がミスをすると自分の首が飛ぶとなるから、みんな不祥事隠しをやるわけです。

松本　それもこれもやはり組織がでかくなったということに尽きると思うし、やはり、上にも責任を求めるような日本の体質があると思います。確かに僕もおかしいとは思うんだけれども、それじゃないと済まないんだよね。

野中　だから、僕は、日本の社会はおかしいと思う。だって、たとえば朝日新聞で広島支局の記者がインターネットから他社の記事をそのまま写したという事件があって、大阪の編集局長が更迭されるとかあるでしょう。サンゴ損傷事件（本書一五〇頁注1参照）もそうだけれども、構造的に明らかだというときはトップの責任はあるかもしれないけれども、やはりジャーナリスト個々人の資質に属するようなことで、いちいち上まで責任を取るということを……。

松本　理屈はそうなんだ。だから、何度も言うけれども、ジャーナリズムとは関係ない日本人の民族としての資質みたいなものがあると思う。何かあると、「おまえじゃ駄目だから、上司を呼んでこい」と。何か起きると上へ上へ行っちゃう。そういうある種の逆の官僚システムというか。

野中　事なかれ主義というか。

松本　だから、人を組み替えれば何とか変わったようにに思わせられる。しかし結局、体質は何も変わらないんです。

野中　そうそう。逆に、上が代わったことによってみそぎを済ませたという形だけができてしまって、体質そのものは何も変わらない。だから、余計悪化するわけです。NHKの体質も同じですね。僕は今、テレビでは一番NHKの仕事をしているから、テレビの現場のことも知る機会が多いのだけれども、結局、やらせなど問題が起きたときに管理職がまず考えることは、この不祥事はもみ消せるかどうか。もみ消せると判断したら、「そんなことはありません。そんな証拠はありません」と徹底的に否定する。もみ消せないとわかったときにはじめて、理屈を付けて謝るわけです。つまり、最初に彼らが考えることは、なぜ起きたかということとか、そのことによってどういう問題が起きたかということではなくて、もみ消せるかどうかということなわけです。

松本　それは出世とかに影響するからでしょう。すでに成果主義が始まっていて、マスコミも月に何本記事を書いたか、何枚写真を掲載したかといった量的な評価目標のような数値目標みたいなものを立てられて、僕らも管理職ではそれをやらなければならなかったし、また、やられたほうだった。「あいつは仕事をしているか。名前が載らないな、やっていないな」という。でも、くだらないものを載せないときもあるわけだし、新聞に名前が載っていることだけが、仕事をしていることだけではない。

たとえば、湾岸戦争のとき僕ははじめのころはずっと一人だったから、絶対、毎日のように名前が載っていた。ところが、五人も一〇人も若い人が来れば彼らにやらせて、年長の僕はフォローする側に回るでしょう。そうすると、「あいつ、何してるんだ」となる。じゃあ、目立つために「俺がやるんだ」と言って、いい年をしたおやじが三〇代の若者を出し抜いて現場に行っていたら、あいつはいつまでも目立ちたがり屋だからと言われ、これはまた変だなと思われる。でも、成果主義にはそういう現場は見えないんです。縁の下の力持ちのような人を評価できなくなってきている。単純な成果主義に基づく評価だけを追求していけば、野中さんが指摘するように、絶対に不祥事隠しをするようになってしまう。

立場を明確に

野中　そうでしょうね。だからその中では、反省するとマイナス評価になっちゃう。そうすると結局、自分は間違っていないということを言わざるをえない。たとえばテレビ朝日のコメンテーターがイラク戦争報道について「朝まで生テレビ」（テレビ朝日）に出ていた。二〇〇三年の三月二〇日にイラク戦争が始まって、バグダッドが制圧される四月九日まで、共同通信は三人ちょっと入ったんだけれども、田原総一朗が「どうしてイラク戦争の期間、テレビ、新聞の記者はバグダッドにいなかったのか」と彼を問い詰めるわけです。彼はたまたまテレビ朝日のコメンテーターをしているだけで、別にマスメディア全体を代表しているわけではないのでかわいそうなんだけれども、苦しげな言い訳をする。それでも田原総一朗は納得せず、「どうしていなかったの」と話を向けるわけです。そしたら彼が、「いや、特派員はほかにもいろいろやることがありますから」と言ったんです（笑）。イラク戦争の間でですよ。

松本　ごまかすな。

野中　そうそう。イラクで大きな戦争が起きているときに、これ以上のニュース価値なんかどこにもないわけでしょ、あの当時は。それを「特派員はいろいろ忙しくてほかにもやることがありますから」みたいなことを言うから、僕らにどんどん突っ込まれていくわけで、自分たちの基準はこうなんだというこ とをちゃんと言えばいいんです。本当に無駄な見栄を張るというか、犬に食わせたほうがいいようなプライドだけが前面に出てきている。NHKもそうです。さきほど紹介したような、〝自分たちは多角的に報道した〟というようなのは言い訳です。イラク戦争中、バグダッドに記者がいなかったという自省の言葉がまったくない。自分たちの報道を検証するという姿勢が全然ない。

その点、アメリカのジャーナリストは問題があるけれども、個々のジャーナリストたちは、はっきりものを言うことがあります。CNNの有名なキャスターであるウルフ・ブリッツアは、「アフガンの報復戦争については、自分たちCNNは客観・中立的な立場を取ることができなかった。なぜなら、それはアメリカが攻撃されたからだ。アメリカが攻撃された以上、われわれが客観・中立的な報道することは不可能だった」と、パブリックな場ではっきり言うわけです。つまり、ちゃんと反省をしている。

松本　日本のマスコミは自分の立っている位置を明確にしていないから問題なんだ。何となく中立的なことを言っているように思っているけれども、もともと人間が表現しているわけだから、誰も彼もが納得する中立性なんてありえない。どんなことを書いたって、ある意味、見方は変えられちゃうんだから。

野中　そうですよ。だから、僕が見るときのポイントというのは、要するにその人の価値基準がきちんとあるかどうか。その価値基準が僕と同じじゃなくても、イラク戦争賛成であろうと、靖国賛成であろうとかまわない。いろいろな価値観があるということが民主主義社会の一番重要なことなんだから。

松本　アフガン戦争のときもイラク戦争のときもそうだけれども、大きなメディアは結局、現場に入れない。入らせない。なぜかというと危険性が伴うということで、野中さんたちフリーが行っている。それもかつては技術的に現地から送れなかったからそう目立たなかったけれども、ビデオやインターネットといった通信手段、発信手段を持ったフリーのジャーナリストがどんどん目立つわけです。そうすると、ある意味においては、マスメディアのやっていることは不動産の売買みたいなものなんです。

だから、〝私たちはサラリーマンだから行けないんだ〟と明確にしたほうがいい。はっきり言って読者・視聴者にはもうばれているんだから。そういう立場というものは、これからもずっと存在していくわけで、それは明確に認めていいと思っている。認めたうえで、大新聞、大テレビ局は何をするかです。

野中　朝日新聞の紙面審議会委員をやっていて思ったんですが、確かに、たとえば朝日新聞という組織は、百数十年かけてものすごい人材と組織力を培ってきたわけです。ライブドアの堀江貴文君が言うような、誰にでもできるようなものじゃないんです。百数十年の厚みというのを僕はすごく感じた。四〇ページの紙面の隅から隅までちゃんとあんこが入っている新聞なんです。それだけ練られてできあがったものであって、代替性のあるようなものは、実は日本の中にどこにもないんです。だから、それだけ新聞というものに対するジャーナリズムとしての信頼感が僕にはある。

だからこそ、できていないことに関してももっと素直に言ったほうが、逆にいいんです。さっきも例を挙げたけれども、イラク戦争の問題、北方四島の問題、北朝鮮の問題、脱北者の問題とか、いずれも僕から言わせると、マスコミ不在だった。マスメディアの取材陣がいなかったわけです。日本の読者が一番知りたかったことの多くが、実は報道されていなかった。もう一つだけ例を挙げると、北方四島もアジアプレスは取材したんです。取材のポイントは、北方四島に住んでいるロシア系住民たちは何を考えているのかということです。

これはとても大事なことです。北方四島が日本に還ってきても、すでに六〇年間ロシア系住民が住んでいるわけで、彼らはどうするのか。この問題を抜きにして日本に還ればいいという話はできない。そうすると、ロシア系住民は何を考えているのかを誰かが報道しなければいけない。ロシア系住民と接触するためには、そこに入らなければいけない。入るためにはロシアのビザが要る。今は実質的にロシアの支配下にあるわけだから、ロシア側から入るしかないわけです。日本の記者たちが入るのは「ビザなし渡航」と言って、昔の島民が入るときに付いていくだけ。これだと自由に取材ができない。ということでロシア系住民の取材をして、NHKでこのニュースを流そうと思ってプロデューサーと話をしたら、彼が「これは根回しをしないと発表できないかもしれません」と言うわけ。僕は一瞬何を言っているのかよくわからなかった。そうしたら、プロデューサーがこう言ったんです、「日本政府は、北方四島は日本固有の領土であると言っている」と。

松本　〝ビザをもらっちゃいけない〟〝とんでもない〟。

野中　そう。「どのビザを取って行きましたか」と聞かれました。そもそも権力をチェックする立場にある報道機関なのに、日本政府の判断とジャーナリズムの判断が一緒だということはおかしいわけです。しかも一番大切なことは、そこで起きていること、ロシア系住民がどんなことを考えているのかを伝えることだから。

松本　古い話で恐縮だけれども、それに似たのは、六〇年代のベトナム戦争の取材の話がある。戦争が非常に激化していく中で、朝日新聞の秦正流《はたしょうりゅう》さんという外報部長がハノイに入った。それから、毎日新聞の大森実さん、ＴＢＳの田英夫さんが入った。そのとき、当時駐日大使だったエドウィン・Ｏ・ライシャワーさんが、「日本のメディアはけしからん。アメリカの同盟国の日本が、今、戦争している敵国の首都に入っていって、アメリカ軍の残虐さを報道するとは何だ」と言った。

一番ビビったのが毎日新聞で、結果的に大森さんの個人プレーということで追いやられて、その後辞めて「東京オブザーバー」を作った。それから毎日の瓦解が始まった。毎日新聞は自滅したわけです。それから朝日新聞はこれは国の権力の介入だと頑強に反対した。このアメリカの言論介入は二・二六事件と同じなんです。二・二六は青年将校ら軍人の一部がマスコミを弾圧したけれども、今度はアメリカという政府が日本の政府を抜きに、いきなり来たわけです。ＴＢＳは田英夫を下ろすことによってアメリカの矛先をかわした。対応の仕方は三者三様なんだけれども、朝日新聞は一応それなりに抵抗した。でも、それが敵国だろうが何だろうが、相手のけんかしている所に行ってどういう現場か見るというのは、マスコミとしての当然の責務でしょう。

だけれども、野中さんの話を聞いて、それをＮＨＫに求めるのは無理かなと思いました。「公共放送」といっても、国家で予算を審議してもらう所だから。でも、ＮＨＫならばしょうがないなと思いつつ、他の所でも多分その現象は起きていると思うんだよね。

野中　そうです。他もやっていないわけですから。結局放送できなかったけど、僕はそこでＮＨＫのプロデューサーたちに、「あなた方のジャーナリストとしての判断はどこにあるのか」と聞きたかった。松本さんが言ったように、ジャーナリストとしてこれを報道すべきだと思うんだけれども、組織あるいは公共放送としてなかなかできないということを正直に反省をしてくれればいい。

ところが自省せずに、ＮＨＫの特派員たちは、海外に出ると俺たちこそが国際報道を担っている、みたいな顔をしているわけです。民放なんかは本当に馬鹿にされている。だから僕は怒っているわけ。「いつも政治の顔色をうかがっているお前たちのどこが偉いんだよ」と。

松本　それはお上意識、たとえば外務省とまったく同じ体質なんだ。ＪＩＣＡが一時、外務省とまったく同じ体質を持っていたのと同じで、ＯＤＡ（政府開発援助）がＮＧＯを馬鹿にしていること、つまり民と官の差別を平気でする。それを政府外郭がやり、新聞社、テレビ局が同じことをやっている。つまり、いまだに一億お上意識がすべてにおいて強いわけ。

野中　ＮＨＫだって、「皆様のＮＨＫ」と言っているわけだから。

松本　私たちの言うように、皆さんもそういう意識であってほしい、という考えでしょう。

僕はこの間、横浜で明治維新以来の日本のマスメディアの話をしましたが、そのとき靖国問題の話もちょっとしたんです。そのときに「質問はありませんか」と言ったら、僕よりちょっと上の、六〇歳過ぎぐらいのおじさんが手を挙げて、「松本先生はそう言うけど、今のあの中国とまともに話できますか。あんな民主化の行き届いていない国と話なんかする必要ないですよ」と平気で言うんです。それもある意味においては市民であり、一読者であり、〃読者とともに〃歩む対象なんです。そうすると、朝日新聞がいくらアジアに目を向けようとか、戦争の被害者の側に立った社説を書いても、「何言ってるんだ、朝日は。アジアに、朝鮮半島に、中国にこびへつらいやがって」となる。

野中　僕は昨日までインドネシアにいました。テレビをつけると、今はいろいろな英語のチャンネルが見られ、ＢＢＣとＣＮＮは二四時間、世界のニュースをやっている。ところがＮＨＫワールドテレビは、「きょうの料理」とかをやっているわけです。在外邦人向けだから、それはそれでいいんです。しかし、世界に向けたニュースの時間はほとんどないわけです。つまり、日本のジャーナリストたちの意識というのは、ものすごく一国的なわけです。ＢＢＣやＣＮＮは世界が視聴者という意識を持っているから、ニュースを選ぶときも、自然とグローバルな視点を持っているんです。

ところが日本の新聞社とかテレビの場合は、日本と関係ないようなことは扱いがどんどん小さくなっていっちゃう。ここに問題がある。それに関連して、やはり外国籍の社員なんてほとんどいないというところにも問題がある。

松本　最近は一人、二人増えてきているけれども。

野中　もうぽつぽつでしょう。

松本　それは前からね。そこで報道の仕方になるのですが、たとえば関東大震災のときの朝鮮人虐殺と同じで、実は阪神大震災のときも、イラン人が窃盗を働いているという噂がありました。関東大震災のときも、「朝鮮人をいじめるな」という新聞を作ったけれども、被災者のいる現場にまでは届けられなかった。マスコミは関東大震災のその過ちを犯してはいけないというので、とにかく「イラン人はそんなやつじゃない。そんなことは誰もやっていない。それはデマだ」といって、印刷をして、現場にばらまいた。つまり公民館にいる人たちに、「あなたの家は大丈夫だよ」と流した。それは成功したと僕は思っている。それで沈静化したわけです。だけれども、本質的にそれは日本人に向けて「イラン人はそういう人じゃないよ」というメッセージも含めていたかもしれないけど、「日本人のあなたたちの生活は侵されていませんよ」ということがニュースなんだけれども。

一時期、外国人労働者による不法就労が問題になって紙面で騒がれたことがあったが、今はほとんど掲載されない。新聞の熱しやすくさめやすい性質にはウンザリする。多分、日本人にそういった遺伝子というものがあるんじゃないかと思うぐらいに外国人に対する意識が低い。

野中　そこでやはり思考停止状況になり、マスコミもステレオタイプが支配してしまうことになる。

思考停止から脱却できるか

――思考停止の状態からは抜け出さないといけないんですが、どうすればいいでしょうか。

松本　マスコミももちろん大きな責任があるけれども、教育を変えることから始めなければならないと思います。僕はまだ教育の世界に来て六年だけど、四五～五〇歳ぐらいの、今の中・高生のお母さんたちを見ていると、「本当にこんなことで大人をやっているの？」という感じがするぐらいにひどい。つまり体はお母さんなんだけど、自我が育っていない。精神的に全然成長していないんです。そういう人を作った世代はとなると、六五～七〇歳ぐらいの教育者です。つまり日教組がものすごく強かった時代です。何でも「民主的」と称して、ほったらかしちゃった。それが「公」という意識も失わしめて、国家のことも民族のことも考えることなしに、お金を儲ければいいという経済至上主義というものに走っていった。だからどうしたらいいんだとなると、戦後五〇年、六〇年かけて駄目にしたものは、一〇〇年、二〇〇年かけて戻すしかないでしょう。解決策なんて、すぐには見つかりませんよ。

二〇〇六年二月二四日に報道されたけど、日経新聞の関係者がインサイダー取引したなんていうのはとんでもない話です。何のための経済新聞なのか。警察官が犯罪を犯してはいけない、というのと同じ。それなのに平気でたがが緩んでやってしまう社会。しかもそれが、ただ単に「ごめん」で終わる社会。

謝るならまし、謝らないで時間だけがダラダラ流れてゆく社会。日本というのは、人と人とがぶつかっても平気な顔をして去ってゆく社会だよ。外国ではそんな社会はありえない。

でも、悲観的に言うのではなくて、やはり変えるしかない。だからといって、焦って変えても今度はファッショになるだけですから、やはり時間をかけて前向きに、学校は学校、新聞社は新聞社、企業は企業、役人は役人、それぞれの立場で本当にこれでいいのかという自己点検が必要な時代だと思う。

それと同時に、日本の社会で本当の意味での哲学者、日本の将来をどうやって引っ張っていけばよいか見通せる人間が出てこなければならない。悪いけど、小泉さんのようなポピュリズムの最たる劇場男では話になりません。政治の術策だけじゃない。全然ロマンもないし、日本の将来をどうしようかという見通しもない。つまり、夢を語っていない。また、夢を語らせる社会じゃないんだ。

野中　さっき松本さんが言ったように、哲学がないんです。お金に代わる価値観を生み出してきていないわけです。世界には信仰とか宗教が確かに人々にある種の生きる価値観、お金じゃない価値観を与えている社会があるわけです。宗教というのは、価値観を一番与えやすいわけです。そうすると、たとえば信仰によって生死観を養っていくというプロセスがあったりする。日本は、もちろん学校教育に宗教を持ち込むというのは大変な問題なわけだけれども、日常生活の中にもほとんどない。そうすると結局、お金、とにかく物質的に豊かになろうとしてずっと来た。実際、ある程度豊かになってきたのは事実です。しかし、それだってもう先が見えている。先がどうなるかわからない、お金にも頼れないかもしれないという不安感がある。しかし、その不安感を解消する、お金に代わる何か新しい、生きるための価値観みたいなものをどこで見つけるかといったら、まったくわからないわけです。

これは若者だけではなくて、今の日本の社会、高齢者も含めてみんなもわからなくてなってきている。でもとりあえずは、アフリカみたいに明日すぐ飢えるわけじゃないから、何となくこの社会がずっと続いていくんじゃないかという幻のようなはかない期待を持って生きている。

松本　それと関連して、問題があるとつくづく思うのは、日本全体にマスコミが提供する情報はいっぱいあふれているけれども、実際に若者同士、親子、仲間の中で本当にコミュニケーションができているのかどうかということ。できていないんです。だから、約一四万人といわれる不登校児の存在がある。また、ニートの問題もある。ニートの話でよく言われるのは、たとえば、小学生のころ情操教育でピアノをやらせる。子どもが「将来ピアニストになりたい」なんて言うと親も賛成していたのが、いざ受験の土壇場に来ると、「ピアニストになったたって飯は食えない。看護師養成校に行きなさい」とか、「就職なら理系に行ったほうがいい」「経済学部に行ったほうがいい」とか、損得の話になって反対する。そうすると、子どもの夢はばっさり切られるんです。

これはある新聞に書いてあって、納得したから今でも覚えているんだけど、突然コミュニケーションが断絶するんです。誰が断絶させるかというと、親なんです。子どもが学校から帰ってくると、親の周りをまとわり付いていていろいろなことを言うんです。親は、「そうかそうか。なるほどな」と言って聞いてやればいいのに、今の親は聞いていない。「忙しいから向こうへ行け」、つまり働いているんだからと。働くことが第一になってしまって、子どもはそっちのけなんです。

日本人は戦後教育の中で読み・書きが多いんです。聞く・話すという時間がそれに対して少ない。聞くというのと話すのが成立していない。話せないということは、人のことは聞いていない。だから、今、聞く・話すということがとても大事になっているんです。僕は、中・高に行ったらなおさらわかった。それまでは新聞を読むとか、本を読むとか、そういうことはよくあったんだろうけれども、聞く・話すというものに対してずっとおろそかになっているなと。

メディアリテラシーが必要

――過熱報道の原因はわかってきたので、それをどう防いで読者との「分断」を食い止めることができるのか。最後にこのテーマについてお話しましょう。

松本 今思えば恥ずかしいかぎりだけど、現場で殴り合いながら写真を撮ったり、記事にしたりしているわけです。だから今、自分の反省や贖罪の意味じゃなくて、絶対にこれは変だということを書きたかった。反省ならば直せばいいんだけれども、これは個々人が直すとかそういう問題ではなくて、構造的な問題だから。

そういうときに、「新聞社にいてお前も同じことやってきたくせに、それだけマスコミ批判をするのなら、新聞をやめるべきだった。そんな間違いだらけの新聞社は全部つぶしたらどうだ」と極論を言う人は必ずいます。でも、それはありえない。今からいくら昔に戻っても、メディアがなくなることはないんです。テープとかCDが登場してもレコードがなくなっていますか。絶対なくなるわけはない。メディアは残るんです。それと同時に、やっぱりそれだけ必要なんです。必要だからこそ、少しでも良くするためにどうしたらいいかということを考え、悩みながらこの本を綴ったというわけです。

野中 一人一人の記者個人の問題というよりも、今の日本のマスメディアが構造的に抱えてしまった矛盾からさまざまな問題が出てきているわけで、その構造の部分の根本のことを考えないかぎり、絶対なくならない。ただ、それは本当に、ある意味では非常に複雑な問題なんです。

よくメディア関係の講演会なんかをやったときに質問で、「マスコミはどうやったら良くなりますか」と聞かれたりするけれども、一言で答えられるものじゃない（笑）。それは日本の教育がどうやったら良くなるのかということに対する答えと同じような意味で、一言で「こうやればいい」というような話ではないんですよね。

だからこそ今日の対談も、社会の問題などに関わってくるわけですね。実はマスコミの問題について、ルールを作るだとか対症療法的にはいくらでも言えるけれども、本質はそうではないんです。今のマスメディアの現状を語るということは、この社会を語るということだし、この世界のあり方を語るということにどうしてもつながってくる。だから哲学の問題も出てくる。出てこざるをえないということがあるんでしょうね。

松本　メディアスクラムの問題を考えるとき大切なのは、一様化、均一化してしまったニュースに対する感覚と、それから世の中に対してそれでいいと思ってなめているマスコミ側の責任者、現場の人間、そしてこうしたニュース報道に違和感を覚えない多くの国民、読者、ここに緊張感がないことです。

野中　一番最初にも話をしたけれども、結局はテレビでも新聞でも、商業ジャーナリズムという枠を超えることができないわけですよね。そうすると、たとえばテレビも視聴率を求めるわけでしょう。僕はいつも思うんだけれども、視聴者側あるいは読者の側のメディアに対する基本的な教育というのは、この社会の中でなされていないんですよね。だから、メディアリテラシーというものをまずそこから始めなければいけない。

つまり、テレビで視聴率というものは、それが堕落の根源、元凶だと言われる。確かにそうなんだけれども、僕から言わせると、テレビが視聴率を求めるのは当たり前のことなんです。人間だっていろんな欲望がある。それは本能なんです。あるということ自体が悪だというようにしてしまうと、話がおかしいでしょ。それを封じ込めてしまうと、人間は歪んでしまう。だから、そういう本能があるということを認めたうえで、それをどうコントロールするかということを考えていくわけで、メディアだってそうですよね。より多くの視聴者がテレビを観たいと思うようにテレビを加工して作っていくというのは、これは本能です。だから、視聴率そのものが悪ではないんだと僕は思う。その認識をしないものだから、〝視聴率を稼ぐような番組＝駄目な番組〟だとかいう話に単純になってしまうんだけれども、そうではないんですよね。現場で働いている人たちは職務として、一人でも多くの読者、一人でも多くの視聴者を獲得するために、ものすごく血のにじむような努力をしているわけです。

松本　逆に、だからこそ作る側は、本当の意味での視聴率を稼ぐ努力をするのならばいいけれども、ただ視聴率ほしさに妙な作りごとをしたり、視聴率を操作するというアンフェアーなことをやって世間の批判を浴びることがあってはいけない。新聞だって同じで、部数を稼ぐためになんでもやっていい、というわけではない。野中さんが言ったように、読む側も見る側もただマスコミの発する情報を鵜呑みにしないで、マスコミに対する免疫を作ってくださいということになるわけですよね。[*3]

野中　だからそういう意味で言うと、新聞であれ、テレビであれ、過熱報道みたいな問題が出てきたときには、そのたびに読者とか視聴者が叩いていかないといけないんです。

松本　同感です。一方で私が言うのは失礼だけれども、〝テレビや新聞はかくあるべき〟という正義感から解き放たれて、読者のほうもそろそろ成熟してほしい。ヨーロッパやアメリカは日本に比べれば成熟していて、マスコミというのはこういうものだとわかっているわけです。だから、一〇〇〇万部なんて新聞はどこにもありません。それはかつてのソ連の「イズベスチア」とか「プラウダ」の世界です。だから今後、日本の新聞は良い新聞だけが生き残る自然淘汰が進むことになるでしょう。

野中　僕も、紙面審議会委員をやっているときは新聞を読んだけれども、ちょっと気を抜くと面倒臭くて、一週間ぐらい読まなくなる。ぱらぱらっとまとめて読む感じですよ。

松本　それはそうです。僕も新聞社にいたときと、大学に来てから、そして中高（大学に併設の中学・高等学校の校長として二〇〇三〜二〇〇六年三月まで兼務）に来てからの読み方は全然違う。今は教育関係の記事をしっかり読むけれども、かつては教育関連の記事なんて全然読まなかった。現役で新聞記者をやっているときの読み方と、デスクや部長になったときも違った。状況によって読み方にものすごい変化があるんですね。

過熱報道は多様性を切り捨てる

野中　今松本さんが言ったけれども、情報というものが何なのかということについては、やはり意識がまだ成熟していないと思います。たとえばイラク戦争について調べようと思ったときに、ネットがない時代と比べたら入ってくる情報は一〇倍、二〇倍、ひょっとしたら一〇〇倍、一〇〇〇倍かもしれない。コンピューターでネットにつなぐだけで、ものすごくヒットする。毎日毎日、新たにものすごい数です。これはネットのない時代と比べたら、情報の量というのは桁違いに違うわけで、洪水ですよね。

そこに一つの落とし穴があるわけです。つまり、情報がたくさんあるからといって僕たちはものごとの本質を、情報を得た分だけ果たして認識レベルが上がっているかというと、逆なんです。無駄な情報ばかりあって、本当にその中で自分にとって必要な情報を選ぶという能力が逆にどんどん落ちてきている。だから不思議だと思うんだけれども、情報がたくさんあればあるほど、僕たちはものごとの本質から遠ざかっているという時代に生きている。

松本 〝情報が多いのに本質から遠ざかっている〟一番端的な例が、役所や企業がどうでもいい情報はどんどん流すという状況です。昔はものすごく隠していたけど、今は新聞記者が書くよりうまい広報がどんどん出てきます。不思議なことにマスコミは、隠せば何だ何だと攻めていくんだけれども、ありすぎるともうアップアップアップしてしまう。

野中 そうでしょ。それを流すだけでも手いっぱいになってしまう。

松本 だから今、マスコミ操作のうまい役所は、そういうやり方をする。

野中 イラク戦争を見ているとわかります。アメリカはワシントンやカタールからの情報をいっぱい流す。午後には何十ページという資料が出てくる。新聞記者はそれを読みこなして社に送るだけで、もう一日が終わってしまう。それが本当かどうか取材をしている暇がない。次の日は次の新しい情報が来る。マスコミも、次に今日の新しい情報が来るわけだから、昨日流した情報について検証もしないし、どうだったかなんて立ち止まって考える暇もない。結局、そこで情報操作がすごく簡単になされている。

松本 昔は外国の特派員というのは支局にいると外国通信社から送られてくる英語などの情報を日本語に翻訳する作業に追われていた。横文字を縦にするという作業から、よく「ヨコタテ」と言われた。そんなことばかりに忙殺されているとついつい現場が近くにあっても行かなくなってしまう。そんな中で、たとえば友人の朝日新聞の宇佐波雄策記者は、できるだけ現場に足を運ぶわけです。だから彼から面白いニュースが出てくる。そういう人間が一人でも二人でも生まれてくればいいんだけれども。

野中 過熱化することによって情報が多様化、多角化するのならいいんです。しかし今は、過熱化することによって情報が単一化しているわけです。しかも取材の対象が多様になればいいんだけれども、逆に対象は一つですごく狭いわけです。北朝鮮から帰ってきた人たちの家族だとか、事件の当事者とか。だから、当然そこに一極集中的に過熱するわけだから、そこからは多様な情報なんか当然出てこない。みんな同じようになるわけです。

つまり、過熱化することによる弊害というのは、多様性が切り捨てられていくということでしょ。過熱化するような事件であればあるほど、みんなの関心も高いわけだから、それはより多角的に報道されなければいけないけれども、それが逆に単一化してしまう。恐ろしいのは、そういうものから出てくる情報というのは、ものごとの見方というのを往々にしてステレオタイプ化させてしまうことです。

今の日本の社会の中で危険なのは、ステレオタイプ化された見方を、容易に受け入れてしまうというところです。さっき松本さんが言ったような、「今の中国と話ができるのかよ」という話もそうです。そんなことはない。向こうだって日本に対して、「小泉なんかと話できない」と言っている。対話というものは、こちら側の意見を言い、相手の意見にも耳を傾けることによって生まれるんだけれども、そこに行く前にもうステレオタイプ化されたイメージが刷り込まれてしまっているから、対話すら成り立たなくなっている。北朝鮮に対してもそう。ステレオタイプ化された報道というのはものすごく耳に心地がいい。一人一人の顔が見えないので、結局、北朝鮮に住んでいる人たちは全員がロボットのような人だとか、洗脳されているというような話になるわけでしょう。中国に対しても、中国には一三億人いるのに、「中国人」「中国」と一括りにして言ってしまう。そんなおかしなことはないわけです。

自分の立場に置き換えてみるとよくわかります。たとえばアメリカの記者が日本に来て、「日本人はこう考えている」と言われても、「いや、私は違うよ」

と言いたい人はいっぱいいます。右翼もいれば左翼もいるし、靖国に反対する人もいれば賛成する人もいる。つまり、多様なものの見方というものを排除することによってステレオタイプというものが出てくる。過熱報道というのはそういうものを生みやすいし、そういう社会だからこそ過熱してくる。だから、〝多様であることが大切である〟、つまりみんなの意見が違うことが大切なんだよという価値観が出てこなければいけない。

松本 今、うちの中学校・高校でとても大事にしているのはディベートなんです。ディベートは日本人の最も苦手とすることです。面と向かって反対意見を言わないで、その結果、何となくごまかしてコミュニケーションを欠落させてしまう。もちろん、ただテクニックに走ってうるさい人が一人でしゃべるだけというディベートの弊害もあるんだけれども、やはりちゃんと相手側の気持ちになって論理を組み立ててみるというディベートの本質を、日本人はまだまだ勉強したほうがいいと思います。相手のことを考えていない、けんかを売ってくるような言い方というのは、今の日本の社会の現れです。

かつて、朝日新聞と毎日新聞を足すと大体一三〇〇から一四〇〇万部ぐらい読まれていました。読売新聞と産経新聞の部数も、足すと同じぐらいでした。だからちょうど右と左が拮抗していたんです。だけど、今、毎日新聞が危ない。そうなると日本の世論は、間違いなく右傾化してくる。今、ものすごく危険なときに来ている。しかしそういうものを考える力が、政党自身もなくなってきているし、それを支える国民も、意識が全然、基盤ができていない。選挙になれば明らかです。投票率の低さは困ったものです。浮動票は雨が降ったから選挙に行かない。

国民の縮図がマスコミだけれど

松本 話は戻りますが、本当の意味で過熱報道って誰が言っているんだろう。マスコミの一部が、自分たちでやって、自分たちで問題だと騒いでいる。ある意味で自作自演じゃないかと思うようなところもある。問題提起まではいいのだが、それを反省し出直すということになると途端に危うくなってしまう。

野中　マスメディアというのは批判することは得意だけれども、自分が反省することはとても不得意なんですね。もうちょっと厳密に言うと、まずかったとか、反省する振りをするのは得意なのです。

たとえば松本サリン事件の後、松本美須々ヶ丘高校の林さんという先生が放送部員を指導して、「テレビは何を伝えたか」という検証番組を作りました。そしてそれから二年ぐらい経ってもう一回検証したわけです。松本サリン事件の直後に取材をしたときは、放送部員に取材されたテレビ関係者は、こういうことは二度と起こしてはいけないと、全員すごく反省していたんですね。二年後に取材したとき、その反省が生かせたのかと聞いてみたところ、教訓はまったく実体化されていなかったということが明らかになりました。それで林先生と松本美須々ヶ丘高校の高校生たちに、「マスコミは批判するのは得意だけれども、自己検証とか自己省察というのはほとんどやらないんだ」と言われるわけです。

それと同じことがどんどん繰り返されている。こういうときにどうしたらいいのかと言うと、僕は、やっぱり非常に強い権限を持った第三者による検証機関というものを作るべきだと思うんですよね。新聞社にも、「報道と人権委員会」とか各社にあるんですが、どちらかというと諮問委員会みたいなものです。たとえばちょうど一年前だけれども、朝日新聞がＮＨＫのＥＴＶへの政治介入問題を報じましたが、でも結局、はっきりわからないまま幕が引かれてしまった。僕はあのとき紙面審議会にいたので、「第三者のジャーナリストによる検証をやってほしい」とずっと言っていました。

つまり、朝日新聞としての自己検証でやらなければいけないのだけれども、当事者がいろいろいるので、結局は組織防衛の論理しか出てこない。NHKもそうです。NHKも結局、ETV問題で政治関与はなかったという話でずっと通してきている。それは自分たちの、〝NHKの調査によれば〟ということなんです。第三者機関による検証は全然やっていない。だから過熱報道や不祥事、やらせなどについても、さまざまなマスメディアで起きてきた問題に対して、やはり第三者の検証機関を作らなければいけない。放送にはBPO（放送倫理・番組向上機構）がありますが、しかしあれは勧告みたいな形で、ほとんど権限もない。実際にNHK問題についても、「NHKに問題がある」と言っても何も変わっていないわけです。NHKとしては痛くもかゆくもないわけです。BPOの勧告を知っている人間なんてごく少数です。

そうではなくて、やはりメディア自らがそこに一定の権限を持たせて、委託して、検証させる。それを報告書としてパブリックに問う。もちろん、いつもわれわれが望むような報告が出てくるとも限らない。誰にやってもらうかというようなことにも問題が出てくるでしょう。しかし、自己検証の装置を仕込んでいって、仕組みの中に入れていかないと。

松本　今あなたが言ったように、BPOや毎日の「開かれた新聞委員会」とか朝日の「報道と人権委員会」などは、実質的には機能していないよね。その意味でまだまだなんですが、新聞社というのはのど元過ぎるとすぐ忘れてしまうという悪い体質がある。

たとえば、この間はじめて知ったけれども、オーストリアでは「ホロコーストがなかった」と言ったら法律で罰せられるそうですね。日本では、〝太平洋戦争は日本が勝った〟というような歴史を引っ繰り返すようなすごい小説も出る。あるいは、〝A級戦犯は勝利国に仕組まれてやむをえず認めた〟ということを平気で述べている人たちがいる。それは、被害者側にとってみればたまらないことです。そういうことを平気で言わせてしまって、しかもそういうことに対して日本人は何も考えない、反省がない。だから、日本人は物事を解決しようとはしない、考えることをしない人たちではないかと、アジアの人たちに言われてしまう。

それは新聞も雑誌もテレビも同じで、日本全体の構造的な問題です。せめて新聞はものを考えていてほしいという気持ちはあるんですが、そういう構造の中で、新聞だけ特別にものを考えているということはありえない。新聞だけが反省する社会なんてないと思っています。逆に言うと、そういう社会だからこそ今のようなマスコミを作っている。つまり、国民の縮図なんですね。

野中　国民に見合った政治だし、政治に見合った国民だし、国民に見合ったメディアなんですよね、身も蓋もないけれども。

松本　そうです。だから、どこかの国でたくさん死んでも、日本人は関係ないと扱いが小さくなってしまう。日本人の行方不明者がいないとわかると、ほっとしたりするのと同じです。

野中　それがどんどん進行してきていますね。たとえば小泉首相が中国から批判されたときに、「罪を憎んで人を憎まず」と言ったでしょう。

松本　逆だよ。小泉さんは全然わかっていない。

野中　そう。それはやられた人間が言うことで、やった人間が言うべきことじゃない。イラクにいる自衛隊にしても、「自衛隊がいる所は非戦闘地域」だとか。

松本　本当に、現代人、とくに政治家の言葉が軽すぎます。今度の送金指示メール問題[*4]もそうだ。

野中　メディアでも政治の世界でも言葉が貧しくなり、同時に言葉のすり替えみたいなものが通ってしまっています。イラク戦争報道なんかを見てもそうだけれども、マスコミは言葉のすり替えに対する抵抗感が本当に落ちてきているんです。たまたま僕が朝日新聞の紙面審議会委員をやっているときにイラク戦争が始まったんだけれども、たとえばアメリカのイラクへの攻撃をどう表現するか、新聞各紙で違いがありました。朝日は「侵攻」、読売は「進攻」を使った。毎日は毎日らしく混沌として、「侵攻」と「進撃」が混在していました。言葉の使い方一つによって、その新聞のスタンスが明確に表れます。

「侵」というのは主権を侵害したということで、これはネガティブな意味です。「進んで攻める」というのは、行け行けどんどんということでしょう。実は、そういう言葉というものが、このイラク戦争がどんな戦争だったのかということをイメージするために、とっても大きな役割を果たしたわけです。

それはこの戦争の原因もそうだけれども、大量破壊兵器があるかないかというようなこと、それからイラクのフセインがアルカイダを支援していたかどうかということ、それが否定されると、今度は民主化のためとかいう話になってくるわけでしょ、民衆のためにと。つまり、言葉だけではなくて、論理もどんどんすり替えて来たわけでしょ。

日本の小泉首相が言っていることだって、そういうことだったわけですよね。つまり、最初に結論ありきで、自衛隊を送った。アメリカが言ったことに対して全面的に賛成するということがあって、そのための理屈付けを勝手にいろいろ変えてやってきた。だけれども、結局イラク戦争が始まったことによって、何万人かわからないけれども、たくさんのイラクの人間が死にました。アメリカ人だって二二〇〇人以上の兵士が死んでいるわけです。

政治家について言えば、政治の言葉というのは、それが実現されると、現実にものすごく大きな影響力を及ぼすわけです。ところが、そういう自分の言葉によって結果的に戦争が遂行され、そこで三万人とも一〇万人とも言われる人間が死んだということに対する現実に対しては、政治家は誰も責任を取っていない。戦争の理由が間違ったとわかっても、起きてしまったものはしょうがないという話で、またそこで自分たちの今までの依拠してきた論理を投げ捨てて別の論理にすり替える。

松本 だって、彼らは確信犯だもの。はじめから筋書きどおりなんです。イラクに大量破壊兵器があるかないか、日本の政治家や外務省だって馬鹿じゃないから気付いていますよ。でも、ブッシュとともに行くと決めた段階で、思考を停止してしまったんですよ。まともな正常な感覚ならば、「危ないな、ちょっとここまで言い切れないな」と思って躊躇というものがあるんだけれども、あの小泉さんは全然躊躇しないもの。

野中 マスコミも自分たちの言葉を一回ちゃんと検証しないといけないですね。実際、イラク戦争報道について、まともな検証が行われていないんです。軽い反省点はいろいろ出てくるけれど。

たとえばアジア太平洋戦争について、それが侵略戦争だったかどうかと聞かれたときに、安倍晋三は「どちらとも言えない」、麻生太郎は「歴史が判断する」。次の総理候補と言われている人たちの発言が、この程度です。いったいいつ歴史が判断するんですか、六〇年経っても判断できていないのに。

松本 しかも、基本的にみんな戦後世代です。彼らには戦争の経験がなく知識しかないのに、誰がそんな知識を押し付けているんだろう。

野中 正しい知識があるとも思えない人たちが、次の首相になるかもしれない。ああいう人たちが次から次へ順繰りに首相になっていくなんて、日本の将来は本当に暗いですね。

松本 本当に情けない。〝アジアに戻れ〟どころじゃない。戻してももらえなくなる。

野中 メディアがどんどん駄目になっていくというのと符合するように、政治も目に見える形で規範が崩れてきた。教育の世界でもそうなんです。規範というのは、これだけは絶対に譲れない原則や規律ということですけれども、日本社会の全領域において、さまざまな形で規範の崩れというものが進行している。

松本 この変な日本の社会に順応しなければ、生きていられない。だけれども、それは変えなければならない。そこで誰が変えるか。かつてはマスコミに対する期待もあったから、その裏返しの感情としてマスコミに対する苛立ちとなって現れ批判がぶつけられたけれども、マスコミはもう忘れ去られていく。しかし日本というのは不思議で、忘れ去られても絶滅はしない。マスコミはある程度のパーセンテージは保ちつつ、混沌とした日本の中で漂流していくことになるのかもしれない。

あまり大所高所で偉そうに話を広げてしまっても雲散霧消してしまうから難しいけれども、マスコミの本来性を考えると、もっともっと独自ダネを追求してほしい。他の新聞が何を載せようが関係ないぐらいの独自性を……。夏の高校野球を見ていると、NHKと読売新聞が主催じゃないかと思ってしまう。「朝日新聞主催」とは書けないから、共催である「全国高校野球連盟主催」なんて書いているけど、小賢しいよね。あれは朝日新聞の歴史的遺産で、朝日に報道させておけばいい。その間、読売は別のことを書けばいいじゃない。そうすれば、甲子園ばかりやっているから紙面がなくて朝日が書けなかったことが、そのときこそ読売が大きく報道できるだろうに……。

野中 そして、本当の意味での検証とか自己省察がされていないから、過熱化の問題にしても、のど元過ぎればまた同じようなことが起きてくる……。だからある種の虚しさがあります。マスコミは変わらないしね。

松本 だけど、今日はいろいろ虚しくなるような言い方もしたけど、実は全然、僕は虚しく思っていないの(笑)。今、教育現場にいてわかるけど、やっぱり魂が入る人間もいる。その人たちに向かって僕は一生懸命発信している。僕はあきらめたりしていない。魂が入った人間が一〇〇人いたら、逆の意味でえらいことになっちゃう、うるさくてしょうがない。一〇〇人のうちの一人いてくれればいい。その人がいずれ世の中を変えるだろうと信じている。

僕は、絶対夢は捨てていない。今大学や中高で教えているけれど、それはテクニックを教えるのではなくて、本質を僕は議論する。本質というのは、人間としての感動とか、人間としてのあるべき姿とか、コミュニケーションするとかということ。けんかしてもいいから人間としての思いを、魂を伝え合う、ぶつけ合うということの大切さを教えるということがすべてだと思っているんだけどね。マスコミの世界の専門的なことを教えているかのごとくに思われてしまうけれども、そうじゃないんだよね。

野中　僕も、希望はないわけではないんだけどね。

松本　あなただって何十年、希望を持ってやってきたんだから。

野中　二〇〇四年にイラクで武装グループの人質になった高遠菜穂子さんがいいことを言ったんです。大谷昭宏さんに、「一人ボランティアみたいなことをやっていて、イラクは本当に変わりますか」、つまり、一人でこちょこちょやったって大したことないじゃんみたいな、ちょっと皮肉っぽく質問をされたときに、高遠菜穂子さんはちょっと考えて、「微力であることと、無力であることは違う」と言ったんです。これは本当にそうなんです。

松本　それはそうだよ。それを言ったらもう終わりになっちゃうもんな。

（二〇〇六年二月二七日、目白大学・松本逸也研究室にて収録）

＊注

1　ロッキード事件

民間航空機製造会社であるロッキード社のトライスター購入をめぐって当時、総理大臣だった田中角栄氏に五億円の賄賂がわたったとされる国際的な規模の汚職事件。一九七六年七月、東京地検特捜部は外為法違反容疑で田中前首相を逮捕した。事件は総理大臣の犯罪として政界を巻き込んだ大事件に発展した。八三年、東京地裁は、田中氏を受託収賄罪で懲役四年、追徴金五億円の有罪判決を下す。田中氏は、ただちに高裁に控訴したが棄却、最高裁に上告するが、九三年本人が死亡したため終結した。

2　リンチ殺人事件

一九七一年、左翼過激派の二つの組織が合併して生まれた連合赤軍が、一九七一年から七二年にかけて群馬県内で行った大量殺人事件。「総括」と称して政治的な反省を迫り、暴力を用いて、メンバー全員による殴打などにより同志である一二名の仲間を次々に殺害、死体を遺棄した。

3　日本テレビ・プロデューサーによる視聴率操作

二〇〇三年一〇月、日本テレビのプロデューサーが、ビデオリサーチが実施する視聴率調査の対象世帯を独自に割り出し、同局の特別番組を優先的に見るよう依頼し、一万円から五〇〇〇円の現金などを提供した事件。期間は前年の秋ごろからの一年間で、プロデューサーは興信所などを使って、これらの世帯を割り出したという。

4　送金指示メール問題

二〇〇六年二月、民主党の永田寿康氏が衆院予算委で、ライブドア前社長の堀江貴文氏が二〇〇五年八月、武部勤自民党幹事長の二男に選挙コンサルタント費用として三〇〇〇万円を振り込むよう指示したメールがあると追及した事件。武部氏は全面否定し、小泉純一郎首相は「ガセネタ」と批判。メールの信ぴょう性が焦点となり、最終的に永田氏は立証が困難として、国会の懲罰委員会で謝罪。永田議員のみならず偽メールを本物と信じて武部幹事長らを追及、大失態をおかした民主党は苦境に立たされた。そののち永田議員は議員を辞職。民主党も党首が辞任するなど政界を揺るがす問題に発展した。

編著者プロフィール

松本逸也

まつもと・いつや

1946年　静岡生まれ
1969年　静岡大学卒、朝日新聞社入社
編集委員、写真部長などを経て2000年3月末で早期退社
2000年　目白大学短期大学部言語表現学科教授(学科長)に就任
2003〜2006年　目白学園中学校高等学校校長を兼務
2006年　目白大学人間社会学部地域社会学科教授
アジア研究、マスコミ・新聞学、メディア文化論、報道写真論などを担当

◆主な著書

『甦る幕末』(朝日新聞社、1987年)、『読者所蔵の「古い写真館」』(朝日新聞社、1986年)、『仕組まれた湾岸戦争』(人間と歴史社、1991年)、『幕末漂流』(人間と歴史社、1993年)、『世紀末亜細亜漂流』(人間と歴史社、1994年)、『「脱亜」の群像』(人間と歴史社、2004年)、『シャムの日本人写真師』(めこん、1992年)、『写真の時代』(共著、筑摩書房、1994年)など。

一極集中報道《いっきょくしゅうちゅうほうどう》――過熱《かねつ》するマスコミを検証《けんしょう》する

2006年6月25日　第1版第1刷

編著者　松本逸也
発行人　成澤壽信
編集人　木村暢恵
発行所　株式会社 現代人文社
〒160-0016　東京都新宿区信濃町20 佐藤ビル201
振替　00130-3-52366
電話　03-5379-0307(代表)　FAX　03-5379-5388
E-Mail　daihyo@genjin.jp(代表)　hanbai@genjin.jp(販売)
Web　http://www.genjin.jp

発売所　株式会社 大学図書
印刷所　モリモト印刷 株式会社
装丁　加藤英一郎

検印省略　PRINTED IN JAPAN　ISBN4-87798-294-9 C0036